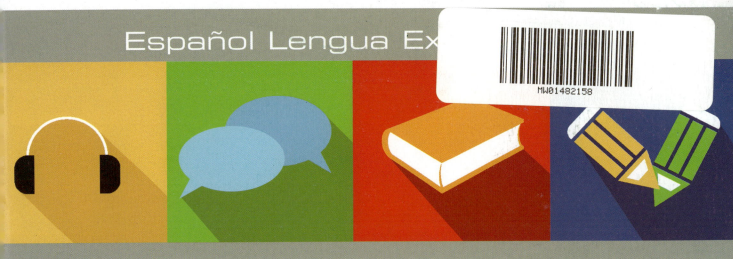

Español Lengua Ex...

Preparación al examen

Especial
DELE A2
Curso completo

Curso:
Pilar Alzugaray
Mónica García-Viñó
Modelos de examen:
Mónica García-Viñó

Primera edición: 2020

© Edelsa, S. A. Madrid, 2020
© Autoras curso completo y características y consejos: Pilar Alzugaray, Mónica García-Viñó
© Autora modelos de examen: Mónica García-Viñó
Coordinación editorial: María Sodore
Edición: Pilar Justo
Corrección: Ester Carrasco
Diseño de cubierta: Carolina García
Maquetación: Estudio Grafimarque

ISBN: 978-84-9081-719-3
Depósito legal: M-359-2020

Impreso en España/*Printed in Spain*

Locuciones
ALTA FRECUENCIA MADRID. Voces: Juani Femenía, José Antonio Páramo
Bendito Sonido (grabación y edición de audio). Voces: Olga Hernangómez, Ángel Morón

Nota:
La editorial Edelsa ha solicitado todos los permisos de reproducción correspondientes y da las gracias a quienes han prestado su colaboración.

ESPECIAL DELE A2 CURSO COMPLETO

Desde que existen los exámenes DELE hemos trabajado como preparadoras y examinadoras del diploma A2 del Instituto Cervantes, título que cada vez resulta más necesario, e incluso imprescindible, tanto para acceder a un trabajo como para poder realizar estudios de grado o de máster.

En esta tarea muchas veces los profesores nos hemos sentido frustrados e impotentes por no poder solventar de un modo eficaz las carencias y lagunas que presentaban nuestros estudiantes. En este *Curso completo Especial DELE A2* ofrecemos un material que puede ser útil tanto a profesores como a alumnos para conseguir el objetivo de abarcar todos los contenidos imprescindibles de este nivel y tener éxito en el examen.

Este libro puede usarse como **curso intensivo** (seleccionando solo lo que interese al alumno o al profesor) o como **curso regular** de un semestre, cuatrimestre o **curso escolar completo,** adaptando, en estos casos, el ritmo de trabajo y los contenidos al tiempo disponible. Y se puede trabajar con él, tanto de forma **individual** por parte del estudiante como **en clase** con la ayuda del profesor.

Este libro consta de **seis modelos de examen completos** agrupados **por ámbitos temáticos,** en los que **hemos incorporado,** al principio de cada uno, **el trabajo de distintos contenidos léxicos, gramaticales y funcionales,** relacionados con el tema correspondiente.

Cada modelo de examen incluye **de una a tres unidades de léxico** basadas en los *Niveles de referencia (Plan curricular del Instituto Cervantes)* y relacionadas con los temas de cada uno, presentadas de forma didáctica y **orientadas hacia las tareas reales del examen.** También ofrecemos cuatro series de **gramática** que, de forma resumida y **en forma de test,** recogen todos los contenidos establecidos para el nivel A2, lo que puede ser una buena herramienta de repaso, activación e incluso de presentación de temas gramaticales nuevos. Hemos incluido, asimismo, una sección de **contenidos funcionales** (expresión de la opinión, acuerdo, desacuerdo, probabilidad, etc.), que consta de tres series en cada examen, en las que recogemos las **principales fórmulas y exponentes lingüísticos** de este nivel.

Este *Curso* también contiene una sección de **corrección de errores,** que hemos decidido incorporar debido a que la corrección gramatical es uno de los criterios de evaluación de las pruebas escritas y orales. La selección está basada en producciones reales de los estudiantes y en errores generalizados. Por último, hemos incluido una pequeña **sección de preposiciones de uso frecuente** en este nivel.

Al final del libro, aparece una sección con las **características** de cada prueba y de cada tarea y **consejos** para ayudar al alumno a realizarlas con éxito.

En un libro aparte se presentan las **respuestas explicadas** de todos los ejercicios. Estas soluciones ofrecen una explicación detallada tanto del ítem correcto como de los incorrectos.

Pilar Alzugaray

ÍNDICE

INFORMACIÓN GENERAL

Los diplomas de Español como Lengua Extranjera (DELE) son títulos oficiales de validez indefinida del Ministerio de Educación de España. La obtención de cualquiera de estos diplomas requiere una serie de pruebas.

El diploma DELE A2 equivale al nivel **inicial**, el segundo de los seis niveles propuestos en la escala del *Marco común europeo de referencia para las lenguas* (*MCER*). Acredita la competencia lingüística, cultural e intercultural que posee el candidato para:

- **Comprender y utilizar expresiones cotidianas de uso frecuente**, relacionadas aspectos relevantes para el candidato por su inmediatez (información básica sobre sí mismo y sobre su familia, compras y lugares de interés, ocupaciones, etc.).
- **Realizar intercambios comunicativos sencillos** sobre aspectos conocidos o habituales y describir de forma sencilla cuestiones relacionadas con su pasado y su entorno.
- Para **satisfacer cuestiones relacionadas con sus necesidades inmediatas**.
  http://diplomas.cervantes.es/informacion/niveles/nivel_a2.html

INSTRUCCIONES GENERALES

Como candidato a este examen, deberá:

- Presentarse con el pasaporte o documento de identificación (el mismo que hayan presentado en el momento de la inscripción).
- Llevar **lápiz del número 2** (a veces los proporciona el centro de examen).
- Comprobar que sus datos están correctos en una "hoja de confirmación de datos" que se le da durante la prueba oral.
- Ser muy puntual.

En el examen hay que marcar las respuestas como se indica a continuación:

¡ATENCIÓN!
FORMA DE MARCAR

CORRECTA

A	B	C	D
		■	

INCORRECTA

A	B	C	D
╱	●	○	✕

ESTRUCTURA Y CONTENIDO DEL EXAMEN[1]

PRUEBA N.º 1 **Comprensión de lectura** (60 minutos) 25 ítems.

Esta prueba se encuentra en un cuadernillo junto con la prueba de Comprensión auditiva. Consta de las siguientes tareas:

Tarea 1
- Leer **un texto** breve del ámbito personal (250-300 palabras) y extraer la idea principal e identificar información específica, sencilla y previsible.
- Contestar **cinco preguntas de opción múltiple.**

Tarea 2
- Leer **ocho textos** del ámbito público (50-80 palabras cada uno) y extraer las ideas relevantes e identificar información específica.
- Contestar **ocho preguntas de opción múltiple.**

Tarea 3
- Leer **tres textos** del ámbito público (100-120 palabras) y extraer información específica de textos de uso habitual.
- **Relacionar** con **seis enunciados.**

Tarea 4
- Leer **un texto** breve del ámbito personal o público (375-425 palabras) e identificar las ideas esenciales y cambios de tema.
- Contestar **seis preguntas de opción múltiple.**

PRUEBA N.º 2 **Comprensión auditiva** (40 minutos) 25 ítems.

Esta prueba se encuentra en un cuadernillo junto con la prueba de Comprensión de lectura. Consta de las siguientes tareas:

Tarea 1
- Escuchar **seis breves conversaciones** de los ámbitos personal, público y educativo (50-80 palabras) y comprender las ideas principales en conversaciones informales.
- **Relacionar** con **seis preguntas de opción múltiple** (imágenes).

Tarea 2
- Escuchar **seis anuncios de radio** del ámbito público (40-60 palabras) para captar la idea general de titulares o breves anuncios.
- Contestar **seis preguntas de opción múltiple.**

Tarea 3
- Escuchar una **conversación** del ámbito personal (225-275 palabras) y reconocer las ideas principales y la información específica de conversaciones informales.
- Relacionar **siete enunciados** con la persona a la que corresponden.

Tarea 4
- Escuchar **siete mensajes** de **megafonía** o de **contestador automático** del ámbito personal y público (30-50 palabras cada uno) y extraer la información esencial de los mensajes.
- Relacionar con **siete** de diez **enunciados.**

PRUEBA N.º 3 **Expresión e interacción escritas** (45 minutos)

Tarea 1
- Redactar **correos electrónicos, postales, notas** o **cartas** (60-70 palabras) del ámbito personal según la información de un texto de entrada para intercambiar información personal sobre temas básicos del ámbito personal.

Tarea 2
- Redactar **un texto breve** (70-80 palabras) del ámbito personal o público a partir de unas instrucciones y unas imágenes.

PRUEBA N.º 4 **Expresión e interacción orales** (12 minutos)

Tarea 1
- Realizar un **monólogo breve** del ámbito personal (2-3 minutos) sobre aspectos de la vida cotidiana a partir de unas instrucciones con los puntos sobre los que debe hablar.

Tarea 2
- Describir brevemente (2-3 minutos) una **fotografía** sobre un tema de la vida cotidiana.

Tarea 3
- Mantener una **conversación** (3-4 minutos) con el examinador sobre la fotografía de la tarea 2.

IMPORTANTE: Para la prueba de Expresión e interacción orales tienes 12 minutos adicionales de preparación antes de la entrevista. Puedes tomar notas o apuntar ideas, pero después no puedes leerlas, solo consultarlas.

Te recomendamos visitar la dirección oficial de los exámenes *http://diplomas.cervantes.es* donde encontrarás fechas y lugares de examen, precios de convocatorias, modelos de examen y demás información práctica y útil para que tengas una idea más clara y precisa de todo lo relacionado con los exámenes.

---

[1] En los exámenes originales los temas de cada una de las pruebas son diferentes entre sí. En este libro se ofrecen modelos de exámenes englobados por temas para facilitar el aprendizaje del vocabulario y el desarrollo de estrategias por parte del candidato.
Para más información, visite la dirección oficial de los exámenes: *http://nivelesb.diplomas.cervantes.es/especificaciones_b2.htm*

examen  1

LAS PERSONAS Y LA VIVIENDA

Curso completo

▶ **Léxico** ━━━
- Personas y relaciones personales
- Descripción física, carácter y personalidad
- Vivienda

▶ **Gramática**

▶ **Funciones**

Modelo de examen 1

vocabulario

FICHA DE AYUDA
Para la expresión e interacción
escritas y orales

RELACIONES PERSONALES

Compañero/a (el, la)	Partner
Hermano/a gemelo/a (el, la)	identical twin
Hijo/a único/a (el, la)	only child
Novio/a (el, la)	Boyfriend / Girlfriend
Pareja (la)	couple
Portero/a (el, la)	Clerk
Propietario/a (el, la)	Owner
Vecino/a (el, la)	Neighbor

DESCRIPCIÓN FÍSICA

Calvo/a	Bald
Ojos (los)	eyes
- azules/verdes/marrones	blue / green / brown
- grandes/pequeños	big / small
Pelo (el)	Hair
- corto ≠ largo	short / long
- liso ≠ rizado	straight / curly

CARÁCTER Y PERSONALIDAD

Abierto/a	open
Alegre	Happy
Amable	kind
Antipático/a	Unfriendly
Egoísta	selfish
Generoso/a	generous
Nervioso/a	nervous
Reservado/a	shy
Romántico/a	romantic
Serio/a	serious
Sociable	sociable
Tímido/a	shy
Tolerante	tolerante
Tranquilo/a	calm

ETAPAS DE LA VIDA

Adolescente (el, la)	Teenager
Anciano/a (el, la)	old person
Bebé (el)	baby
Niño/a (el, la)	Child

VERBOS

Apellidarse	to have as last name
Casarse	get married
Divorciarse	divorced
Llevar/Tener	wear / have
- gorra/pañuelo	hat / scarf
Morir	to die
Nacer	to be born
Presentarse	introduce
Separarse	separate

LA VIVIENDA

Ascensor (el)	Elevator
Bañera (la)	Bathtub
Cocina (la)	Stove
- eléctrica	Electric
- de gas	Gas
Dormitorio (el)	Bedroom
- de matrimonio	Master Bed
- de invitados	Guest Room
Ducha (la)	shower
Edificio (el)	Building
Escalera (la)	stairs
Frigorífico (el)	Fridge
Lavadora (la)	washing machine
Lavaplatos (el)	Dish washer
Microondas (el)	Microwave
Nevera (la)	Fridge
Pared (la)	wall
Pasillo (el)	Hallway
Piso (el)	Apartment
- de estudiantes	for students
- de x habitaciones	room apartment
- amueblado/sin amueblar	with(out) furniture
- en buen/mal estado	good/bad state
Suelo (el)	floor
Techo (el)	ceiling

VERBOS

Alquilar	rent
Amueblar	to furnish
Buscar	to look
- piso	apartment
- alojamiento	House
Cambiarse de casa	change house
Compartir piso	share apartment
Dejar	leave
- una nota/un mensaje recado	a note / message
Enviar/Recibir/Responder	send / recieve / respond
- una postal/una invitación	a letter / invitation
Hacer una fiesta	have party
Invitar	invite
Lavar	wash
- los platos/la ropa	plates / clothes
Lavarse	wash oneself
Limpiar la casa	clean the house
Regalar	to give present
Ser	to be made of
- de madera/de cristal	wood / glass
Tener	have
- una cita/una fiesta	date / party
Visitar	visit

Especial DELE A2 Curso completo

1 Observa esta familia, lee el texto y completa con los nombres que faltan. ¿Quién está hablando?

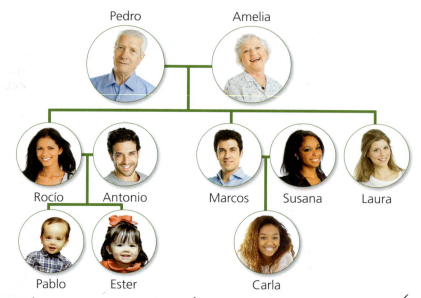

Pedro   Amelia

Rocío   Antonio   Marcos   Susana   Laura

Pablo   Ester   Carla

Mi padre se llama 1. ...Pedro... ✓ *y mi madre,* 2. ...Amelia... ✓ *. Tengo dos hermanas.* 3. ...Rocío... ✓ *, la mayor, está casada y tiene dos hijos. La pequeña,* 4. ...Laura..., *tiene 25 años y está soltera. Yo también estoy casado y tengo una hija, se llama* 5. ...Carla... *. Pero pronto van a ser dos más. ¡Esperamos gemelos para el próximo mes! Mi mujer,* 6. ...Susana..., *está muy contenta. ¡Ah! Yo me llamo* 7. ...Marcos...

2 Completa las frases sobre la familia anterior con estas palabras en el género y número adecuados.

> abuelo • casado • hermano • hijo • madre • marido • padre
> mujer • nieto • primo • sobrino • soltero • hijo único • tío

a. Ester y Carla son ...primas... .
b. Rocío es la ...madre... ✓ de Pablo.
c. Pablo es ...sobrino... ✓ de Susana.
d. Amelia es la ...abuela... ✓ de Ester.
e. Susana es la ...mujer... ✓ de Marcos.
f. Antonio es el ...marido... ✓ de Rocío.
g. Carla es ...nieta... ✓ de Pedro.

h. Marcos es el ...padre... ✓ de Carla.
i. Laura es ...tía... ✓ de Pablo.
j. Rocío es ...hija... ✓ de Amelia.
k. Pablo y Ester son ...hermanos... .
l. Pablo tiene una hermana, pero Carla es ...hija única... .
m. Rocío y Susana están ...casadas... . Laura está ...soltera... .

3 ¿Quién es? Completa con el término adecuado.

a. El padre de mi padre es mi ...abuelo... ✓ .
b. La hija de mi hijo es mi ...nieta... ✓ .
c. La hermana de mi padre es mi ...tía... ✓ .

d. El hijo de mi tía es mi ...primo... ✓ .
e. La hija de mi hermano es mi ...sobrina... .

4 Lee esta presentación y escribe un breve texto con tu información.

¿Que quién soy yo? Yo soy muchas cosas. Soy la nieta de Ángel y Paulina. Soy la hija de Juan y Nuria. También soy la hermana de Eduardo. Soy la sobrina de Pilar y la prima de Alfonso, Margarita y Roberto. Soy la tía de Paloma y Luis. Soy la mujer de Ricardo. Soy la madre de Marina. Y pronto voy a ser la abuela de... ¡Soy una persona importante!

¿Que quién soy yo? Yo soy muchas cosas. Soy ....
....
....

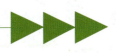

5 **Ordena estas personas según su importancia en tu vida y explica por qué son más o menos importantes.**

a. tu padre ____
b. tus vecinos ____
c. tus amigos ____
d. tus hermanos ____
e. tu pareja ____
f. tu jefe ____
g. tus abuelos ____

h. tus tíos ____
i. tus socios ____
j. tu madre ____
k. tus profesores ____
l. tus compañeros de clase ____
m. tus clientes ____
n. tus compañeros de trabajo ____

> Para mí, una persona muy importante es mi abuela, porque me enseñó muchas cosas. También es muy importante…

6 **Lee esta información sobre la familia en España y busca qué palabras marcadas corresponden a las definiciones. Puedes usar el diccionario.**

España (junto con Portugal) es el país de la Unión Europea donde nacen menos niños y en el que se tienen los niños más tarde. La edad media en que las españolas tienen hijos es de **casi** 32 años.

Las familias españolas son cada vez más pequeñas (2,5 miembros de media). En uno de cada cuatro **hogares** solo vive una persona.

La **esperanza de vida** al nacer es de 83 años. La población española es cada vez más vieja: uno de cada cinco españoles es mayor de 65 años. Desde 1981, la población mayor **ha crecido** y la población juvenil se ha reducido. Hay ya 1,5 millones más de personas mayores que de niños.

Cada vez menos personas deciden casarse. Esto **se compensa** un poco con los matrimonios internacionales. En uno de cada seis matrimonios, al menos uno de los miembros es extranjero.

Las familias monoparentales aumentan poco a poco (el 10 % de los hogares). De los 1,7 millones de hogares monoparentales, más de 700 000 (el 42 %) se compone de **viudos/as**; y más de 460 000, (el 26 %) de divorciados. La mayoría de las familias monoparentales (casi nueve de cada diez) son madres con hijos.

Los españoles se casan más tarde: a los 35,4 años de media (36,9 para los hombres y 34 para las mujeres).

Dos de cada tres matrimonios lo hacen **exclusivamente** por lo civil (no por lo religioso).

La **tasa** de separaciones y divorcios (0,65) está por encima de la media de la Unión Europea (0,46). En España se producen casi siete separaciones por cada diez matrimonios.

Adaptado de *Informe de Evolución de la Familia en España*
(Instituto de Política Familiar)

a. Solamente: ....
b. Ha aumentado: ....
c. Se equilibra: ....
d. Casas: ....
e. Número: ....
f. Cantidad de años que puede vivir una persona: ....
g. Aproximadamente: ....
h. Personas que no tienen esposo/a porque ha muerto: ....

> ¿Conoces cómo es la situación en tu país? ¿Es similar a España? Busca información y haz una pequeña presentación sobre la familia en tu país.

7 Infórmate sobre tu compañero y toma notas.

¿Vives con tu familia?

¿Con quién tienes mejor relación, con tu padre o con tu madre?

¿Tienes hijos? Si no tienes, ¿quieres tener en el futuro? ¿Cuántos?

¿Prefieres pasar tu tiempo libre con tu familia o con tus amigos?

¿Tienes hermanos? ¿Cuántos? ¿Cómo es tu relación con ellos?

¿Estás casado?

8 Ordena cronológicamente estas etapas de la vida de una persona.

a. joven ___
b. niño ___
c. persona mayor/viejo ___
d. bebé ___
e. adolescente ___
f. persona de mediana edad ___

¿Qué te parece más amable cuando hablas de alguien, decir que es «una persona mayor» o «un viejo»? ¿Por qué?

9 Ahora, relaciona las palabras anteriores con las fotos correspondientes.

1.

2.
3.

4.

5.

6.

10 ¿A qué edades piensas que corresponde cada etapa anterior? Habla con tus compañeros.

Yo creo que «persona de mediana edad» es desde los 35 a los 50 años.

¡No estoy de acuerdo! Yo pienso que Penélope Cruz es joven y tiene más de 40 años…

11 Ordena estos momentos de la vida de una persona según suceden habitualmente. ¿Tu compañero está de acuerdo contigo?

a. ___ tener hijos
b. ___ empezar a trabajar
c. ___ enamorarse
d. ___ jubilarse
e. ___ estudiar
f. ___ obtener un título universitario
g. ___ nacer
h. ___ vivir en otro país
i. ___ casarse
j. ___ comprar una casa
k. ___ cambiar de trabajo
f. ___ morir

12 Ahora, relaciona las palabras o expresiones anteriores con estas imágenes.

13 De los hechos anteriores, comenta qué has hecho ya o todavía no. ¿Cuáles piensas hacer en el futuro?

Me casé hace dos años y voy a tener mi primer hijo dentro de dos meses.

Yo estoy estudiando, pero todavía no he terminado la carrera.

14 Completa la vida de G. Adolfo Bécquer, poeta español, con estos verbos en pretérito perfecto simple.

casarse • cambiar • empezar • estudiar • tener • publicar • separarse • decidir
crecer • morir (2) • nacer • ser • intentar • enamorarse • dedicar

Gustavo Adolfo Bécquer 1. .... el 17 de febrero de 1836 en Sevilla, ciudad donde 2. .... y 3. .... la carrera náutica en el colegio de San Telmo. Su padre 4. .... en 1854 y él 5. .... su residencia a Madrid. Primero 6. .... dedicarse a la pintura, pero finalmente 7. .... ser escritor. 8. .... a colaborar en el periódico *El Contemporáneo* donde 9. .... algunas de sus *Leyendas* y los ensayos *Cartas desde mi celda*. 10. .... de varias mujeres a las que 11. .... sus poemas, las *Rimas*. En 1861 12. .... con Casta Esteban, con la que 13. .... tres hijos. Pero su matrimonio no 14. .... feliz y 15. .... de su mujer en 1868. 16. .... el 22 de diciembre de 1870 a causa de la tuberculosis y de una profunda depresión.

Busca información sobre un personaje que admiras y escribe su biografía. Utiliza, al menos, diez verbos de esta actividad.

15 ¿Conoces bien España? Marca verdadero o falso. Comprueba en clase.

En España:
a. La gente tiene dos apellidos: el del padre y el de la madre. V F
b. Cuando una mujer se casa, toma el apellido de su marido. V F
c. *José María* es un nombre de mujer. V F
d. *María José* es un nombre de hombre. V F
e. *Pepe* es el nombre familiar de *José*. V F
f. Una pareja se puede unir de cuatro formas: matrimonio civil, religioso/eclesiástico, unión libre, pareja de hecho. V F

1 Completa el siguiente árbol conceptual con estas palabras. ¿Podrías añadir más?

- alto/a
- bigote
- fea/a
- moreno/a

- bajo/a
- largo
- rubio
- azules

- blanco
- ojos
- liso straight
- moreno

- verdes
- gafas
- rizado
- marrones

- delgado/a
- calvo/a
- pequeños

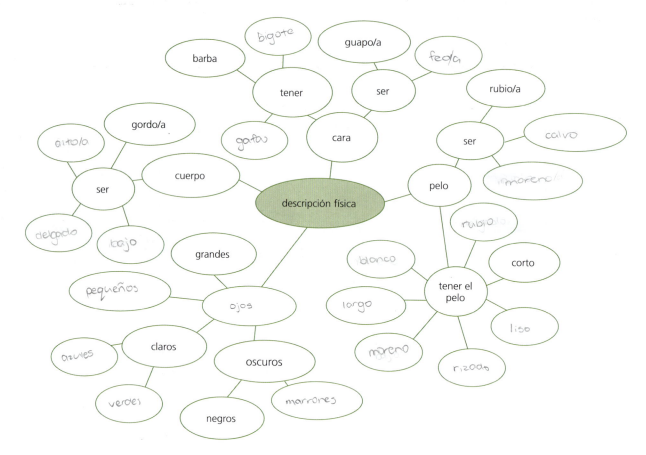

(árbol conceptual)

barba — bigote — guapo/a — fea/a — rubio/a
tener — ser — cara — ser — calvo
gordo/a — gafas — moreno/a
alto/a — cuerpo — pelo
ser — descripción física — rubio/a
delgado — bajo — blanco — corto
grandes — tener el pelo — largo — liso
pequeños — ojos — moreno — rizado
azules — claros — oscuros
verdes — negros — marrones

2 Lee el diálogo e identifica a las personas que se mencionan.

- Mira, esta es la foto de mi último cumpleaños.
- ○ ¿Quién es la chica rubia?
- ¿La alta?
- ○ No, la otra, la que lleva una chaqueta azul.
- ¡Ah! Esa es Laura, una amiga de mi hermana.
- ○ ¿Y el chico de barba y bigote?
- ¿El de la camiseta de rayas? Ese es Enrique, mi hermano.
- ○ No, no, a Enrique lo conozco. Digo el rubio.
- ¡Ah! Es Antonio, nuestro vecino.
- ○ ¡Es muy guapo!
- Sí, pero tiene novia. La morena con gafas que está a su lado. Se llama Susana.
- ○ ¿Y ese señor mayor?
- Ese es Arturo, mi primo. Y no es tan mayor, pero como es calvo y siempre lleva chaqueta parece mayor de lo que es.

Elige una persona y descríbela. Tu compañero adivina quién es.

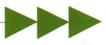

3 Relaciona cada adjetivo con su contrario.

↳ Happy

a. simpático b. inteligente c. trabajador d. alegre e. serio f. tímido g. optimista
h. abierto i. tranquilo j. generoso k. amable l. tolerante m. agradable n. aburrido

'open - minded'   'silly'   'nice'   'nice'   'boring'   'closed'

1. triste _d_
2. maleducado _k_   _rude_
3. pesimista _g_
4. tonto _b_
5. intolerante _l_
6. interesante _n_
7. egoísta _j_
8. vago _c_
9. desagradable _m_
10. divertido _e_
11. extrovertido _f_
12. nervioso _i_
13. cerrado _h_
14. antipático _a_

4 Ahora, clasifica los adjetivos anteriores. Compara con tu compañero. ¿Está de acuerdo contigo?

Cualidades positivas 👍

Cualidades negativas 👎

Para mí, tímido no es una cualidad positiva, pero tampoco es un defecto…

5 Practica ahora el vocabulario anterior, como en el ejemplo.

Es una persona a la que le gusta hacer regalos, que piensa en las otras personas. Es lo contrario de _egoísta_.

¡Generoso!

6 Completa la información y justifica tu respuesta.

	La cualidad más importante	El peor defecto
a. Un jefe	tolerante	cerrado
b. Un compañero de trabajo	amable	antipático
c. Un compañero de clase	optimista	maleducado
d. Un padre o una madre	simpatico	intolerante
e. Un hijo	tranquilo	vago
f. Un amigo	agradable	serio
g. Un vecino	tranquilo	antipatico
h. Tu pareja	interesante	intolerante

Para mí, un buen jefe tiene que ser serio y trabajador. Y no tiene que ser…

7 Busca el intruso y completa las explicaciones.

1. Es un adjetivo que no se usa para hablar de los ojos.
2. No se usa con el verbo _ser_.
3. No se puede usar con el verbo _llevar_.
4. No se usa para describir el pelo.

a. Morenos, azules, marrones, verdes, claros. El intruso es .... porque ....
b. Bigote, barba, el pelo largo, gafas, ojos grandes. El intruso es .... porque ....
c. Corto, rizado, rubio, grande, liso. El intruso es .... porque ....
d. Rubio, gordo, bigote, joven, feo. El intruso es .... porque ....

1 **Completa con la palabra adecuada.**
¿Cómo se llama la parte de la casa donde…

1. … comemos?
....

2. … vemos la televisión y estamos con la familia?
....

3. … nos bañamos?
....

4. … cocinamos?
....

5. … dormimos?
....

6. … tenemos plantas y podemos tomar el sol?
....

7. … está la puerta para entrar/salir de la casa?
....

2 **Identifica los lugares anteriores en este plano.**

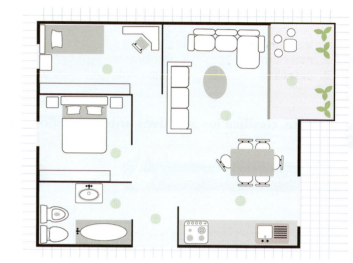

3 **Clasifica estas palabras y expresiones en el lugar adecuado.**

1. ascensor
2. un chalé
3. vieja/nueva
4. terraza
5. interior/exterior
6. céntrica
7. bonita/fea
8. bien/mal comunicada
9. un estudio
10. aire acondicionado
11. un piso
12. jardín
13. en buen/mal estado
14. limpia/sucia
15. calefacción
16. garaje
17. un apartamento
18. amueblada/sin amueblar
19. mucha/poca luz
20. dos/tres… habitaciones
21. dormitorio de invitados

¿Cómo es tu casa? Descríbela con este léxico.

La casa		
es	tiene	está

4 **Completa el texto con una de estas palabras.**

La casa ideal de los españoles

Según los resultados de una encuesta sobre la casa de los sueños, la mayoría de los españoles prefiere una 1. .... unifamiliar de más o menos ciento veinte 2. .... cuadrados.

En cuanto al número de 3. ...., cuatro es el número ideal. También es importante tener 4. .... o una plaza de aparcamiento. Respecto al lugar, los habitantes de las grandes ciudades prefieren el 5. .... y valoran tener zonas 6. .... cerca y medios de transporte.

Por último, los españoles siguen prefiriendo la propiedad al 7. ....

metros • verdes • garaje
alquiler • centro
habitaciones • vivienda

¿Cómo crees que es la casa ideal en tu país?

5 Ordena las letras para formar nombres de muebles, electrodomésticos y objetos que hay en una casa. Relaciona las palabras con la imagen correspondiente.

1. maca: ....
2. aromira: ....
3. macrodinos: ....
4. lilas: ....
5. bolava: ....

6. revena: ....
7. fosá: ....
8. llinós: ....
9. hucad: ....
10. darolava: ....

11. barañe: ....
12. sileótenvi: ....
13. ancico: ....
14. tanriestea: ....
15. vastopalla: ....

6 Clasifica los nombres anteriores y añade dos más a cada lista.

MUEBLES	ELECTRODOMÉSTICOS	OBJETOS

7 Practica el vocabulario anterior, como en el ejemplo.

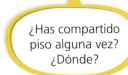

Es un electrodoméstico que está normalmente en el salón y sirve para ver las noticias.

¡La televisión!

8 ¿Qué puedes decir sobre estas cuestiones?

¿Vives en una casa propia o alquilada? ¿Con quién?

¿Alguna vez has vivido solo? ¿Qué tal la experiencia?

¿Has compartido piso alguna vez? ¿Dónde?

¿Cómo es tu casa ideal?

Gramática

1 Completa estas frases seleccionando la opción correcta. SERIE 1

1. El color favorito de mi madre es __.
　　a. la rosa　　　　　　　　　b. el rosa　　　　　　　　　c. rosa

2. Mi hermano quiere comprarse __ moto, pero mi padre ha dicho que no.
　　a. una　　　　　　　　　　b. un　　　　　　　　　　　c. Ø

3. –¿Qué tal la __?/–Como siempre: cené con mi familia y luego fui de fiesta con mis amigos.
　　a. Vieja noche　　　　　　b. Noche vieja　　　　　　c. Nochevieja

4. Mi hermano se llama __, pero en casa lo llamamos Pepe.
　　a. Pedro　　　　　　　　　b. José　　　　　　　　　　c. Francisco

5. Mis padres siempre hacen la compra __.
　　a. lunes　　　　　　　　　b. el lunes　　　　　　　　c. el Lunes

6. Este verano vamos a ir todos __, menos mi hermano, que no tiene vacaciones.
　　a. en París　　　　　　　b. a Portugal　　　　　　　c. a la Italia

7. Oye, ¿dónde puedo conseguir __ programa de las fiestas?
　　a. la　　　　　　　　　　b. el　　　　　　　　　　　c. una

8. –¿La __ de España se llama Sofía?/–No, esa era la anterior. La actual se llama Letizia.
　　a. reya　　　　　　　　　b. reina　　　　　　　　　c. reyna

9. Mi padre es profesor y mi madre es __ de Recursos Humanos en una empresa.
　　a. directora　　　　　　　b. director　　　　　　　　c. directriz

10. Mi abuelo nunca ve las noticias en televisión. Prefiere __ radio.
　　a. el　　　　　　　　　　b. Ø　　　　　　　　　　　c. la

11. –Picasso es __ francés, ¿verdad?/–¡No! Es español, de Málaga, pero vivió en Francia.
　　a. un artista　　　　　　　b. un artisto　　　　　　　c. una artista

12. ¿Sabes dónde ha dejado __ gafas la abuela? ¡No las encuentra!
　　a. la　　　　　　　　　　b. los　　　　　　　　　　c. las

2 Completa estas frases seleccionando la opción correcta. SERIE 2

1. ¿Ese es el novio de Laura? ¡Es muy __!
　　a. bonito　　　　　　　　b. precioso　　　　　　　　c. guapo

2. No me gusta ese pañuelo para el regalo de Marta. Me parece __.
　　a. poco　　　　　　　　　b. un poco feo　　　　　　c. un poco de feo

3. Mira, esta es Fátima, mi compañera de clase. Es __.
　　a. marrueca　　　　　　　b. marroquina　　　　　　c. marroquí

4. Y esta es Aline. Es __.
　　a. franca　　　　　　　　b. francesa　　　　　　　　c. francia

5. ¿Qué te ha parecido la conferencia? ¡Qué tema tan __!
　　a. rara　　　　　　　　　b. interesante　　　　　　c. complicada

6. –¿Quién es tu primo?/–El __ que está hablando con Pedro.
　　a. chico alto　　　　　　b. moreno chico　　　　　c. chico corto

7. Creo que la dirección de tu casa es muy __.
　　a. fácila　　　　　　　　b. fáciles　　　　　　　　c. fácil

8. ¡Oye! ¡Tu hermano parece __ simpático! ¿Me lo presentas?
　　a. mucho　　　　　　　　b. tanto　　　　　　　　　c. muy

9. Mi padre es __ cariñoso como mi madre.
　　a. más　　　　　　　　　b. menos　　　　　　　　　c. tan

10. Pero mi madre es más seria __ mi padre.
　　a. que　　　　　　　　　b. de　　　　　　　　　　c. como

11. Me gusta mucho vuestra nueva casa. Es mucho __ que la anterior.
　　a. más mejor　　　　　　b. mejora　　　　　　　　c. mejor

12. Mi hermana __ es médica.
　　a. pequeña　　　　　　　b. joven　　　　　　　　　c. menora

3 Completa estas frases seleccionando la opción correcta.

1. Yo no voy a bañarme, __ agua está demasiado fría.
    a. el   b. Ø   c. la

2. –¿Qué te pasa?–Nada, que me duele un poco __ cabeza.
    a. mi   b. Ø   c. la

3. Mi marido es bastante deportista. Juega __ tenis dos veces a la semana.
    a. a   b. el   c. al

4. Pues yo hago un poco __ gimnasia por las mañanas.
    a. de   b. de la   c. Ø

5. ¿Tu casa tiene __ jardín? ¡Qué suerte!
    a. el   b. Ø   c. de

6. Perdona, ¿dónde está __ cuarto de baño?
    a. el   b. Ø   c. un

7. A mi hermano le encanta __ cine.
    a. el   b. Ø   c. un

8. Mamá, hay que ir al supermercado. No hay __ leche. ¿Voy yo?
    a. la   b. Ø   c. una

9. Sí, por favor, ve al supermercado, pero antes, mira si se necesitan __ cosas.
    a. de otras   b. unas otras   c. otras

10. Cerca de mi casa hay __ parque muy grande.
    a. el   b. Ø   c. un

11. Mi madre es profesora __.
    a. Matemática   b. de Matemáticas   c. de las Matemáticas

12. Tu hermano sabe __, ¿verdad? Es que buscan un traductor en mi trabajo.
    a. ruso   b. el ruso   c. rusa

4 Completa estas frases seleccionando la opción correcta.

1. Yo cocino __ días. ¿Y tú?
    a. todas las   b. todos los   c. todos

2. Mira, ¿has visto __ foto de mi familia?
    a. esta   b. este   c. esto

3. ¿De dónde es Penélope Cruz? ¿Es __?
    a. una española   b. español   c. española

4. Sí, sí. Es una __ muy famosa. Y ha ganado un Óscar.
    a. actriza   b. actora   c. actriz

5. El médico me ha dicho que la grasa es muy __ para la salud.
    a. mala   b. malo   c. mal

6. También me ha dicho que el agua es muy __ y que debo beber dos litros cada día.
    a. bien   b. buena   c. bueno

7. Creo que tu casa es __ oscura como la mía.
    a. tan   b. menos   c. más

8. ¿Esta es tu habitación? ¡Qué __!
    a. bonito   b. luminoso   c. grande

9. ¿La clase de español es en __ aula 5?
    a. el   b. la   c. Ø

10. –¿Cuál es tu plato favorito?–Pues me gusta mucho __ paella.
    a. una   b. la   c. Ø

11. A mi cumpleaños van a venir __ amigos.
    a. los mis   b. algunos mis   c. todos mis

12. ¿Me das __ vaso de agua? Tengo mucha sed.
    a. el otro   b. otro   c. un otro

1 SERIE 1

↗ **Elige la opción correcta y completa el cuadro de funciones con las fórmulas correspondientes.**

1. ¡Hola, Teresa! ¿Cómo __?
   a. tal   b. estás   c. eres
2. ¡Muy bien! ¿Y tú, qué __?
   a. tal (circled)   b. estás   c. eres
3. __, ¿me puedes decir la hora?
   a. Lo siento   b. Perdone   c. Perdón (circled)
4. __, perdone, ¿sabe dónde vive la familia Sánchez?
   a. Mire   b. Escuche   c. Oiga (circled)
5. ¡Hola a todos! __ Alfonso Hernández, el vecino del sexto.
   a. Llamo   b. Mi nombre   c. Soy (circled)
6. ¡Hola, Antonio! Te presento __.
   a. Juan   b. un amigo   c. a mi novia (circled)
7. Esta es Lorena. Es __ Pedro.
   a. su hermana de   b. la hermana de (circled)   c. hermana a
8. Señor González, le presento __.
   a. a señora Díaz   b. la señora Díaz   c. a la señora Díaz (circled)
9. ¡Carlos! ¡Ven un momento! Mira, este es __, el nuevo compañero.
   a. don López   b. señor Juan López   c. Juan López (circled)
10. –María, esta es Marta, mi vecina./–¡Hola! __
    a. Me encanta   b. Encanto   c. Encantada (circled)   ↙nice to meet you
11. __. ¡Por fin te conozco! Me han hablado mucho de ti.
    a. Mucho gusto (circled)   b. Muy gustoso   c. Me gustas mucho
12. ¡Hola, Cristina y Pilar, __!
    a. bienvenida   b. bienvenidas (circled)   c. bien venidas

Tu listado

a. **Saludar y responder a un saludo**
   Hola.
   1. ¿Como estás? Com
   2. Muy bien
b. **Dirigirse a alguien**
   Por favor…
   3. Perdón
   4. Oiga
c. **Presentarse uno mismo**
   Me llamo Juan.
   5. Soy
d. **Presentar a alguien**
   Este es Juan.
   6. Te presento a Juan
   7. Es la hermana de
   8. le presento
   9. Es mi amigo
   10. ....
e. **Responder a una presentación**
   Hola, ¿qué tal?
   11. Mucho gusto / Encantada
f. **Dar la bienvenida**
   ¡Hola!
   12. bienvenidas

2 SERIE 2

↗ **Elige la opción correcta y completa el cuadro de funciones con las fórmulas correspondientes.**

1. –¿Por qué no viniste ayer?/–__ mucho, estaba cansado.
   a. Siento   b. Me siento   c. Lo siento (circled)
2. Siento no __ ayudarte. Es que estoy muy ocupado.
   a. puedo   b. poder (circled)   c. he podido
3. Perdona __ llegar tarde. He tenido un problema con el coche.
   a. Ø   b. para   c. por (circled)
4. –¡He aprobado el examen del carné de conducir!/–¡__!
   a. Muy bueno   b. Muy bien (circled)   c. Muy buena
5. –Hoy cumplo 22 años./–¡__!
   a. Felicidad   b. Feliz aniversario   c. Felicidades (circled)
6. –He comprado un apartamento en el centro./–¡__!
   a. En buena hora   b. Enhorabuena (circled)   c. En hora buena
7. Nos vemos en enero. ¡__ a todos!   ↑congratulation   ↓Happy Holiday
   a. Fiesta feliz   b. Fiestas felices   c. Felices fiestas (circled)
8. –Hoy tengo una cita con una chica./–¡__!
   a. Suerte buena   b. Buena suerte (circled)   c. Buena fortuna
9. –Esta tarde salgo para Roma./–¡__!
   a. Buen viaje (circled)   b. Viaja bien   c. Viaje bueno
10. –Mañana empiezan mis vacaciones./–¡__!
    a. Vacación feliz   b. Vacación contenta   c. Felices vacaciones (circled)
11. –Bueno, me voy a comer./–¡__!
    a. Aprovecha   b. Qué provecho   c. Buen provecho (circled)
12. –¡Feliz Navidad!/–¡__!
    a. Navidad feliz   b. Igual   c. Muchas gracias (circled)

Tu listado

g. **Disculparse**
   Perdón.
   1. Lo siento
   2. perdona
   3. ....
h. **Felicitar**
   ¡Felicidades!
   4. Buena suerte
   5. Enhorabuena
   6. Muy bien
   7. Bien vacaciones
i. **Formular buenos deseos**
   ¡Suerte!
   8. ....
   9. ....
   10. ....
   11. ....
j. **Responder a felicitaciones y buenos deseos**
   12. ....

Lo siento | por
Gracias | POR

Especial
DELE A2
Curso completo

SERIE 3

Elige la opción correcta y completa el cuadro de funciones con las fórmulas correspondientes.

1. ¿Ya son las cinco? Me voy, __.
   a. a mañana   (b) hasta mañana   c. hasta la mañana ✗
2. –Me voy a comer./–Vale, __.
   a. hasta temprano   b. hasta tarde   (c) hasta luego ✓
3. ¡__! ¿Qué tal has pasado la noche?
   a. Buena día   b. Buenas días   (c) Buenos días ✓
4. __. ¿Puedo hablar con el señor Fernández?
   a. Buen tarde   (b) Buenas tardes   c. Buenos tardes ✓
5. –Mañana miércoles no vengo./–Bueno, pues __.
   a. hasta jueves   (b) hasta el jueves   (c) hasta los jueves ✗
6. __, ¿sabéis el horario de la tienda de muebles?
   a. Perdonen ✓   b. Perdonáis   (c) Perdonad ✗
7. Oiga, por favor. ¿__ cambio de diez euros?
   (a) Tienes   (b) Tiene   c. Tenéis ✗
8. Perdone, __, ¿puede contestarme a una pregunta?
   a. doña González   (b) señora González   c. la señora González ✓
9. ¡__! ¡Ven aquí un momento! Necesito ayuda.
   (a) Eh ← get attention   b. Oh ← ~~surprise~~   c. Ah
10. –Perdone, un momento./–¿Sí?/–¿__ dónde hay una farmacia? ✓
    a. Conoce   (b) Sabe   c. Aprende
11. –Esto es para ti./–¡__! ¡Me encanta! ✓
    a. Mucha gracia   b. Muy graciosa   (c) Muchas gracias
12. –¡Gracias por el regalo!/–__, es algo muy pequeño.
    a. Nada   b. Por nada   (c) De nada ✓

Tu listado

k. **Despedirse**
   Adiós.
   1. ....
   2. ....
   3. ....
   4. ....
   5. ....

l. **Establecer la comunicación**
   Por favor…
   6. ....
   7. ....
   8. ....
   9. ....

m. **Reaccionar**
   Hola.
   10. ....

n. **Dar las gracias**
   ¡Gracias!
   11. ....

ñ. **Responder a un agradecimiento**
   12. ....

4 Corrección de errores

Identifica y corrige los errores que contienen estas frases. Puede haber entre uno y tres en cada una.

a. La verdad es que esta problema es tanto difícil.
b. Dice que va a ir al médico porque se duele mucho el mano.
c. –¿Te gustas este pañuelo?/–No sé, prefiero el naranjo, la verdad.
d. Su padre es periodisto. Trabaja en un periódico mucho importante.
e. Normalmente los lunes tenemos clase, pero este lunes está fiesta.
f. Su hermano no es tan inteligente que ella.
g. Sí, pero él es más simpático de ella.
h. ¿Está verdad que hablas el alemán?
i. Nos padres viven a Barcelona.
j. La profesora del español es divertida, ¿verdad?

5 Uso de preposiciones

Tacha la opción incorrecta en estas frases.

a. ¡Bienvenidos *en/a* España!
b. Mañana *a/por* la tarde celebramos el cumpleaños de mi hermana.
c. Todavía no me has presentado *a/Ø* tu novio.
d. Mejor me quedo esta tarde *a/en* casa. Estoy muy cansado.
e. No es normal este calor. Todavía estamos *en/a* primavera.
f. Cuando era pequeño, jugaba *a/Ø* las cartas con mi abuelo.
g. Tengo que comprar un regalo *por/para* mi mejor amiga. Se casa el mes que viene.
h. –Yo soy hija única./–Pues yo tengo *a/Ø* tres hermanos.
i. Mañana voy *en/a* casa de mis padres porque es su aniversario.
j. *A/Hasta* la semana que viene. ¡Buen fin de semana!

PRUEBA 1 **Comprensión de lectura**

60 min

Tiempo disponible para toda la prueba.

TAREA 1

A continuación, va a leer el correo electrónico que Roxana ha enviado a Roberto. Después, conteste las preguntas, 1-5, marcando la opción correcta, a), b) o c).

⊠ Sin título

Para: Roberto

Asunto: Noticias desde Barcelona

Hola, Roberto:

¿Qué tal? La verdad es que no he podido escribirte antes porque tenía muchas cosas que hacer, pero creo que ya estoy completamente adaptada a esta ciudad. Al principio ha sido un poco difícil. Barcelona es una ciudad muy grande y yo vengo de una mucho más pequeña, pero bueno.

La buena noticia es que tengo casa. Al principio, como es algo temporal, pensé vivir con mis tíos, pero su casa es muy pequeña, así que decidí buscar un piso para compartir. No podía vivir independiente (aquí la vivienda es muy cara) ni con mis tíos. Decidí buscar en Internet y encontré un anuncio de unas chicas que tenían una habitación libre. Vi la habitación, me gustó y ahora vivo con dos estudiantes: Susana y Adela. Susana es de Salamanca. Es poco tímida y reservada, pero muy buena y generosa. Adela es de Segovia y es muy simpática y abierta. Me río mucho con ella, pero a veces es demasiado nerviosa.

La casa no está mal y está muy cerca de la oficina. El problema es que está en la primera planta y hay poca luz. Además, los muebles son muy antiguos y oscuros, no como los de mi casa que son más modernos, pero están bastante limpios y en buen estado.

En la oficina, de momento, no he tenido ningún problema: los compañeros son bastante agradables y el jefe también, pero lo mejor es el horario: solo trabajo por las mañanas. Es magnífico. Lo que menos me gusta de esta ciudad es el tráfico y la contaminación. Pero, bueno, esto se acaba pronto. Tengo muchas ganas de veros a todos.

Un abrazo y hasta muy pronto,
Roxana

PREGUNTAS

1. Roxana está ahora en Barcelona:
   a) Por motivos de trabajo.
   b) A causa de los estudios.
   c) Por razones familiares.

2. Roxana:
   a) Piensa estar mucho tiempo en Barcelona.
   b) Va a estar poco tiempo en Barcelona.
   c) No sabe cuánto tiempo va a estar en Barcelona.

3. Según Roxana, Susana es:
   a) Poco sociable.
   b) Bastante egoísta.
   c) Un poco antipática.

4. Roxana dice que Adela es:
   a) Muy seria.
   b) Divertida.
   c) Tranquila.

5. La casa de Roxana:
   a) Está en un piso alto.
   b) Tiene muebles viejos.
   c) No está amueblada.

TAREA 2

A continuación, va a leer ocho anuncios. Después, responda las preguntas, 6-13, marcando la opción correcta, a), b) o c).

Ejemplo   **Texto 0**

AYUNTAMIENTO DE MEDINA
Servicios municipales

Los muebles y electrodomésticos viejos deben llevarse a los puntos limpios. En caso de no poder hacerlo personalmente, existe un servicio de recogida municipal.

Es obligatorio avisar telefónicamente al ayuntamiento (de 8:30 a 14:00 h, de lunes a jueves), donde se le informará dónde y cuándo dejarlos. No hay servicio de recogida de muebles los fines de semana.

Las piezas pequeñas deben empaquetarse. Cristales y espejos deben llevarse personalmente al punto limpio

0. El anuncio dice que:
- **a)** Hay que ir al ayuntamiento a solicitar el servicio.
- **b)** El servicio de recogida es de lunes a jueves.
- **c)** Este servicio no recoge cristales ni espejos.

La opción correcta es la c). Los cristales y espejos deben llevarse personalmente.

Texto 1

Celebra el cumpleaños de tu hijo en la **Sala Colorines**

El *pack* Cumpleaños incluye:
- Sala de cumpleaños (tiempo aproximado de estancia en la sala: 45 minutos).
- Merienda infantil (posibilidad de merienda especial para niños con alergias o intolerancias alimenticias).
- Regalo-recuerdo del cumpleaños para todos los invitados.
- Dos entradas de adulto gratuitas.

(Se necesita un mínimo de 10 niños para la celebración del cumpleaños).

6. En Colorines:
- **a)** Celebran el cumpleaños de diez niños al mismo tiempo.
- **b)** Preparan comida diferente para niños con problemas de salud.
- **c)** Hacen un regalo especial al niño que cumple años.

Texto 2

Se acerca el Día del Padre. ¿Qué vas a regalarle?
¿Otra corbata o prefieres un regalo original y personalizado?

A todo el mundo le gusta saber qué cosas importantes pasaron el día que nació y qué mejor regalo que un periódico real del primer día de su vida.

Todos nuestros periódicos tienen un certificado de autenticidad y, si quieres una mejor presentación, tenemos bonitas carpetas especiales.

Estamos en paseo del Pinar, 7, 28029 Madrid.

7. En este anuncio proponen regalar a los padres:
- **a)** Un periódico del día en que nació.
- **b)** Una carpeta bonita y especial.
- **c)** Una corbata personalizada.

Texto 3

El **gabinete de psicología Almagro** cuenta con un equipo de profesionales, graduados por la Universidad Autónoma de Madrid (UAM), con gran experiencia en todo tipo de terapias para niños, adolescentes y adultos. Nuestros psicólogos, a través de eficaces métodos, logran unos resultados rápidos en pocas sesiones.

– Consulta individual o de parejas.

– Primera sesión (una hora) gratuita.

8. Los psicólogos de este gabinete:
- **a)** Trabajan con personas de todas las edades.
- **b)** Consiguen eficaces resultados en una hora.
- **c)** Son también profesores en la universidad.

Texto 4

Cadena especializada en electrodomésticos, con establecimientos en toda España, abre en Palencia su tienda número 1000 y para celebrarlo le regala un horno microondas por la compra, en cualquiera de sus tiendas, de una lavadora Frión.

Oferta hasta fin de existencias (2 000 unidades)

Reserve ya su lavadora en su tienda más cercana o en nuestra página web (www.electroespana.es).

9. Esta oferta es:
- **a)** Si se compra en la tienda de Palencia.
- **b)** Para los primeros 2 000 compradores.
- **c)** Si se hace la reserva por Internet.

Texto 5

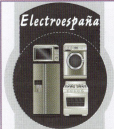

Servihogar 24

Empresa especializada en servicio doméstico de calidad:
- Niñeras.
- Cuidadores de personas mayores o enfermos.
- Empleados del hogar internos o externos.
- Cocineros, chóferes particulares, jardineros.

Tenemos a su disposición los currículos y las referencias de todos nuestros candidatos que, además, han recibido cursos de formación específicos.
Más información en www.servihogar24.com.

10. Servihogar 24:
- **a)** Forma a gente que quiere trabajar.
- **b)** Busca empleados domésticos.
- **c)** Ofrece servicio de personal doméstico.

Texto 6

El hotel **Herencia** cuida cada detalle y te ofrece un día inolvidable en uno de sus emblemáticos salones:
Salón San Valentín

El precio incluye: Carta de platos para elaborar vuestro propio menú - Menú especial infantil -
Decoración floral - Noche de bodas en el hotel con desayuno incluido - Baile
Otros servicios: música, fotografía, servicio de canguro.
Capacidad de hasta 400 invitados. ¡Venga a visitarnos!

11. En este salón:
   a) Pueden comer más de cuatrocientos invitados.
   b) Los niños comen lo mismo que los adultos.
   c) Tienen personal para cuidar a los niños durante la fiesta.

Texto 7

ANUNCIOS 11

LABORALIA

(búsqueda y ofertas de empleo)
Busco persona con experiencia en cuidado de ancianos para noches y
fines de semana (trabajo compartido con otra persona para poder descansar).
- Se encargaría de cuidar a la persona (baño y aseo personal), salir a pasear,
  acompañar al médico, darle medicación, etc.
- Importante tener fuerza física para poder moverla.
- Se valora positivamente tener conocimientos en auxiliar de enfermería.
- Incorporación el próximo mes.

12. El anuncio dice que:
   a) Tiene que haber trabajado con personas mayores.
   b) No tiene que trabajar viernes y sábados.
   c) Va a empezar a trabajar inmediatamente.

Texto 8

Programa Alquiler para todos
(promueve Ayuntamiento de Torrealta)
100 viviendas de protección social en régimen de alquiler

REQUISITOS
- Ser español o residente en España
- Ser mayor de edad
- No tener otra casa en propiedad
- Ingresos familiares inferiores a 5,5 veces el IPREM (7.519,59 €)

Tendrán preferencia las familias numerosas (3 hijos o más).
Próximamente se va a abrir el plazo para solicitar una vivienda.

13. El anuncio dice que:
   a) El Ayuntamiento vende casas.
   b) Ya se puede solicitar una vivienda.
   c) Hay que tener más de 18 años.

TAREA 3

A continuación, va a leer tres textos de tres personas que hablan de su primer trabajo. Después, relacione las preguntas, 14-19, con los textos, a), b) o c).

	PREGUNTAS	a) Ernesto	b) Jorge	c) Víctor
14.	¿Quién tenía una casa muy pequeña?		✓	✓
15.	¿Quién cambió pronto de casa?	✓		
16.	¿Quién tuvo problemas con los vecinos?	✓		
17.	¿Quién tenía que compartir casa?		✓	
18.	¿Quién tenía que subir muchas escaleras?			
19.	¿Quién vivía solo?	✓	✓	

a) Ernesto

Yo me fui a vivir solo muy pronto. Soy de una ciudad pequeña y me tuve que ir a estudiar a la capital. Mi primo, que es un poco mayor y ya estaba allí estudiando ingeniería, me propuso irme a vivir con él y con otros dos compañeros. La casa estaba bastante cerca de la universidad y muy bien de precio, pero uno de los compañeros de piso era terrible. Ponía la música muy alta por la noche, no quería limpiar, invitaba a amigos todos los días… Después de dos meses así, mi primo y yo decidimos buscar otro apartamento. Un compañero de clase me dijo que en el piso de estudiantes donde él vivía había habitaciones libres y decidimos mudarnos a vivir con ellos.

b) Jorge

Cuando me casé, mi mujer y yo alquilamos un apartamento de solo treinta metros cuadrados. Los dos queríamos vivir en el centro y fue lo único que encontramos que podíamos pagar. Solo tenía una habitación que usábamos como salón, dormitorio, cocina… y un cuarto de baño mínimo. Era perfecto para nosotros. Estaba en un edificio antiguo en pleno centro, estábamos cerca de todo y además teníamos unas vistas realmente bonitas. El único problema era que estaba en el quinto piso y no había ascensor, pero éramos jóvenes. Luego, cuando pensamos en tener familia, nos compramos un chalé en las afueras, allí es donde vivimos ahora.

c) Víctor

Yo viví hasta muy tarde con mis padres y con mis tres hermanos. Tenía que terminar la universidad y no podía irme de casa porque los trabajos que encontraba tenían salarios muy bajos. No podía alquilar y tampoco comprar. Cuando por fin conseguí un buen trabajo, tenía claro que no quería compartir piso. Prefería vivir en un lugar más pequeño, pero mantener mi independencia. Después de mucho buscar, conseguí un apartamento perfecto en un barrio céntrico a través de un programa de ayuda a la vivienda para jóvenes menores de 35 años. Estaba contentísimo. Pero la familia que vivía arriba era muy ruidosa y mis vecinos de la puerta de al lado dejaban la basura en la escalera. ¡Un desastre!

Especial DELE A2 Curso completo

TAREA 4

A continuación, va a leer una noticia sobre un fenómeno actual. Después, conteste las preguntas, 20-25, marcando la opción correcta, a), b) o c).

LEER LIBROS, ESCRIBIR CARTAS Y JUGAR EN EL PATIO YA ES HISTORIA

La idea de *cambio* significa «dejar algo viejo por algo nuevo que nos facilita una tarea». Lamentablemente hay cosas que se han perdido por la comodidad que hoy nos ofrece la tecnología.

El gran invento de finales del siglo XX fue la llegada del móvil. Pero ¿qué pasaba hace unos años cuando uno quería saber de alguien y aún no existían los móviles? Se escribía una carta. La tarea era un ritual: uno compraba el sobre, se sentaba a la mesa y escribía varias hojas a ese amigo, madre o novia que esperaba noticias. Hoy son muy pocas las cartas que se escriben. El móvil llegó y simplificó todo.

Y si de jugar hablamos, hasta los juguetes han sido víctimas de la tecnología. La consola ha convertido a los niños en seres solitarios. Se juntan para jugar, pero en su mundo virtual están ellos solos. Ahora el niño interactúa, pero con una máquina.

En los últimos años, han aparecido en las consultas de los psicólogos problemas relacionados con el abuso de las nuevas tecnologías: móviles, chats, videojuegos. Estos últimos tienen un gran poder de atracción para los jóvenes. Si no se hace de ellos un uso adecuado, pueden causar problemas de aislamiento, dolores de cabeza, vista cansada y agresividad.

Por otro lado, las librerías cada vez venden menos. Antes uno disfrutaba buscando un libro, se ponía cómodo y empezaba a leer. En casa no faltaban los atlas, los diccionarios y las enciclopedias. Sin embargo, ahora, con solo un clic se pueden encontrar los más variados libros virtuales en poco tiempo, y es que usar Internet es algo habitual para los estudiantes de hoy, pero no siempre fue así. Hace no muchos años, las personas consultaban libros en la biblioteca. Había que formar grupos de estudio y los trabajos prácticos se hacían a mano. Nuestros padres escribían correctamente y con buena letra. Internet ha simplificado muchas cosas, es verdad, pero ahora los jóvenes no saben escribir.

Otro fenómeno que no podemos olvidar son los amigos virtuales. Sitios como My Space, Twitter, Facebook, blogs y chats permiten relacionarse con gente que uno nunca en la vida ha visto ni va a ver. Podemos tener conocidos en Alaska o en Australia. Se sociabiliza de otra forma. Ya no hay que salir a la calle a buscar pareja. Muchas se han formado a través del chat y desde casa. Esto es otra historia.

Adaptado de www.diariojornada.com.ar

PREGUNTAS

20. La idea principal de este texto es que:
  a) Ahora la vida es mejor gracias a la tecnología.
  b) La tecnología ha cambiado muchos hábitos.
  c) La gente no se acostumbra a la tecnología.

21. Según el texto, antes del móvil la gente:
  a) No podía comunicarse con otros.
  b) Sabía poco de otras personas.
  c) Se comunicaba por escrito.

22. En el texto se dice que las nuevas tecnologías:
  a) Han terminado con los juegos.
  b) Son muy buenas para los niños.
  c) Producen problemas psicológicos.

23. En la actualidad:
  a) Se compran muchos libros por Internet.
  b) La gente ya no lee ni usa diccionarios.
  c) Es fácil buscar libros a través de Internet.

24. El texto dice que ahora los estudiantes:
  a) Escriben peor que antes.
  b) Prefieren jugar y no estudiar.
  c) Van mucho a las bibliotecas.

25. En la actualidad, algunas personas:
  a) Encuentran novio o novia por Internet.
  b) Van a Australia o Alaska para hacer amigos.
  c) Tienen más amigos que antes.

Anote el tiempo que ha tardado:

Recuerde que solo dispone de **60 minutos**

PRUEBA 2

Comprensión auditiva

**Tiempo disponible
para toda la prueba.**

Pistas
1-7

TAREA 1

A continuación, escuchará seis conversaciones. Oirá cada conversación dos veces. Después, marque la opción correcta, a), b) o c), para cada pregunta, 1-6. Ahora, va a oír un ejemplo.

Ejemplo

0. ¿Qué tienen que comprar?

Conversación 0

a)

b)

c)

La opción correcta es la b). Necesitan comprar un frigorífico y un lavavajillas.

Conversación 1

1. ¿Qué piso quiere la mujer?

a)

b)

c)

Conversación 2

2. ¿Qué va a hacer el chico ahora?

a)

b)

c)

Conversación 3

3. ¿Cuáles son los hijos del hombre?

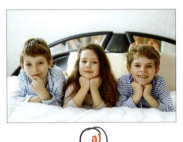

a)

b)

c)

Conversación 4

4. ¿Qué ha comprado el hombre?

a)

b)

c)

Conversación 5

5. ¿Qué ve la mujer desde su dormitorio?

a)

b)

c)

Conversación 6

6. ¿Quién es Ana?

a)

b)

c)

Especial DELE A2 Curso completo

**Pistas
8-14**

TAREA 2

A continuación, escuchará seis anuncios de radio. Oirá los anuncios dos veces. Después, marque la opción correcta, a), b) o c), para cada pregunta, 7-12. Ahora, va a oír un ejemplo.

Ejemplo

0. En este anuncio se habla de:
   a) Nuevos estilos de decoración.
   b) Una nueva tienda de muebles.
   c) Ofertas especiales en muebles.

La opción correcta es la c). Dice: Ven a aprovechar la semana fantástica.

PREGUNTAS

7. Esta agencia te ayuda a encontrar:
   a) El trabajo que necesitas.
   b) Nuevos amigos.
   c) El amor que buscas.

8. Si se celebra la boda en este hotel:
   a) Los cien primeros invitados no pagan por aparcar el coche.
   b) Solo se puede invitar a cien personas como máximo.
   c) La tarta es gratis si se invita a más de cien personas.

9. El número especial de esta revista:
   a) Es para expertos en psicología.
   b) No se puede comprar todavía.
   c) Da consejos a adolescentes.

10. Este anuncio trata sobre:
   a) Un nuevo libro de arte.
   b) Un libro de psicología.
   c) Una novela de amor.

11. Según este anuncio, en el zoológico:
   a) El mejor regalo de cumpleaños es un animal.
   b) Se pueden comprar tarjetas con fotos de animales.
   c) Los niños pueden hacer su fiesta de cumpleaños.

12. Este libro es una guía especial para:
   a) Padres que ya tienen niños.
   b) Quienes van a tener un bebé.
   c) Médicos especialistas en niños.

Pista
15

TAREA 3

A continuación, escuchará una conversación entre dos amigos, Ángel e Isabel. Indique si los enunciados, 13-18, se refieren a Ángel a), Isabel b) o a ninguno de los dos c).

ENUNCIADOS		a) Ángel	b) Isabel	c) Ninguno de los dos
0.	Está divorciado.	✓		
13.	Tiene hijos.			✓
14.	Está estudiando ahora.		✓	
15.	Ha cambiado de trabajo.	✓	✓	
16.	Va a irse a vivir a otra ciudad.	✓	✓	✓
17.	Quiere comprar una casa.	✓		
18.	Tiene planes para la comida.	✓		

La opción correcta es la a). Dice que se casó, pero después de un año se separaron.

Pistas
16-23

TAREA 4

A continuación, escuchará siete mensajes. Oirá cada mensaje dos veces. Después, seleccione el enunciado, a)-j), que corresponde a cada mensaje, 19-25. Hay diez enunciados. Tiene que seleccionar siete. Ahora, va a oír un ejemplo.

	MENSAJES	ENUNCIADO
0.	Mensaje 0	b)
19.	Mensaje 1	d)
20.	Mensaje 2	h)
21.	Mensaje 3	i)
22.	Mensaje 4	e)
23.	Mensaje 5	c)
24.	Mensaje 6	a)
25.	Mensaje 7	g)

	ENUNCIADOS
a)	Alguien lo ha comprado.
b)	Tiene que pensarlo.
c)	Hay un problema con la dirección.
d)	Quiere compartir casa.
e)	Necesita hacer un regalo.
f)	No es importante.
g)	Tiene que poner otra cita.
h)	Pueden ir juntas.
i)	Pide un favor.
j)	No puede ayudarle.

La opción correcta es la b). Dice que hay cosas bonitas, pero no está seguro.

Anote el tiempo que ha tardado:

Recuerde que solo dispone de **40 minutos**

*Especial **DELE A2** Curso completo*

Sugerencias para los textos orales y escritos

APUNTES DE GRAMÁTICA

- Usamos el verbo *ser* para:
  - describir el físico y el carácter de una persona: *Ana es alta y muy simpática.*
  - describir objetos, lugares, etc.: *El piso es nuevo.*
- Usamos el verbo *estar* para:
  - hablar de la ubicación: *Su casa está en el centro de la ciudad.*
- Usamos el pretérito perfecto simple para:
  - hablar de los momentos más importantes de la vida de una persona: *Se casaron en 2008.*
- Usamos el pretérito imperfecto para:
  - describir a una persona: *Juan era muy simpático y trabajador.*
- Para hablar de las relaciones de parentesco usamos los posesivos: *María es mi hermana.*
- Para hablar del estado civil usamos *ser* o *estar*: *Raquel y Pedro están casados. María es viuda.*

MOTIVOS PARA CELEBRAR UNA FIESTA

- ☐ Era el cumpleaños de Lucas y Laura.
- ☐ Celebrábamos el aniversario de mis abuelos.
- ☐ Nos invitaron a la boda de Enrique y Andrea.
- ☐ Te invitamos a la inauguración de nuestra nueva casa.
- ☐ Organizó una fiesta por su ascenso en el trabajo.

DESCRIBIR UNA VIVIENDA

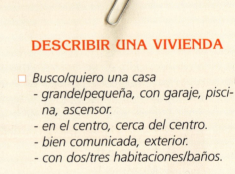

- ☐ Busco/quiero una casa
  - grande/pequeña, con garaje, piscina, ascensor.
  - en el centro, cerca del centro.
  - bien comunicada, exterior.
  - con dos/tres habitaciones/baños.

VALORAR UNA CELEBRACIÓN

- ☐ Lo pasamos genial/bien.
- ☐ Nos gustó mucho la música.
- ☐ La decoración les encantó.
- ☐ Se divirtieron mucho en la boda.
- ☐ No aburrimos mucho en su fiesta.

FELICITAR, AGRADECER, DISCULPARSE

- ☐ Felicidades/Enhorabuena.
- ☐ Muchas gracias por tu invitación.
- ☐ Lo siento, no puedo ir porque…/ es que…

PRUEBA 3

Expresión e interación escritas

45 min

Tiempo disponible para toda la prueba.

TAREA 1

Usted ha recibido un correo de una amiga para invitarle a su boda.

○ ○ ○   ✉ Sin título

Para:

Asunto:

¡Hola!

No te lo vas a creer, pero te escribo para darte una noticia fantástica: ¡Juan y yo nos casamos!

La boda será el primer fin de semana de junio en el Parador de Toledo. Será una ceremonia íntima, solo con la familia y algunos amigos. ¡Te esperamos!

Un beso

Escriba un correo a su amiga. En él tiene que:

- Saludar.
- Felicitar a su amiga por su próxima boda.
- Disculparse por no poder asistir y explicar por qué.
- Quedar con ella otro día.
- Despedirse.

Número de palabras: entre 60 y 70.

○ ○ ○   ✉ Sin título

Para:

Asunto:

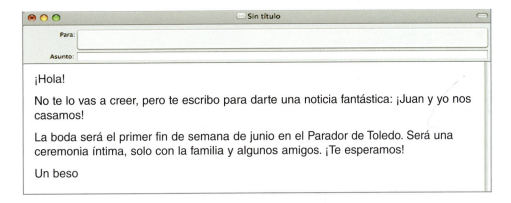

Hola,

¿Cómo estás? ¡Felicidades por tu boda! Lo siento, yo no puedo asistir. Yo tengo una examen muy importante. yo no puedo escribir el examen en una tiempo difirente. Me gustaria y quedar contigo otro día. otro moment En el el primer fin de semana de julio yo tengo muchos tiempo. Nosotros podemos ir al centro comercial y comer mucha comida. Tiene una buena dia.

Un Beso,

¡Qué tengas un buen día!

Especial DELE A2 Curso completo

TAREA 2

Elija solo una de las opciones. En cada opción debe tratar todos los puntos.

Opción 1

Usted tiene que escribir un texto sobre una fiesta a la que fue. Hable de:

- Qué se celebraba.
- Quién organizó la fiesta.
- Dónde era la fiesta.
- Quién estaba allí.
- Cómo se lo pasó.

Opción 2

Alicia ha cambiado de casa. Estas son fotos de su casa anterior y de su casa actual.

La casa de Alicia antes

Sus muebles antes

Su casa actual

Sus muebles ahora

Usted tiene que escribir un texto sobre Alicia en el que debe contar:

- Cómo era su casa antes y cómo vivía en ella.
- Por qué cambió de casa.
- Cómo es su casa ahora y cómo ha cambiado su estilo de vida.

Número de palabras: entre 70 y 80.

**Anote el tiempo
que ha tardado:**

Recuerde que solo
dispone de **45 minutos**

PRUEBA 4  **Expresión e interacción orales**

 12 min — Tiempo para preparar toda la prueba.

 12 min — Tiempo disponible para las 3 tareas.

TAREA 1

MONÓLOGO

Usted tiene que hablar durante 2 o 3 minutos sobre un amigo de la infancia.

INSTRUCCIONES

Durante la presentación debe hablar de:
- Dónde lo conoció y cómo.
- Cómo era físicamente y de carácter.
- Qué le pareció al principio.
- Si sigue viéndolo o ha perdido el contacto.

Sugerencias

Cómo era
- ☐ Era alto/a, bajo/a, rubio/a, moreno/a, castaño/a, gordo/a, delgado/a
- ☐ Tenía el pelo largo, corto, rubio, castaño, liso, rizado
- ☐ Llevaba gafas/ropa deportiva
- ☐ Era simpático/a, tímido/a, inteligente, divertido/a

Qué le pareció
- ☐ Me pareció divertido/a, amable, tímido/a
- ☐ Me gustó/No me gustó
- ☐ Me encantó

Sigue teniendo contacto
- ☐ Todavía somos amigos
- ☐ Lo/la veo de vez en cuando
- ☐ No lo/la veo desde hace mucho tiempo
- ☐ No lo/la he vuelto a ver

Especial DELE A2 Curso completo

TAREA 2

DESCRIPCIÓN DE UNA FOTO

Usted tiene que describir la siguiente fotografía durante 2 o 3 minutos.

En la nueva casa

Ejemplo de preguntas

- ¿Cómo son las personas físicamente? ¿Cómo cree que son de carácter?
- ¿Qué ropa llevan?
- ¿Cómo es el lugar en el que están? ¿Qué objetos hay?
- ¿Qué están haciendo estas personas?
- ¿De qué cree que están hablando?
- ¿Cómo cree que se sienten? ¿Qué están pensando?
- ¿Qué han hecho antes? ¿Qué van a hacer después?

TAREA 3

DIÁLOGO EN UNA SITUACIÓN IMAGINARIA

Usted va a una agencia inmobiliaria porque quiere comprar una casa. El examinador es el empleado de la agencia. Hable con él durante 3 o 4 minutos siguiendo estas instrucciones.

CANDIDATO
Durante la conversación tiene que:
■ Explicar cómo es su casa actual y por qué quiere cambiar.
■ Explicar cómo es la casa que busca.
■ Explicar el tipo de lugar donde le gustaría vivir.
■ Preguntar los precios.

Ejemplo de conversación

1. **Inicio:** se saludan y explican el motivo de la visita
   EXAMINADOR:
   Hola, buenos días/buenas tardes. ¿En qué puedo ayudarlo/la?
   CANDIDATO:
   Hola, buenos días/buenas tardes. Quiero comprar…/Estoy buscando…

2. **Fase de desarrollo:** hablan del tipo de vivienda, el lugar donde la busca y cuándo puede ir a verla
   EXAMINADOR:
   ¿Qué tipo de vivienda busca/le interesa? ¿Piso, chalé, apartamento…?
   ¿De cuántas habitaciones?
   CANDIDATO:
   Pues…
   EXAMINADOR:
   ¿Y dónde la quiere? ¿En el centro o en las afueras?
   CANDIDATO:
   En…
   EXAMINADOR:
   Pues en este momento tenemos dos… en venta. Una de ellas es…
   CANDIDATO:
   Pues, no sé… me interesa/gusta… ¿Y el precio?
   EXAMINADOR:
   Bueno, el precio es negociable. ¿Cuándo quiere/puede usted ir a verla?
   CANDIDATO:
   …

3. **Despedida y cierre:** terminan la conversación y se despiden
   EXAMINADOR:
   Muy bien, entonces, quedamos el… a las… en…
   CANDIDATO:
   Mostrar acuerdo y despedirse

examen 2

COMPRAR, IR DE COMPRAS Y COMER FUERA

Curso completo

▶ **Léxico** ── ■ Comprar, ir de compras
■ Comer fuera

▶ **Gramática**

▶ **Funciones**

Modelo de examen 2

vocabulario

FICHA DE AYUDA
Para la expresión e interacción escritas y orales

IR DE COMPRAS

Cliente/a (el, la) ....
Dependiente/a (el, la) ....
Probador (el) ....
Ropa (la) ....
- de caballero ....
- de señora ....
Sección (la) ....
Talla (la) ....
Tienda (la) ....
- de decoración ....
- de deportes ....
- de electrodomésticos ....
- de regalos ....

PRENDAS DE VESTIR

Abrigo (el) ....
Bañador (el) ....
Bikini (el) ....
Botas (las) ....
Bragas (las) ....
Bufanda (la) ....
Calcetines (los) ....
Calzoncillos (los) ....
Cazadora (la) ....
Gorra (la) ....
Gorro (el) ....
Guantes (los) ....
Medias (las) ....
Pañuelo (el) ....
Pijama (el) ....
Sombrero (el) ....
Sujetador (el) ....
Traje (el) ....

VERBOS

Ponerse ....
Probarse ....
Quitarse ....
Sentar bien/mal ....

ESTABLECIMIENTOS

Carnicería (la) ....
Centro comercial (el) ....
Estación de servicio (la) ....
Frutería (la) ....
Grandes almacenes (los) ....
Joyería (la) ....
Pescadería (la) ....
Zapatería (la) ....

ENVASES

Botella (la) ....
Lata (la) ....
- de atún ....
- de refresco ....
Paquete (el) ....
- de arroz ....
- de harina ....
Caja (la) ....
- de bombones ....
- de galletas ....
Bote (el) ....
- de mermelada ....
- de tomate ....

PESOS Y MEDIDAS

Docena de huevos (la) ....
Gramo (el) ....
Kilo (el) ....
- medio ....
- cuarto ....
Litro (el) ....

FORMAS DE PAGO

Billete (el) ....
Cheque (el) ....
En efectivo/metálico ....
Moneda (la) ....
Tarjeta (la) ....
Trasferencia bancaria (la) ....

BARES Y RESTAURANTES

Aperitivo (el) ....
Carta (la) ....
Bebida (la) ....
Menú del día (el) ....
Plato combinado (el) ....
Ración (la) ....
Tapa (la) ....

VERBOS

Dejar/Dar propina ....
Devolver ....
Pedir/Traer ....
- la carta ....
- la cuenta ....
Pesar ....
Reservar una mesa ....

1 ↗ **¿Puedes explicar la diferencia entre «ir de compras» y «hacer la compra»? Escribe debajo de cada imagen la expresión apropiada.**

a. ....

b. ....

2 ↗ **Clasifica cada establecimiento en el lugar correspondiente.**

frutería • tienda de ropa • supermercado • zapatería • carnicería • tienda de regalos • panadería
tienda de música • tienda de deportes • mercado • papelería • tienda de decoración • centro comercial

HACER LA COMPRA	IR DE COMPRAS

3 ↗ **¿En qué tienda o tiendas de las anteriores compras estos productos? Escríbelo.**

a. ....

b. ....

c. ....

d. ....

e. ....

f. ....

g. ....

h. ....

4 **Relaciona las columnas.**

a. sellos
b. cordero
c. bolígrafo
d. piña
e. raqueta
f. sandalias
g. colonia
h. cazadora
i. tarta
j. merluza
k. periódico

1. pescadería
2. pastelería
3. quiosco
4. perfumería
5. estanco
6. tienda de ropa
7. frutería
8. zapatería
9. tienda de deportes
10. papelería
11. carnicería

sello

colonia

cazadora

5 **Busca ocho prendas de vestir en esta sopa de letras.**

D	E	S	A	B	I	B	U	Y	E	R	S	V
W	E	R	T	F	A	L	D	A	S	G	E	A
S	A	Z	O	B	E	U	N	O	M	P	I	Q
A	G	P	N	J	E	S	K	R	A	I	M	U
G	H	I	A	Q	E	A	F	D	O	J	E	E
U	M	V	M	N	L	R	E	V	G	A	X	R
I	I	E	A	N	T	T	S	O	E	M	G	O
T	R	A	J	E	C	A	C	E	R	A	A	S
A	N	T	I	E	S	T	L	B	Y	N	S	C
S	A	L	O	A	R	R	L	O	M	I	A	A
Y	T	I	F	E	O	S	O	L	N	L	P	Z
C	A	M	I	S	A	N	E	T	V	E	O	F

1. ....
2. ....
3. ....
4. ....
5. ....
6. ....
7. ....
8. ....

6 **Clasifica las palabras que has encontrado en la sopa de letras y estas que te presentamos en el apartado adecuado.**

biquini • sombrero • medias • zapatos • bolso • cazadora • gafas de sol • pañuelo • abrigo • guantes
sandalias • sujetador • bufanda • calzoncillos • chaqueta • calcetines • bañador • botas • reloj • bragas • gorra

PRENDAS DE VESTIR	CALZADO	COMPLEMENTOS	ROPA INTERIOR

¿Qué otras palabras puedes añadir a la clasificación anterior?

7 **¿A cuál de las palabras anteriores corresponde esta definición?**

«Es una prenda de vestir. Puede ser formal o informal, depende del material y el estilo. Lo usan los hombres y las mujeres, pero solo en invierno. Solo nos lo ponemos al salir a la calle y nos lo quitamos cuando entramos en casa o en un lugar cerrado».

8 Practica el vocabulario de la actividad anterior. Un compañero describe una prenda, otro tiene que adivinar qué es.

Es un tipo de calzado que…

9 Escribe qué te pones en estas ocasiones.

a. Para ir a trabajar/a clase: ....
b. Para ir a una fiesta elegante: ....
c. Para hacer la compra: ....
d. Para visitar a tu familia: ....
e. Para salir con tu pareja: ....
f. Para hacer una excursión al campo: ....

10 Lee el diálogo y selecciona la opción correcta.

● Buenos días. ¿En qué puedo ayudarla?
○ Hola, quería una falda como la que hay en 1. *la vitrina/el escaparate*.
● ¿De qué 2. *talla/número*?
○ 42.
● Aquí tiene.
○ ¿Me la puedo 3. *probar/poner*?
● ¡Por supuesto! El 4. *vestidor/probador* está al fondo.
(…)
● ¿Qué tal le 5. *gusta/queda*?
○ Muy bien. ¿Cuánto 6. *es/cuesta*?
● 32 euros.
○ Me la 7. *llevo/compro*. ¿Puedo 8. *pagar/comprar* con 9. *tarjeta/carta*?
● Sí, claro… Aquí tiene el 10. *tique/billete* de compra. Tiene quince días para 11. *volverla/devolverla* o cambiarla por otra cosa.
○ ¡Muchas gracias!

11 Responde a las preguntas justificando tus respuestas.

¿Gastas mucho dinero en ropa?

¿Con qué frecuencia vas de compras?

¿Cómo defines tu estilo? ¿Informal, deportivo, clásico, elegante, personal, a la moda…?

¿Hay alguna prenda que nunca usas?

¿Con quién te gusta ir de compras? ¿O prefieres ir solo?

¿Qué prenda nunca falta en tu armario?

¿Cuál es tu color favorito para vestir? ¿Hay algún color que te queda mal?

12 Completa esta lista de la compra con las palabras apropiadas.

a. Una b......................... de agua mineral.
b. Una l........................ de atún en aceite.
c. Una b......................... de patatas fritas.
d. ¼ de k........................ de queso fresco.
e. Una c........................ de galletas.
f. Un p......................... de arroz.
g. Un b......................... de mermelada de fresa.

Haz tu lista de la compra para mañana.

13 Completa el texto con estas palabras.

horario • compra • mediodía • multinacionales • barrio • tiendas • baratos • Internet • vecinos • cerrar

¿COMPRAR EN EL PEQUEÑO COMERCIO O EN GRANDES SUPERFICIES?

El modo de comprar ha cambiado. En el pasado, existían pequeñas 1. .... especializadas en diferentes productos. En cada 2. .... había una carnicería, una pollería, una pescadería... Los dueños eran nuestros 3. .... y casi amigos. Les pedíamos consejo sobre qué comprar al mismo tiempo que les preguntábamos sobre su familia, y hacer la 4. .... era una actividad social.

Pero en los años ochenta empezaron a aparecer en España las primeras grandes superficies pertenecientes a empresas 5. .... Mucha gente empezó a preferir ir allí por la comodidad de poder comprar todo en un mismo lugar y las ofertas y precios más 6. .... Otra ventaja es el 7. ....: las grandes superficies no cierran al 8. .... y están abiertas hasta las 22:00. Incluso abren los fines de semana. El pequeño comercio no puede competir y muchas tiendas de toda la vida han tenido que 9. ....

Y ahora ha surgido otra opción a la hora de comprar: las tiendas *on-line*. Mucha gente prefiere hacer sus compras desde la comodidad de su casa, a través de 10. ....

14 ¿Qué prefieres, las grandes superficies, las tiendas pequeñas o Internet?
Marca cuál te parece mejor. Coméntalo en clase. ¿Estáis de acuerdo?

	GRAN SUPERFICIE	TIENDAS PEQUEÑAS	INTERNET
• Precios			
• Horarios			
• Comodidad			
• Trato humano/personal			
• Información/conocimiento sobre los productos			
• Cercanía de mi casa			
• Variedad de productos			
• Especialización			

1 Con el siguiente vocabulario, forma expresiones que puedes encontrar en la carta de un restaurante. ¿Cuántas has formado? Compara con tus compañeros. ¿Quién ha escrito más expresiones?

Cerveza sin alcohol

cerveza ✓ • filete • ensalada
menú • sopa • plato • café
zumo • helado • merluza
chocolate • sardinas • pollo
salmón • té • vino
bebidas • tarta • fruta

a la • de • con
sin • del
para • al • Ø

chocolate • niños • tinto • plancha • gas
día • combinado • mayonesa • frutas
cortado • tomate • pollo • horno • solo
limón • natural • queso • manzana
caliente • tiempo • alcohol • leche
ternera • cerdo • hielo • mixta • crema
blanco • patatas fritas

2 Con las expresiones de la actividad anterior, completa el menú de este restaurante.

Restaurante **Mar María**

MENÚ

Primeros platos

Segundos platos

Postres

Bebidas

3 ¿Adónde prefieres ir en las siguientes situaciones? Justifica tu respuesta.

bar • cafetería • pizzería • restaurante asiático • restaurante italiano • restaurante mexicano
restaurante vegetariano • restaurante de comida rápida • restaurante de cocina internacional
restaurante de cocina española • restaurante de cocina mediterránea • bar de tapas

- Para desayunar antes de ir al trabajo: ....
- Para celebrar tu cumpleaños: ....
- Para tener una cena romántica: ....
- Cuando no tienes mucho dinero: ....
- Para una comida de trabajo: ....
- Para quedar con tus antiguos compañeros del instituto: ....
- Cuando tienes mucha prisa: ....
- Para una celebración familiar: ....

4 Identifica la palabra que no corresponde a cada serie y busca la explicación en la columna derecha.

a. Chef, dependiente, camarero, cocinero
b. Merluza, salmón, ternera, atún
c. Paella, hamburguesa, sándwich, *pizza*
d. Plátano, zanahoria, manzana, naranja
e. Fruta, tarta, bocadillo, helado
f. Zumo, infusión, leche, botella

1. No es comida rápida.
2. No es una bebida.
3. No es pescado.
4. No es un postre.
5. No trabaja en el restaurante.
6. No es una fruta.

5 Escribe cada palabra debajo de la foto adecuada.

plato • cuchara • vaso • jarra • cuchillo • taza • botella • servilleta • copa • tenedor

a. .... b. .... c. .... d. .... e. ....

f. .... g. .... h. .... i. .... j. ....

6 Relaciona las columnas para formar expresiones que se usan en un restaurante (hay varias opciones).

a. pedir
b. hacer
c. tomar
d. reservar
e. llamar
f. traer

1. una copa
2. al camarero
3. una mesa
4. la carta
5. la cuenta
6. el menú del día
7. una reserva
8. algo

7 Completa las frases con estas palabras. Luego, marca dónde podrías oírlas (hay varias opciones).

cuenta • cuesta • tarjeta • quedan • tomar
pone • algo • lleva • otra • llevo • todo
póngame • puedo • desea • caja

	Frutería	Tienda de ropa	Mercado	Bar	Zapatería	Restaurante
a. ¿Me .... un té?						
b. ¿Cuánto es ....?						
c. ¿Qué ....?						
d. ¿.............. ayudarle?						
e. ¿Nos pone .... ración de calamares?						
f. Me lo						
g. ¿Puedo pagar con ....?						
h. ¡La ...., por favor!						
i. Pase por						
j. .... una docena de huevos.						
k. ¿Cuánto .... esta corbata?						
l. ¿Qué van a ....?						
m. ¿.............. más?						
n. ¿Qué .... la ensalada?						
ñ. Me .... un poco pequeños.						

¿Qué frases dice un dependiente, un camarero y un cliente?

Elige uno de los establecimientos y escribe un diálogo con el dependiente/camarero usando algunas de las expresiones anteriores.

1 Completa estas frases seleccionando la opción correcta.

1. El centro comercial está ahí mismo, al lado de __ supermercado que está a su derecha.
   a. esta   b. ese   c. aquel
2. María, __ fin de semana vamos de compras por la Gran Vía. ¿Quieres venir con nosotras?
   a. ese   b. esta   c. este
3. Nosotros nacimos en los años sesenta. En __ época no había Internet ni ordenadores.
   a. esta   b. esas   c. aquella
4. ¿Puedo probarme la gorra azul? No, __ no, gracias. Quiero la azul y blanca que está detrás.
   a. esa   b. aquel   c. esto
5. ¿Qué es __? Tiene un aspecto muy raro: no se sabe si es carne o pescado.
   a. esta   b. eso   c. aquel
6. Alberto, esta bufanda es __, ¿no? Creo que te la dejaste en casa ayer.
   a. tuyo   b. suya   c. tuya
7. Creo que estas gafas son __, las nuestras son estas que están aquí.
   a. suyos   b. de nosotros   c. vuestras
8. Perdonen, ¿estos bolsos son __? Deben tenerlos siempre cerca por seguridad.
   a. vuestros   b. suyos   c. tuyos
9. Me voy a cortar __ pelo esta tarde: lo tengo ya muy largo.
   a. mi   b. el   c. tu
10. Estos vaqueros no están mal, pero prefiero __, son más cómodos.
    a. los míos   b. el mío   c. los de mí
11. –¿De quién es este abrigo?/– __.
    a. De tú   b. Es de mí   c. Mío
12. Este mes estoy sola en la tienda con José. __ compañeros están de vacaciones.
    a. Mi otro   b. Todos mis   c. Mis otros

2 Completa estas frases seleccionando la opción correcta.

1. Yo solo voy a tomar el __ plato. No tengo mucha hambre.
   a. primero   b. primer   c. tercero
2. __ platos de este restaurante son deliciosos. Y también los postres.
   a. Los primeros   b. Primer   c. Primeros
3. __ días tomo un café con leche a las 11:00.
   a. Cada   b. Todos   c. Todos los
4. ¿Lo que más me gusta de Madrid? No sé…, yo creo que __ en general.
   a. todo   b. todos   c. toda
5. La frutería está ahí cerca, sigue __ recto y luego gira a la izquierda al final de la calle.
   a. toda   b. todo   c. todo lo
6. En este bar se está bien, no hay __ gente.
   a. demasiado   b. muy   c. demasiada
7. Esta tarde he ido de compras, me he probado mucha ropa, pero al final no he comprado __.
   a. algo   b. nadie   c. nada
8. Lo siento, este bocadillo era el último, no nos quedan __. ¿Le preparo un sándwich?
   a. nada   b. más   c. muchos
9. Oye, ¿__ es tu amigo Javier, cocinero o camarero?
   a. qué   b. quién   c. cuánto
10. ¿__ viven en el segundo piso de esa casa, tus padres o tus abuelos?
    a. Quién   b. Cuántos   c. Quiénes
11. ¿__ dejamos de propina? ¿Os parece bien cinco euros?
    a. Cuántos   b. Cuánta   c. Cuánto
12. ¿__ cazadoras te has probado? Tienes que decidirte ya por alguna.
    a. Cuántos   b. Cuánta   c. Cuántas

3 Completa estas frases seleccionando la opción correcta.

1. __ soy de Toledo, y ella, de Sevilla.
   - a. Mí
   - b. Ø
   - c. Yo

2. Jaime le pidió a su madre la merienda y __ le dio un bocadillo de jamón.
   - a. Ø
   - b. ella
   - c. él

3. Cuando __ llueve, vamos al centro comercial con los niños.
   - a. Ø
   - b. la lluvia
   - c. ella

4. Quedé con Ana y Juan para ir de excursión y __ me llevaron en su coche.
   - a. ellos
   - b. él
   - c. ellas

5. Juan, ayer __ vi a ti y a tu mujer en el supermercado, pero vosotros no me visteis a mí.
   - a. os
   - b. nos
   - c. les

6. Mi madre me regaló unos zapatos por mi cumpleaños y __ he usado todo el invierno.
   - a. las
   - b. los
   - c. les

7. Mi familia quiere saber si vamos a ir a la playa este verano y la verdad es que no __ sé.
   - a. la
   - b. lo
   - c. me

8. Ayer quería ir con mi amigo Carlos al cine, pero __ llamé y no estaba en casa.
   - a. lo
   - b. la
   - c. a él

9. Te ha llamado Ana tres veces para decirte algo importante, así que __.
   - a. la llama
   - b. llámala
   - c. te llama

10. No me gusta mucho esta blusa, __ voy a __.
    - a. la… cambiar
    - b. la… cambiarla
    - c. Ø… cambiar

11. Sí, ya conozco la nueva canción de Shakira, estoy __ ahora mismo.
    - a. escuchando
    - b. escucho
    - c. escuchándola

12. Solo queda una mesa libre en el restaurante, por eso digo que __ ya.
    - a. la hay que reservar
    - b. reservarla
    - c. hay que reservarla

4 Completa estas frases seleccionando la opción correcta.

1. Tu primo __ ha escrito un mensaje para ir a tomar algo con él mañana. Podemos ir, si te apetece.
   - a. se
   - b. le
   - c. nos

2. ¿__ trae la cuenta, por favor? Es que tengo que irme.
   - a. Me
   - b. Le
   - c. Se

3. A Marisa __ han regalado un bolso por su cumpleaños. Es precioso.
   - a. la
   - b. Ø
   - c. le

4. A mis padres yo __ he comprado unas entradas para ver un musical. Están muy contentos.
   - a. Ø
   - b. le
   - c. les

5. He visto unos cuadros con flores en la tienda de abajo. __ los voy regalar a Ana para su casa nueva.
   - a. Le
   - b. Se
   - c. Les

6. Estos niños no han comido nada en toda la tarde: __ voy a __ unos bocadillos y unas bebidas.
   - a. Ø… comprarles
   - b. los… comprar
   - c. le… comprar

7. __ encantan los bañadores que se ha comprado Elisa. Le quedan muy bien.
   - a. A mí
   - b. Te
   - c. Me

8. Pues __ gustan demasiado. Creo que esos bañadores no son cómodos.
   - a. a mí no
   - b. a mí me
   - c. a mí no me

9. A nosotros nos gusta mucho la *pizza* y __ también. ¡Podemos ir esta noche a cenar a un italiano!
   - a. a vosotros
   - b. vosotros
   - c. ellos

10. Esta tarde voy de paseo al Retiro. ¿Quieres venir __?
    - a. con mí
    - b. conmigo
    - c. contigo

11. Mamá, ¿puedo ir __ a hacer la compra? Es que necesito varias cosas para la excursión de mañana.
    - a. conmigo
    - b. contigo
    - c. para ti

12. Me dijiste que tu tío está buscando empleados para su tienda. ¿Le has hablado ya __?
    - a. de mí
    - b. conmigo
    - c. de él

1 SERIE 1

Elige la opción correcta y completa el cuadro de funciones con las fórmulas correspondientes.

1. Me gusta mucho ese jersey, pero prefiero __.
a. azul   b. jersey azul   c. el azul

2. __ nos interesan los viajes culturales.
a. A nosotros   b. A vosotros   c. A ellos

3. ¿__ vas a cenar esta noche? Estás muy elegante.
a. Con qué   b. Quién   c. Con quién

4. ¿__ son estos calcetines? Lo digo porque están rotos.
a. De quién   b. Con quién   c. Qué

5. ¿__ reloj prefieres, el blanco o el negro?
a. Qué   b. Qué clase   c. Qué tipo

6. ¿__ es tu color favorito?
a. Cuál   b. Qué   c. Qué tipo

7. ¿__ música te gusta más?
a. Qué tipo   b. Cuál   c. Qué clase de

8. ¿__ tiempo vas a estar en la peluquería?
a. Cuándo   b. Cuál   c. Cuánto

9. Podemos irnos ya si quieres: he pagado la cuenta __.
a. esta noche   b. hace un rato   c. esta semana

10. Estudio música __ ocho años.
a. desde hace   b. desde   c. en

11. Ahora llevo el pelo corto, pero __ lo llevaba más largo.
a. desde hace   b. antes   c. en este momento

12. Voy a ir a la playa la semana __. ¡Qué bien!
a. que viene   b. pasada   c. este

Tu listado

a. Identificar
A Ana y a Juan les gusta mucho viajar.
1. ....
2. ....

b. Pedir y dar información de personas
–¿Para quién es el bolso?/–Es para mi madre.
3. ....
4. ....

c. Pedir y dar información sobre cosas
Prefiero la bebida muy fría.
5. ....
6. ....
7. ....

d. Pedir y dar información sobre tiempo
¿Cuándo vamos a tomar algo juntos?
8. ....
9. ....
10. ....
11. ....
12. ....

2 SERIE 2

Elige la opción correcta y completa el cuadro de funciones con las fórmulas correspondientes.

1. ¿__ a cenar fuera los fines de semana o te quedas en casa?
a. Fuiste   b. Sales   c. Ibas

2. ¿__ has estado en un restaurante peruano?
a. Alguna vez   b. Algunas veces   c. Todavía

3. ¿__ mucho a tus abuelos cuando eras pequeño?
a. Ves   b. Veías   c. Has visto

4. ¿__ frecuencia haces la compra?
a. Con   b. Qué   c. Con qué

5. Desayuno fuera de casa__, depende del trabajo.
a. una vez   b. algunas veces   c. casi nunca

6. Yo __ me levanto a las 7:00, pero en vacaciones, más tarde.
a. nunca   b. siempre   c. una vez al mes

7. En mi país salía __ por las noches, no tenía tiempo.
a. algunas veces   b. poco   c. mucho

8. –¿Has estado en África?/– No, __, pero quiero ir.
a. todavía   b. nunca   c. algunas veces

9. –¿Has probado ya la paella?/– No, __.
a. todavía   b. ya no   c. todavía no

10. La clase de cocina __ tres horas.
a. dura   b. está   c. durante

11. __ el verano ceno a las 22:00.
a. Por   b. Mientras   c. Durante

12. La panadería ha cambiado __ lugar. Ahora está más cerca.
a. de   b. en   c. el

Tu listado

e. Preguntar por la frecuencia
¿Haces deporte?
1. ....
2. ....
3. ....
4. ....

f. Expresar frecuencia
Nunca hago deporte.
5. ....
6. ....
7. ....
8. ....
9. ....

g. Expresar duración
¿Cuánto dura la clase de cocina?
10. ....
11. ....

h. Expresar cambio
Voy a cambiarme de casa.
12. ....

3 SERIE 3

Elige la opción correcta y completa el cuadro de funciones con las fórmulas correspondientes.

1. ¿__ me has llamado? ¿Necesitas algo?
   a. Qué   b. Para qué   c. Porque
2. He comprado esta mochila __ la excursión de mañana.
   a. para   b. por   c. de
3. ¿__ has ido al centro comercial, en coche o en metro?
   a. Dónde   b. Cómo   c. Como
4. ¿__ tal le queda la falda? ¿Un poco estrecha, quizá?
   a. Cómo   b. Qué   c. Como
5. ¿__ tiempo has cocido los huevos?
   a. Qué   b. Mucho   c. Cuánto
6. He estado en Egipto __ veces.
   a. una   b. alguna   c. dos
7. ¿Prefiere un café __ un té?
   a. y   b. o   c. u
8. ¿__ prefieren para beber, un zumo o agua?
   a. Cuál   b. Cómo   c. Qué
9. Ya has cambiado el vestido por otra talla, ¿__?
   a. verdad   b. la verdad   c. es la verdad
10. ¿No __ la nueva tienda de Zara? Pues es impresionante.
    a. sabes   b. ves   c. conoces
11. No, __ he cambiado el vestido, pero voy a ir esta tarde.
    a. todavía no   b. todavía   c. ya
12. No, __ he estado __ en la nueva tienda, y no me interesa.
    a. Ø… nunca   b. no… nunca   c. nunca no… Ø

Tu listado

i. **Expresar finalidad**
Estas botas son para caminar por el monte.
1. ....
2. ....

j. **Pedir información: modo, manera**
¿Cómo va a pagar?
3. ....
4. ....

k. **Pedir y dar información: cantidad**
He estado en Barcelona muchas veces.
5. ....
6. ....

l. **Proponer alternativas**
Prefiero un té verde, gracias.
7. ....
8. ....

m. **Pedir confirmación**
Tu talla es la 40, ¿no?
9. ....
10. ....

n. **Confirmar información**
Sí, ya la conozco.
11. ....
12. ....

4 Corrección de errores

Identifica y corrige los errores que contienen estas frases. Puede haber entre uno y tres en cada una.

a. La tienda de deportes es en el tercero piso de ese edificio.
b. Este abrigo es muy cara, vale más que sietecientos euros.
c. Como la cena a las nueve en la noche cada día.
d. Mi amigo está llevando ropas muy bonitas.
e. ¿Cuál música prefieres? Yo gusta música tranquila.
f. Dos días pasados comí paella en la casa de mi amiga.
g. Me gusta esta restaurante, voy a ir aquí un otro tiempo.
h. Ayer mi hermana fue a la librería con me. Yo compré un libro y regalé el libro a ella.
i. En sábado fui de compras, pero no compré algo.
j. Has probado los churros? Yo no he probado ya.

5 Uso de preposiciones

Tacha la opción incorrecta en estas frases.

a. Esta tarde podemos ir *a/de* tiendas por la calle Serrano.
b. ¿*De/En* qué color es la blusa que te compraste ayer?
c. Me voy a comprar unas sandalias *en/de* plástico para la playa.
d. Esta noche os invito a cenar. Voy a reservar una mesa *para/a* todos.
e. Segovia está solo *a/en* 90 km de Madrid. Podemos ir mañana de excursión.
f. No hay mesas libres en el bar, así que tenemos que tomar algo *en/de* pie.
g. Ayer fui caminando desde mi casa *hasta/en* el Retiro.
h. La panadería está *entre/en* la frutería y la pescadería.
i. El quiosco está enfrente *a/de* la farmacia.
j. Este es el precio *con/sin* IVA, por eso es tan barato.

PRUEBA 1

Comprensión de lectura

60 min

Tiempo disponible para toda la prueba.

TAREA 1

A continuación, va a leer el correo electrónico que Alicia ha enviado a Lucía. Después, conteste las preguntas, 1-5, marcando la opción correcta, a), b) o c).

○○○ ✉ Sin título ⬭

Para: lucia123@hotmail.com

Asunto: ¿Vamos de compras?

Hola, Lucía. ¿Qué tal todo?:

Hace mucho tiempo que no hablamos y es que he tenido una época de no parar. Hemos tenido muchísimo trabajo en la oficina, porque nos hemos mudado a otro edificio más grande y ahora tenemos muchos más proyectos, pero por fin hemos terminado y ahora tengo una semana de vacaciones.

Me gustaría ir de compras porque necesito bastantes cosas. Ya sabes que he hecho una dieta y he perdido algunos kilos, así que ahora no tengo ropa. Tengo que comprarme dos pantalones, dos camisas y un abrigo... y quiero aprovechar esta época porque ahora hay rebajas y está todo más barato. ¿Por qué no vienes conmigo? Pensaba ir al nuevo centro comercial que han abierto cerca de mi casa. ¿Lo conoces? Se llama Isla y me han dicho que está muy bien. Tengo ganas de conocerlo. Creo que están todas las marcas que nos gustan, incluso hay una tienda de Amara, tu favorita.

¿Qué te parece mañana lunes por la tarde? Si no puedes, dímelo y vamos otro día de esta semana, excepto el martes que tengo dentista por la mañana y por la tarde no voy a estar bien. Pienso que podemos quedar pronto, a las cuatro y media más o menos, y luego tomar algo allí mismo. Si tienes tiempo, podemos quedar sobre la una y media y comer juntas. Me han dicho que hay un restaurante mexicano muy bueno y tienen el menú del día a buen precio. Si no te gusta la comida mexicana, podemos comer otra cosa, seguro que hay muchas opciones para elegir.

Bueno, escríbeme o mándame un mensaje al móvil. Espero tu respuesta para organizarme.

Un beso,
Alicia

PREGUNTAS

1. Alicia escribe a Lucía para:
   a) Hablarle de su trabajo.
   b) Invitarla a salir con ella.
   c) Preguntar por una tienda.

2. Alicia y Lucía son:
   a) Amigas.
   b) Compañeras.
   c) Vecinas.

3. Alicia le explica a Lucía que la ropa que tiene:
   a) No le gusta.
   b) Le queda grande.
   c) Le queda pequeña.

4. Alicia quiere ir al centro comercial porque:
   a) Las cosas son más baratas.
   b) Lo conoce y es muy bueno.
   c) Es nuevo y quiere conocerlo.

5. Alicia dice que puede ir de compras:
   a) El lunes por la mañana o por la tarde.
   b) El martes después del dentista.
   c) Todos los días menos el martes.

Especial DELE A2 Curso completo

TAREA 2

A continuación, va a leer ocho anuncios. Después, responda las preguntas, 6-13, marcando la opción correcta, a), b) o c).

Ejemplo   **Texto 0**

EQUA defiende tus derechos

Somos una organización no gubernamental (ONG) sin ánimo de lucro independiente de gobiernos y partidos políticos. Nuestro objetivo es defender los derechos de los consumidores.

Buscamos mejorar el control del mercado, la calidad, el etiquetado y la publicidad de productos y servicios. Estamos presentes en todo el territorio nacional a través de asociaciones y delegaciones territoriales.

Suscríbete ahora y consigue un descuento más una guía del consumidor completamente gratis.
Sede central calle Machado, 8 (Sevilla). equa@equa.com.

---

0. El anuncio dice que:
   a) Equa depende del gobierno.
   b) Trabajan solo en Andalucía.
   c) Recibes un regalo al suscribirte.

La respuesta correcta es la c). Si te suscribes, recibes una guía del consumidor completamente gratis.

Texto 1

ZAPATERÍA LUJÁN

Fundada en 1965

Modelos exclusivos para caballero, señora y niño.
Amplia selección en calzado deportivo de las mejores marcas.
Estamos en calle Real, 5 (Camino Real), plaza del Ciervo, 2 (Villahermosa), y en la nueva tienda del centro comercial El Arroyo, en el Km 10 de la carretera de Villahermosa.

---

6. Esta zapatería:
   a) Se ha abierto recientemente.
   b) Solo vende zapatos de deporte.
   c) Tiene una tienda fuera de la ciudad.

Texto 2

CENTRO COMERCIAL EL CISNE

PRÓXIMA APERTURA

Más de 50 000 m², en pleno centro urbano y con más de 250 establecimientos:
tiendas de moda y complementos, belleza, hogar y decoración, calzado, deporte.
En la planta superior, además de sus 10 salas de cine,
puede disfrutar de numerosos restaurantes, pizzerías, etc.
Dispone también de 400 plazas de aparcamiento gratuito las dos primeras horas.
¡Venga a disfrutar con nosotros!

---

7. En este centro comercial puedo:
   a) Ir de compras.
   b) Hacer la compra.
   c) Hacer deporte.

Texto 3

Perfumerías Los lirios

¡Precios sin competencia en las mejores marcas!
Esta semana gran variedad de productos de maquillaje y productos
para el baño a precios reducidos: hasta un 70%.

Además, este mes, por la compra de un tratamiento facial, te regalamos una sesión
de maquillaje. Nuestros maquilladores profesionales están a tu disposición
en nuestras tiendas de San Dacio, 15, y Vasco de Gama, 54.

8. Ahora, en las perfumerías Los lirios, son más baratos:

a) Todos los productos.
b) Los productos de marca.
c) Los productos de maquillaje.

Texto 4

PELUQUERÍA ÁFRICA

¡Aprende todos los secretos para realzar tu belleza!
Cursos de automaquillaje de seis horas. Uno o dos días.

(El precio incluye: teoría, práctica y descuento del 20% en productos de maquillaje).
Trae tus propios productos de maquillaje a las clases o, si lo prefieres, puedes adquirirlos en nuestro establecimiento.

9. Según el anuncio:

a) Este curso va a durar doce horas.
b) El maquillaje es más barato si te inscribes.
c) Tienes que comprar el maquillaje allí.

Texto 5

SECRETOS

Especialistas en ropa interior femenina, para dormir y de baño.
• **Para todas las edades** • **Sección premamá** • **Tallas especiales**
Nuestras diseñadoras, mujeres actuales y dinámicas, crean modelos
exclusivos para ti.
Ahora, en nuestro 25.º aniversario, por cada dos prendas, te regalamos la
más barata.

10. Esta tienda:

a) Es solo para mujeres.
b) Es nueva en esta ciudad.
c) Regalan dos prendas.

Especial DELE A2 Curso completo

Texto 6

RESTAURANTE GUACAMOLE

La mejor comida mexicana con restaurantes en más de 30 países abre ahora en tu ciudad.
Burritos, quesadillas, tacos, enchiladas…
- Menú del día: 10,50 € (IVA incluido).
- Menú infantil para menores de 10 años: 6 € (IVA incluido).
  (Válido todos los días de la semana excepto domingos y festivos).

11. El anuncio dice que:

   a) Hay treinta restaurantes en la ciudad.
   b) Hay un menú especial para niños.
   c) Hasta los nueve años los niños no pagan.

Texto 7

La favorita
supermercado de confianza

Todo en productos de alimentación y para el hogar.
Gran sección de productos con D.O. Rioja, Ribera del Duero y Jerez.
Esta semana, en promoción, lote de productos ibéricos de Extremadura.
Solo pagos en efectivo.
   Servicio a domicilio: 945 903 390 (¡Gratis a partir de 40 € de compra!)

12. En este supermercado:

   a) Solo venden cosas de comer.
   b) Se puede pagar con tarjeta.
   c) Te pueden llevar la compra a casa.

Texto 8

Maximod Mujer. Toda la moda a tu alcance

Especialistas en tallas grandes (46 a 70)

Aviso: Por obras de renovación y ampliación, nuestra tienda de la calle Mayor está cerrada.
Volvemos para Navidad (excepto el 25).

La venta continúa en nuestras tiendas de la plaza del Rey, 2, y San Pancracio, 12 (en horario habitual).

Disculpen las molestias

13. El texto dice que:

   a) Van a volver a abrir en diciembre.
   b) Han abierto dos nuevas tiendas.
   c) Han cambiado el horario.

TAREA 3

A continuación, va a leer tres textos de tres personas que hablan de su restaurante favarito. Después, relacione las preguntas, 14-19, con los textos, a), b) o c).

	PREGUNTAS	a) Antonio	b) Luis	c) Roberto
14.	¿Quién habla de un restaurante famoso por su pescado?		✓	
15.	¿Quién dice que el restaurante ha cambiado de propietarios?	✓		
16.	¿Quién va a un restaurante donde se come sobre todo verdura?			✓
17.	¿Quién dice que el restaurante está cerca de su casa?		✓	
18.	¿Quién va a allí desde hace mucho tiempo?	✓		
19.	¿Quién dice que es un restaurante caro?			✓

a) Antonio

Cuando éramos pequeños, todos los domingos mis padres nos llevaban a comer fuera y muchas veces íbamos a un restaurante que tenía un jardín donde los niños podíamos jugar después de comer. Era de una pareja italiana, Alessandro y Fiorella, y los platos de pasta eran fantásticos. Además, los precios eran bastante económicos. Los camareros nos conocían y eran muy simpáticos con nosotros. El mes pasado volví allí con mis hijos y vi que todo era diferente: Alessandro y Fiorella se han jubilado y ahora es de una pareja joven que quiere modernizar el sitio. Me gustaba más antes, pero sigue siendo mi lugar favorito.

b) Luis

Durante la semana, mi mujer y yo estamos trabajando. Como no tenemos jornada continua, volvemos tarde a casa, así que el sábado lo dedicamos a hacer la limpieza, la compra y cocinar para toda la semana. El domingo solemos hacer algo tranquilo. Nos encanta tomar el aperitivo a media mañana y comer fuera. Hace poco, un amigo nos recomendó un restaurante en el puerto. Su especialidad es el pastel de merluza con salsa de manzana, pero nosotros preferimos los rollitos de salmón, ¡deliciosos! Lo que más me gusta es que podemos ir andando, está a diez minutos de casa. Además, los precios son razonables para la calidad de los platos, y durante la semana hay un menú del día bastante económico.

c) Roberto

Nosotros somos vegetarianos así que cuando queremos salir a comer fuera no tenemos demasiada elección. La verdad es que no es fácil, pero hace poco tiempo descubrimos un restaurante que se llama *El sueño verde*, que es fantástico. El chef tiene varios premios internacionales y todos los platos que hay en la carta son muy originales y nutritivos. Tienen productos de todas partes y todo lo que sirven está buenísimo. El restaurante está siempre lleno, así que tienes que reservar con mucho tiempo de antelación. El problema son los precios, por lo que no solemos ir con frecuencia, solo en las ocasiones especiales. Dentro de dos semanas es nuestro aniversario y pensamos celebrarlo allí.

Especial DELE A2 Curso completo

TAREA 4

A continuación, va a leer un texto sobre una empresa española. Después, conteste las preguntas, 20-25, marcando la opción correcta, a), b) o c).

ANUNCIOS 11

ZARA: PRODUCTO ESPAÑOL

Inditex es uno de los principales distribuidores de moda del mundo, con ocho formatos comerciales: Zara, Pull&Bear, Massimo Dutti, Bershka, Stradivarius, Oysho, Zara Home y Uterqüe. Sus tiendas, ubicadas en zonas privilegiadas, están presentes en más de 400 ciudades en Europa, América, Asia y África.

La sede del grupo, que pertenece al empresario español Amancio Ortega, está en A Coruña, donde se abrió el primer Zara, la principal cadena del grupo, en 1975. Al principio los modelos eran baratos y parecidos a los de marcas caras. El negocio fue un éxito y Ortega empezó a abrir más tiendas por toda España.

En los 80, Ortega cambió el proceso de diseño, fabricación y distribución para reaccionar rápidamente a las nuevas tendencias en lo que él llamaba «moda instantánea». En Zara el diseño se concibe como un proceso estrechamente ligado al público. La constante información que llega de las diferentes tiendas va directamente a un equipo de creación con más de 200 profesionales que responden a las demandas del cliente. Se dice que Zara necesita solo dos semanas para desarrollar un nuevo producto y ponerlo en el mercado (lo normal son seis meses), así lanza alrededor de 10 000 nuevos modelos cada año. El secreto es usar equipos de diseñadores en lugar de individuos. Sus colecciones son pequeñas y se agotan rápidamente, con lo que se crea una sensación de exclusividad y la necesidad de visitar las tiendas periódicamente.

La distribución se realiza en tiendas propias, donde se cuida al máximo la decoración, la música de ambiente y la atención.

Quizá lo más original de su estrategia es su política de no hacer publicidad, lo que la diferencia de otras marcas competidoras. Zara prefiere invertir en abrir nuevas tiendas.

Por otro lado, Zara no sigue la tendencia de mover la producción a países más pobres y por tanto baratos: el 50% de sus productos se hacen en España y el 26% en otros países europeos. El resto se realiza en Asia, África y América.

En 1988, Zara abrió en Oporto, Portugal, su primera tienda fuera de España. En 1989 entró en EE. UU. y en 1990 en Francia. Su expansión internacional es continua y en la actualidad se encuentra en más de setenta países.

Las tiendas de Zara ofrecen ropa de hombre, mujer y niño, ropa interior, zapatos, cosméticos y complementos. Actualmente existe también Zara Home, donde se venden artículos para la casa, que además se pueden comprar por Internet.

Adaptado de varias fuentes

PREGUNTAS

20. El texto trata sobre:
   a) La vida de Amancio Ortega.
   b) La historia de la cadena Zara.
   c) La moda española en general.

21. Zara es:
   a) El único negocio que tiene Amancio Ortega.
   b) La cadena más nueva de Amancio Ortega.
   c) El negocio más importante de Amancio Ortega.

22. Los modelos de Zara son creados por:
   a) Un grupo de diseñadores.
   b) Amancio Ortega personalmente.
   c) Un solo diseñador.

23. La cadena Zara:
   a) No hace ningún tipo de anuncio.
   b) Hace tantos anuncios como otras marcas.
   c) Hace más anuncios que las otras marcas.

24. Zara:
   a) Vende y produce solo en España.
   b) Produce en España y vende en todo el mundo.
   c) Vende y produce en todo el mundo.

25. En Zara Home se pueden comprar artículos de:
   a) Moda.
   b) Perfumería.
   c) Decoración.

**Anote el tiempo
que ha tardado:**

Recuerde que solo
dispone de **60 minutos**

Especial DELE A2 Curso completo

PRUEBA 2

Comprensión auditiva

Tiempo disponible para toda la prueba.

Pistas 1-7

TAREA 1

A continuación, escuchará seis conversaciones. Oirá cada conversación dos veces. Después, marque la opción correcta, a), b) o c), para cada pregunta, 1-6. Ahora, va a oír un ejemplo.

Ejemplo

Conversación 0

0. ¿Cómo va a pagar la mujer?

a)

b)

c)

La opción correcta es la a). La mujer va a pagar con tarjeta.

Conversación 1

1. ¿Qué toma la mujer para empezar?

a)

b)

c)

Conversación 2

2. ¿Dónde van a celebrar el cumpleaños?

a)

b)

c)

Conversación 3

3. ¿Qué va a comprar el chico?

a)

b)

c)

Conversación 4

4. ¿Dónde prefiere comprar la fruta la mujer?

a)

b)

c)

Conversación 5

5. ¿Qué día han quedado para comer?

a)

b)

c)

Conversación 6

6. ¿Qué compra al final la mujer?

a)

b)

c)

Pistas 8-14

TAREA 2

A continuación, escuchará seis anuncios de radio. Oirá los anuncios dos veces. Después, marque la opción correcta, a), b) o c), para cada pregunta, 7-12. Ahora, va a oír un ejemplo.

Ejemplo

0. Esta tienda vende más barato:
   a) Siempre.
   b) A los cien primeros clientes.
   c) Durante la primera semana.

La opción correcta es la c). Durante la primera semana hacen un descuento del 25%.

PREGUNTAS

7. Esta semana Lilac regala:
   a) Una nueva colonia.
   b) Un pañuelo.
   c) Dos productos.

8. Si decido usar el bufé, voy a pagar:
   a) Diez euros.
   b) Más de diez euros.
   c) Menos de diez euros.

9. En Piececitos venden zapatos:
   a) Para todos.
   b) Para jóvenes.
   c) Para niños.

10. Supermercados Florián regala un libro de recetas:
   a) Si compras un producto de la nueva sección.
   b) Si visitas la nueva sección «Sabores del mundo».
   c) Si compras cualquier producto del supermercado.

11. Este anuncio es para:
   a) Encontrar dependientes para una tienda.
   b) Informar de la apertura de una nueva tienda.
   c) Anunciar nueva ropa para jóvenes.

12. En este centro comercial:
   a) Los niños pueden ir a cines especiales para ellos.
   b) Cuidan a los niños mientras los padres compran.
   c) Los niños no pueden entrar en algunas tiendas.

Pista
15

TAREA 3

A continuación, escuchará una conversación entre dos amigos, Ángel y Margarita. Indique si los enunciados, 13-18, se refieren a Ángel a), Margarita b) o a ninguno de los dos c).

	ENUNCIADOS	a) Ángel	b) Margarita	c) Ninguno de los dos
0.	Esta noche viene gente a su casa.		✓	
13.	Prefiere comprar en el hipermercado.			
14.	Hace una compra semanal.			
15.	Tiene un problema de salud.			
16.	Tiene dos hijos.			
17.	Su hija empieza pronto la universidad.			
18.	No come carne.			

La opción correcta es la a). Tiene invitados para cenar.

Pistas
16-23

TAREA 4

A continuación, escuchará siete mensajes. Oirá cada mensaje dos veces. Después, seleccione el enunciado, a)-j), que corresponde a cada mensaje, 19-25. Hay diez enunciados. Tiene que seleccionar siete. Ahora, va a oír un ejemplo.

	MENSAJES	ENUNCIADO
0.	Mensaje 0	e)
19.	Mensaje 1	
20.	Mensaje 2	
21.	Mensaje 3	
22.	Mensaje 4	
23.	Mensaje 5	
24.	Mensaje 6	
25.	Mensaje 7	

	ENUNCIADOS
a)	Tres cuestan veinticuatro euros.
b)	El pedido no está completo.
c)	El coche está estropeado.
d)	Pregunta por una dirección.
e)	No va a poder ir a la cita.
f)	Hay que salir en un cuarto de hora.
g)	La segunda sale más barata.
h)	No pueden atenderme ahora.
i)	No puede hacerle el favor.
j)	Tiene que quitarlo de allí.

La opción correcta es la e). No puede ir con ellas a comprar el regalo.

Anote el tiempo que ha tardado:

Recuerde que solo dispone de **40 minutos**

Sugerencias para los textos orales y escritos

APUNTES DE GRAMÁTICA

- Para preguntar por el precio usamos los verbos *costar, valer*: *¿Cuánto cuesta/vale?* o la expresión *¿Qué precio tiene?*
- Para hablar de horarios usamos *de… a/desde las… hasta las*: *Siempre comemos de 14:00 h a 15:00 h. Las tiendas abren desde las 10:00 h hasta las 20:00 h.*
- Para hablar de comidas usamos los adjetivos *frío, caliente, rico, bueno, malo, salado, dulce*: *La paella estaba salada.*
- Para expresar gustos o preferencias absolutas usamos *lo que más/menos*: *Lo que más me gusta es la fruta.*
- Para hablar de la ropa usamos *talla* y para hablar del calzado usamos *número*: *¿Qué talla tiene? ¿Qué número necesita?*

EXPRESAR PREFERENCIAS
- Prefiero/me gusta más/me interesa
- El tipo de… que prefiero/me gusta más/me interesa es…
- Mi… preferido/favorito es…

PROPONER QUEDAR
- Podemos quedar para…
- Si quieres, podemos ir juntos a…
- ¿Quedamos el… a las… en…?
- ¿Vamos a cenar fuera?
- ¿Tomamos algo?
- ¿Qué tal si vamos a…?

OPINAR Y VALORAR
- Es muy/demasiado caro, barato…
- (No) Está bien/mal.
- ¡Qué barato/bonito…!
- Yo creo…
- A mí me parece que…
- Para mí,…

SUGERIR
- ¿Por qué no le compramos…?
- ¿Y si le compramos…?
- Podemos comprarle…
- Podéis ir a comprarlo a…
- ¿Por qué no vais a la tienda…?

PRUEBA 3

Expresión e interación escritas

45 min

Tiempo disponible para toda la prueba.

TAREA 1

Un amigo le ha escrito un mensaje de móvil para quedar para comprar algo.

¡Hola! Como sabes, la próxima semana es el cumpleaños de Marina y nos ha invitado a celebrarlo en su casa. Carlos y yo pensamos ir mañana al centro a comprar un regalo. ¿Te vienes? Un beso 😘

Escriba un mensaje a su amigo. En él tiene que:

- Saludar.
- Explicar que no puede ir y disculparse.
- Preguntar si ya tienen una idea para el regalo y sugerir posibles regalos.
- Sugerir algún lugar para comprar el regalo.
- Preguntar si quiere quedar para ir juntos a la fiesta y despedirse.

Número de palabras: entre 60 y 70.

Especial DELE A2 Curso completo

TAREA 2

Elija solo una de las opciones. En cada opción debe tratar todos los puntos.

Opción 1

Usted tiene que escribir un texto sobre un restaurante en el que estuvo. Hable de:

- Cómo era, dónde estaba, qué tipo de comida servían. *inperfecto*
- Quién se lo recomendó.
- Con quién fue.
- Qué comió.
- Le gustó o no le gustó. Por qué.

} *indefinido*

Opción 2

Marisa ha cambiado mucho de estilo de vestir. Estas son fotos de cómo vestía y dónde compraba cuando era estudiante y cómo lo hace ahora.

Marisa cuando era estudiante

Donde compraba antes

Marisa actualmente

~ present time

Donde compra ahora

Usted tiene que escribir un texto sobre Marisa en el que debe contar:

- Cómo vestía antes y dónde compraba. *Imperfecto*
- Por qué cambió su estilo. *indefinido*
- Cómo viste actualmente y dónde compra. *presente*

Número de palabras: entre 70 y 80.

Anote el tiempo que ha tardado:

Recuerde que solo dispone de **45 minutos**

PRUEBA 4

Expresión e interacción orales

 **Tiempo para preparar toda la prueba.**

 Tiempo disponible para las 3 tareas.

TAREA 1

MONÓLOGO

Usted tiene que hablar durante 2 o 3 minutos sobre un regalo que compró.

INSTRUCCIONES

Durante la presentación debe hablar de:
- Qué compró y cómo era, si fue fácil encontrarlo.
- Para quién era y con qué motivo se lo compró.
- Dónde lo compró.
- Lo compró solo/a o fue con otras personas.
- Le gustó a la persona el regalo.

Sugerencias

Qué compró y cómo era

☐ Un pañuelo, una bufanda, una corbata, ropa
  – de seda, de algodón, sintético…
  – de color azul, verde, amarillo/a…
  – estampado/a, liso/a, de cuadros, de rayas...
☐ Un libro
  – de poesía, de cuentos, una novela...
  – de un autor actual, clásico, extranjero…
☐ Un collar, una pulsera, un anillo, unos pendientes
  – de oro, de plata, de bisutería...
☐ Un perfume
  – agradable, suave…

Para quién era y por qué lo compró

☐ Para mis padres, mi novio/a, mi marido/mujer, un/a amigo/a, un/a compañero/a de trabajo, de clase…
☐ Lo compré por su cumpleaños, por su/nuestro aniversario…
☐ para celebrar su ascenso, el fin de los estudios…

Dónde lo compró y con quién

☐ Lo compré en un centro comercial, en una joyería, en una librería...
☐ Fui solo/a, con amigos/as, con mi hermano/a…

Especial DELE A2 Curso completo

TAREA 2

DESCRIPCIÓN DE UNA FOTO

Usted tiene que describir la siguiente fotografía durante 2 o 3 minutos.

De compras

Ejemplo de preguntas

- ¿Cómo son las personas físicamente? ¿Cómo cree que son de carácter?
- ¿Qué ropa llevan?
- ¿Cómo es el lugar en el que están? ¿Qué objetos hay?
- ¿Qué están haciendo estas personas?
- ¿De qué cree que están hablando?
- ¿Cómo cree que se sienten? ¿Qué están pensando?
- ¿Qué han hecho antes? ¿Qué van a hacer después?

TAREA 3

DIÁLOGO EN UNA SITUACIÓN IMAGINARIA

Usted va a una tienda porque necesita comprar un traje para ir a una fiesta. El examinador es el dependiente. Hable con él durante 3 o 4 minutos siguiendo estas instrucciones.

CANDIDATO
Durante la conversación tiene que: ■ Explicar el tipo de prenda que está buscando.   ■ Decir la talla, el color que quiere, el estilo.   ■ Preguntar si puede probarse la prenda.   ■ Preguntar si puede pagar con tarjeta.

Ejemplo de conversación

1. **Inicio:** se saludan y explica el motivo de la visita
    EXAMINADOR:
    Hola, buenos días/buenas tardes.
    CANDIDATO:
    Buenos días/Buenas tardes. Estoy buscando un traje para una fiesta…

2. **Fase de desarrollo:** hablan de la talla, el color, el estilo de la prenda que busca
    EXAMINADOR:
    ¿Qué talla tiene/necesita?
    CANDIDATO:
    Pues, la…
    EXAMINADOR:
    ¿La quiere en algún color especial?/¿Qué color quiere/busca?
    CANDIDATO:
    Pues…
    EXAMINADOR:
    ¿Prefiere un estilo más clásico o más moderno? Este por ejemplo es muy actual, pero solo lo tenemos en…
    CANDIDATO:
    Ese no me gusta mucho. Prefiero un estilo más…
    EXAMINADOR:
    Aquí tiene estos modelos.
    CANDIDATO:
    ¡Me gusta mucho este…! ¿Puedo probármelo?/¿Dónde está el probador?

3. **Despedida y cierre:** terminan la conversación y se despiden
    EXAMINADOR:
    ¿Qué tal?
    CANDIDATO:
    Perfecto. Me lo llevo. ¿Puedo pagar con tarjeta?/¿Se puede pagar con tarjeta?

Especial DELE A2 Curso completo

examen 3

LA SALUD, LA HIGIENE Y LA ALIMENTACIÓN

Curso completo

► **Léxico** ── ■ Partes del cuerpo e higiene
■ Estado físico y de ánimo
■ Alimentación

► **Gramática**

► **Funciones**

Modelo de examen 3

PARTES DEL CUERPO

Boca (la) ....
Brazo (el) ....
Cabeza (la) ....
Cara (la) ....
Codo (el) ....
Cuello (el) ....
Dedo (el) ....
Dientes (los) ....
Encía (la) ....
Espalda (la) ....
Estómago (el) ....
Garganta (la) ....
Lengua (la) ....
Mano (la) ....
Muela (la) ....
Nariz (la) ....
Oído (el) ....
Ojos (los) ....
Pie (el) ....
Pierna (la) ....

ESTADOS DE ÁNIMO Y FÍSICOS

Alergia (la) ....
Calor (el) ....
Cansado/a ....
Contento/a ....
Dolor (el) ....
- de cabeza ....
- de espalda ....
Enfadado/a ....
Fiebre (la) ....
Gripe (la) ....
Hambre (el) ....
Miedo (el) ....
Nervioso/a ....
Preocupado/a ....
Sed (la) ....
Sueño (el) ....
Tos (la) ....
Triste ....

HIGIENE

Cepillo de dientes (el) ....
Champú (el) ....
Colonia (la) ....
Crema (la) ....
Desodorante (el) ....
Gel (el) ....
Jabón (el) ....
Pasta de dientes (la) ....
Peine (el) ....

VERBOS

Afeitarse ....
Lavarse ....
- los dientes/las manos ....
Peinarse ....
Ducharse ....
Doler ....
Estar ....
- enfermo ....
- mareado ....
Sentirse bien/mal ....

ALIMENTACIÓN

Ajo (el) ....
Carne (la) ....
- de ternera/cerdo/cordero ....
Cebolla (la) ....
Cereales (los) ....
Filete (el) ....
Galletas (las) ....
Gambas (las) ....
Helado (el) ....
- de fresa/de vainilla ....
Jamón (el) ....
- serrano/york ....
Infusión (la) ....
Mantequilla (la) ....
Mayonesa (la) ....
Merluza (la) ....
Perejil (el) ....
Pimienta (la) ....
Plátano (el) ....
Salmón (el) ....
Salsa (la) ....
Tarta (la) ....
- de manzana/de chocolate ....
Zanahoria (la) ....

VARIOS

Ambulancia (la) ....
Centro de salud (el) ....
Ingrediente (el) ....
Jarabe (el) ....
Medicamento (el) ....
Pastilla (la) ....
Receta (la) ....
Seguridad Social (la) ....
Ser ....
- alérgico ....
- celíaco ....
- vegetariano ....
Urgencias (las) ....

1 Busca en la sopa de letras los nombres de catorce partes del cuerpo. Luego, localízalas en la imagen. ¿Puedes añadir más?

M	G	A	R	G	A	N	T	A	Y	A	Z	R	C
N	O	V	M	E	C	A	R	A	B	E	O	P	D
E	S	T	O	M	A	G	O	J	E	R	A	O	A
U	T	A	R	I	B	E	M	O	L	E	S	T	D
N	E	H	P	C	E	R	E	S	P	A	L	D	A
J	G	N	I	V	Z	P	A	N	J	Y	S	E	P
K	R	D	E	Y	A	E	C	Z	V	R	E	D	H
P	C	E	D	E	Z	L	G	E	O	P	P	O	T
T	R	U	A	R	Q	M	A	N	O	A	E	I	A
E	I	T	E	E	U	A	D	A	V	U	P	L	X
A	J	J	E	L	P	I	E	R	N	A	E	R	O
S	R	R	O	A	L	F	P	I	A	D	S	O	P
B	A	E	C	H	Y	O	A	Z	O	R	O	J	O

2 Completa este poema infantil con las palabras apropiadas.

> Los ojos son para v _ _.
> Los oídos, para o _ _.
> Las manos, para t _ _ _ _.
> Las piernas son para a _ _ _ _.
> La cabeza, para p _ _ _ _ _.
> ¡Y el corazón, para a _ _ _!

3 Lee esta entrevista y complétala con las partes del cuerpo adecuadas.

● Perdón, señor, estamos haciendo una encuesta para Canal Doce, ¿tiene unos minutos?

○ Sí, claro, ¡por supuesto!

● Muchas gracias. Hoy queremos saber cuál es la parte del cuerpo en la que más se fija la gente cuando conoce a una persona.

○ Pues para mí, lo más importante son los 1. ...., creo que la mirada expresa cómo es una persona. Si es honesta, si es directa, si es inteligente…

● ¿Y usted, señora? ¿Qué piensa?

○ Yo siempre me fijo en las 2. .... Una persona que las tiene cuidadas es una persona limpia, organizada, que trabaja bien… Y también en los 3. .... Me gustan largos, para tocar el piano. Ah, sí, y con las 4. .... muy limpias.

● ¿Y usted, caballero?

○ Pues… yo me fijo en la 5. .... Una sonrisa abierta me hace sentir que esa persona es simpática, sociable y me da confianza.

4 ¿A qué partes del cuerpo se refieren estas adivinanzas?

> Son dos ventanas.
> Por el día están
> abiertas y por
> la noche cerradas.
> ¿Qué son?

> Una familia unida
> con cinco hermanos:
> uno largo, dos más
> bajos, otro gordo,
> el último, pequeño
> y delgado.

> Unas tienen pelo,
> otras están calvas,
> unas son redondas,
> otras ovaladas,
> unas piensan mucho,
> otras casi nada.

> Puedes peinarlo,
> puedes cortarlo,
> pero es imposible
> contarlo, excepto
> si eres calvo.

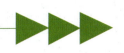

Haz este cuestionario a un compañero y toma notas.

¿Cuál crees que es la parte más importante del cuerpo? ¿Por qué?

¿Te gustaría cambiar alguna parte de tu cuerpo? ¿Cuál?

¿De qué parte de tu cuerpo estás más satisfecho/a?

¿En qué parte del cuerpo te fijas cuando conoces a una persona?

¿Qué opinas de la cirugía estética?

Relaciona estos productos de cosmética e higiene con la imagen adecuada.

champú • jabón • gel • crema hidratante • crema solar • colonia
espuma de afeitar • desodorante • cepillo de dientes • pasta de dientes

a. .... b. .... c. .... d. .... e. ....

f. .... g. .... h. .... i. .... j. ....

¿Qué productos, de los anteriores, utilizas en estas ocasiones?

a. Cuando te duchas: ....
b. Después de ducharte: ....
c. Cuando te lavas los dientes: ....
d. Cuando te afeitas: ....
e. Cuando vas a la playa: ....

Elige cuatro productos de la actividad 6 necesarios en un viaje.
¿Algún cosmético o producto de higiene importante para ti no está en la lista?
Coméntalo en clase.

Yo nunca olvido mi cepillo de dientes, la crema solar…

1 Completa las frases con una de estas palabras.

muela   pies   garganta   oídos   espalda   cabeza   estómago

a. Esta noche he tomado una bebida fría y me duele mucho la ....
b. He comido algo que no me ha sentado bien, porque me siento mal del ....
c. Tengo que comprar una silla más cómoda para trabajar con el ordenador. ¡Me duele mucho la ....!
d. Voy a tener que ir al dentista, porque me duele una ....
e. Estos zapatos no son nada cómodos y me duelen mucho los ....
f. ¿Tienes una aspirina? Tengo un dolor de .... terrible.
g. Dicen que el nivel de ruido de la ciudad es tan alto que mucha gente tiene problemas de ....

2 Lee las frases y complétalas con la palabra adecuada y el verbo correspondiente (*estar* o *tener*). Haz los cambios necesarios.

a. Antonio ha oído un ruido por la noche. ..... *Tiene* .... *miedo* ..... .
b. El novio de Marisa está de viaje y no contesta al móvil. Ella ....
c. Después de hacer ejercicio, Raquel ....
d. A Eva la ha dejado su novio y ....
e. Hoy hay 10° bajo cero, Alberto .... mucho ....
f. Manuela tiene fiebre y se siente muy mal. ....
g. Carlos tiene una entrevista de trabajo y ....
h. Aurora ha recibido una buena noticia. .... muy ....
i. Hoy los niños han dormido poco, así es que ....
j. Roberto lleva trabajando desde las 8:00 y ahora ....
k. Estamos en agosto en Sevilla y Laura ....
l. Luis trabaja mucho con el ordenador y hoy .... de cuello.
m. Alicia no ha comido bien y ahora .... mucha ....
n. El Sr. Yang tiene problemas en la empresa, ...
ñ. Rosa ha ido a dar un paseo, hoy ....

sed
triste
calor
cansado
sueño
contento
enfadado
frío
hambre
miedo ✓
nervioso
preocupado
dolor
enfermo
tranquilo

3 Ahora, identifica a estas personas de la actividad anterior.

a. ....

b. ....

c. ....

d. ....

e. ....

f. ....

g. ....

h. ....

i. ....

j. ....

k. ..... *Antonio* .....

l. ....

m. ....

n. ....

ñ. ....

4 Ahora, clasifica las expresiones que han aparecido en la actividad 2.

ESTADO FÍSICO	ESTADO DE ÁNIMO
Tener sed	Estar triste

5 Relaciona lo que dice cada persona con la reacción adecuada.

a. Hoy me he levantado pronto y tengo mucho sueño.

b. ¡Me duele mucho la cabeza!

c. Me duele un poco el estómago.

d. ¡Uf! ¡Qué frío tengo!

e. ¡Qué sed tengo!

f. Últimamente me duele la espalda.

1. ¿Por qué no tomas una aspirina?
2. Toma mi chaqueta, no la necesito.
3. ¿Te preparo una infusión?
4. Tienes que hacer un poco de deporte.
5. Pues acuéstate pronto.
6. ¿Quieres un poco de agua?

6 Explica en qué situaciones…

- Estás nervioso
- Tienes miedo
- Estás preocupado
- Estás triste
- Estás contento
- Estás enfadado
- Estás tranquilo
- Tienes sueño

Pues… estoy nervioso cuando tengo un examen o cuando tomo mucho café. También cuando…

7 Completa este diálogo entre dos vecinas con las siguientes palabras.

ambulancia • fiebre • medicina • urgencias • dolor • sentirse • tos • hospital • alergia • farmacia

● ¡Hola, Aurora! El otro día vi una 1. .... enfrente de tu puerta. ¿Qué pasó?
○ ¡Uf! Mi marido tuvo que ir a 2. ....
● ¿Y eso?
○ Pues, por la mañana, tenía mucha 3. .... y le dolía el pecho.
   Fue a la 4. .... y le dieron una 5. ....
● Mejor tomar una infusión o miel con limón…
○ Eso pienso yo. El caso es que por la noche empezó a 6. .... mal.
   Tenía una 7. .... muy alta y mucho 8. .... de cabeza y
   no podía respirar bien.
● ¡Qué horror!
○ Así que decidimos ir al 9. ....
● Y al final, ¿qué era?
○ ¡Una 10. .... a la medicina!

8 ¿Tienes buena salud? ¿Llevas una vida sana? Añade dos preguntas y comenta en clase estas cuestiones.

- ¿Cuándo fue la última vez que estuviste enfermo?
- ¿Cuántos cafés tomas al día?
- ¿Alguna vez has tenido que ir a urgencias?
- ¿Tomas fruta y verdura regularmente?
- ....
- ¿Tienes alguna alergia? ¿A qué?
- ¿Alguna vez te han operado? ¿De qué?
- ¿Prefieres los remedios naturales o la medicina convencional?
- ¿Comes pescado con frecuencia?
- ¿Practicas deporte habitualmente?
- ....

1 Identifica estos envases.

bote • botella • lata • caja • paquete

a. ...caja paquete... b. ...lata... c. ...bote... d. ...botella... e. ...paquete...
cg caja

2 Completa con la palabra o las palabras apropiadas (hay varias opciones).

1. Docena de ......huevos ✓.......
2. Bote de ......mayonesa ✓.......
3. Paquete de ......galletas x... azucar.......
4. Lata de ......sardinas x atun.......
5. Litro de ......refresco ✓.......
6. Caja de ......cereales x galletas.......
7. Kilo de ......patatas ✓.......
8. 150 gramos de ......azucar ✓.......
9. Filete de ......atún x.......
10. Botella de ......vino ✓.......
11. Cuarto de kilo de ......arroz ✓.......

> mermelada • atún
> leche • aceite • patatas
> jamón york • arroz
> pollo • huevos • queso
> cereales • zanahorias
> azúcar • pasta • vino
> mayonesa • mantequilla
> cebolla • pimienta • zumo
> sardinas • sal • tomate
> refresco • galletas

3 ¿En qué sección del supermercado encuentras estos productos? Escríbelo al lado de cada uno.

carnicería (C) • pescadería (P) • lácteos (L) • frutería y verdulería (V)
bebidas (B) • dulces y postres (D) • conservas (CO)

butcher   fish shop   dairy   canned foods

1. cerdo ...C...
2. naranja ...V...
3. salmón ...P...
4. queso ...L...
5. lechuga ...V...
6. manzana ...V...
7. merluza ...P...
8. yogur ...L...
9. tomate ...V...
10. sardinas ...P...
11. galletas ...D...
12. agua mineral ...B...

13. helado de vainilla ...D...
14. zanahoria ...V...
15. plátano ...V...
16. gambas ...P...
17. atún ...P...
18. mantequilla ...L...
19. patata ...V...
20. ajo ...V...
21. cerveza ...B...
22. ternera ...C...
23. cebolla ...V...
24. perejil ...V...

25. pollo ...C...
26. vino ...B...
27. fresa ...V...   lamb
28. cordero ...C...
29. zumo ...B...
30. cava ...B...
31. tarta de crema ...D...
32. refresco ...B...
33. mermelada ...CO...
34. jamón york ...Cn...
35. tarta de manzana ...D...
36. jamón serrano ...C...

4 Observa estos platos típicos de la gastronomía española. ¿Cómo se llaman? ¿Puedes decir qué llevan?

1. paella
2. tortilla de patatas
3. c
4. gazpacho

> Describe ahora
> los ingredientes de un
> plato popular de tu país.

¿Sabes qué significa ser vegetariano?
Completa esta definición.

> *Un vegetariano es una persona que no come ..carne....... ni ....pescado.*
> *Solo come ...verduras.. y ...frutas...... .*

También existen otros tipos de vegetarianos. Relaciona las columnas.

a. Son vegetarianos, pero sí toman leche.
b. Básicamente comen frutas.
c. No comen nada de procedencia animal.
d. No comen carne, pero sí pescado.
e. Son vegetarianos, pero sí toman huevos.

1. Veganos o vegetarianos estrictos
2. Lactovegetarianos
3. Ovovegetarianos
4. Frugívoros
5. Pescetarianos

> ¿Qué opinas del vegetarianismo? ¿Conoces a alguien que siga estos tipos de dieta?

Tu compañero y tú decidís qué productos pueden comer cada una de estas personas.

cereales • atún • manzanas • huevos • tomates • merluza • yogur • _shrimp_ fresas • pasta
mayonesa • arroz • azúcar • mantequilla • helado • jamón york • gambas • sal • pimienta
aceite • salsa de tomate • queso • sardinas • plátanos • galletas • pan • patatas

VEGANOS ESTRICTOS	LACTOVEGETA-RIANOS	OVOVEGETARIA-NOS	FRUGÍVOROS	PESCETARIANOS

Comenta en clase las siguientes cuestiones.

> ¿Qué tomas normalmente en el desayuno? ¿Y en la cena?

> ¿Cuál es tu fruta favorita?

> ¿Hay algún alimento que no te gusta nada?

> ¿Algún alimento no te sienta bien? ¿Cuál?

> ¿Sigues alguna dieta?

¿Conoces bien España? Marca verdadero o falso. Comprueba en clase.

En España:
a. En general, las comidas del día se realizan antes que en el resto de Europa.   V   [V]
b. Se suele decir «buen apetito» cuando alguien va a comer.   V   [F]
c. Normalmente se toma té después de las comidas.   V   [V]
d. Es más habitual cocinar con aceite de oliva que con mantequilla. _Butter_   [V]   F
e. En la comida es normal tomar un primer plato, un segundo plato y un postre.   [V]   F
f. La cena es la comida más importante del día.   V   [V]

1 Completa estas frases seleccionando la opción correcta. SERIE 1

1. Ven __, por favor, tengo que explicarte una cosa.
   a. aquí *(marcada)*   b. ahí   c. allí

2. ¿La farmacia? Está __ cerca. Puedes ir andando.
   a. mucho   b. mucha   c. muy *(marcada)*

3. Dicen que es importante comer __ fruta.
   a. mucho   b. mucha *(marcada)*   c. demasiada

4. El doctor me ha dicho que tome la pastilla __.
   a. antes de comer *(marcada)*   b. antes de comida   c. antes que como

5. ¡Qué raro! Normalmente las medicinas hay que tomarlas __.
   a. después comer   b. después de la comida   c. después comes *(marcada)*

6. La verdad es que tengo muy buena salud. __ he estado en un hospital.
   a. Nunca no   b. No nunca   c. Nunca *(marcada)*

7. Su problema es que no come bien y __ hace deporte.
   a. también no *(marcada)*   b. tampoco   c. tampoco no

8. Oye, no __ bien. Creo que me voy a casa.
   a. estoy *(marcada)*   b. soy   c. siento

9. Está __ fumar cuando hay niños cerca.
   a. mal *(marcada)*   b. malo   c. mala

10. ¿Y __ tienes que ir al médico?
    a. qué   b. porque   c. por qué *(marcada)*

11. ¿__ tienes la cita para los análisis?
    a. Cuánto   b. Cuándo *(marcada)*   c. Cuántos

12. ¿__ está el hospital?
    a. Dónde *(marcada)*   b. Adónde   c. De dónde

2 Completa estas frases seleccionando la opción correcta. SERIE 2

1. ¡Pobre Alberto! Siempre __ mala salud. ¡Todos los días va al médico!
   a. tuvo   b. tenía *(marcada)*   c. ha tenido

2. Cuando vivía en Barcelona, __ deporte dos veces a la semana.
   a. hice *(marcada)*   b. hacía   c. he hecho

3. Yo nunca __.
   a. fumé *(marcada)*   b. fumaba   c. he fumado

4. Antes __ mejor que ahora.
   a. comí   b. comía *(marcada)*   c. he comido

5. El año pasado __ un accidente bastante grave, pero ya está completamente bien.
   a. tuvo   b. tenía *(marcada)*   c. ha tenido

6. El doctor Enríquez __ muy serio y muy profesional. Me gustaba más que el médico que tengo ahora.
   a. fue *(marcada)*   b. era   c. ha sido

7. ¿Ya __ los análisis?
   a. te hiciste   b. te hacías   c. te has hecho *(marcada)*

8. No, todavía no __ ir al laboratorio.
   a. pude   b. podía *(marcada)*   c. he podido

9. ¿__ ayer al hospital a recoger las radiografías?
   a. Fuiste *(marcada)*   b. Ibas   c. Has ido

10. No, todavía no __. Voy a ir hoy después del trabajo.
    a. fui *(marcada)*   b. iba   c. he ido

11. El lunes __ en un restaurante vegetariano que está cerca de mi casa.
    a. estuve   b. estaba *(marcada)*   c. he estado

12. Antes __ frecuentemente, pero desde que tomo zumo de naranja cada día estoy mejor.
    a. me resfrié   b. me resfriaba   c. me he resfriado

Completa estas frases seleccionando la opción correcta.

SERIE 3

1. El año pasado __ venía andando al trabajo.
   a. una vez
   b. casi todos los días
   c. el día que llovió mucho
2. Antes __ desayunaba en casa.
   a. nunca no
   b. siempre no
   c. nunca
3. Cuando __ estudiante, tenía más tiempo libre que ahora.
   a. era
   b. fui
   c. he sido
4. ¡Tengo mucha hambre! Es que __ no he desayunado.
   a. ayer
   b. un día
   c. esta mañana
5. __ he podido ir a la farmacia. ¿Puedes ir tú?
   a. Ya
   b. Ya no
   c. Todavía no
6. ¿__ has tomado la medicina? ¡No te olvides!
   a. Ya
   b. Ya no
   c. Todavía
7. __ no vine porque me sentía mal.
   a. Anteayer
   b. Hoy
   c. Siempre
8. __, los domingos comía en casa de mis abuelos.
   a. Cuando fui niño
   b. Cuando era niño
   c. Cuando he sido pequeño
9. __ cerraron la cafetería por vacaciones.
   a. En agosto
   b. Siempre
   c. Esta semana
10. Empecé con las clases de zumba __. ¡Me encantan!
    a. esta semana
    b. hace tres meses
    c. hoy
11. Sí, yo antes fumaba, pero lo dejé __.
    a. hace mucho tiempo
    b. esta semana
    c. recientemente
12. Pues yo lo he dejado __ y la verdad es que estoy muy nervioso.
    a. el año pasado
    b. recientemente
    c. hace dos años

Completa estas frases seleccionando la opción correcta.

SERIE 4

1. Cuando __ joven, no __ mucho la verdura.
   a. era… me gustaba
   b. era… me gustó
   c. fui… me gustó
2. Ayer el médico me __ que no __ grave. ¡Qué bien!
   a. decía… era
   b. dijo… fue
   c. dijo… era
3. El otro día __ al nuevo restaurante vegetariano. __.
   a. iba… Me encantó
   b. fui… Me encantó
   c. iba… Me encantaba
4. Ayer __ pronto porque __ muy cansado.
   a. me acostaba… estuve
   b. me acosté… estuve
   c. me acosté… estaba
5. Muchas veces __ comida china y japonesa, pero nunca __ la vietnamita.
   a. comí… probé
   b. comía… probaba
   c. he comido… he probado
6. El año pasado __ todos los días en coche, pero este año __ venir andando.
   a. vine… decidí
   b. venía… he decidido
   c. vine… decidía
7. De niño __ la carne, pero el pescado no __ nada.
   a. me encantó… me gustó
   b. me encantaba… me gustó
   c. me encantaba… me gustaba
8. Esta mañana __ tarde al médico porque no __ el despertador.
   a. llegué… oía
   b. he llegado… oía
   c. he llegado… he oído
9. Esta semana __ una ley para prohibir la venta de refrescos en los colegios.
   a. han aprobado
   b. aprobaban
   c. aprobaron
10. El fin de semana __ algo frío y __ mucho la garganta.
    a. tomaba… me dolía
    b. tomaba… me dolió
    c. tomé… me dolió
11. Antes __ mucha azúcar, pero me la __ el médico.
    a. tomaba… prohibía
    b. tomé… prohibía
    c. tomaba… prohibió
12. Hoy no __ a clase de yoga, pero ayer __ dos horas.
    a. he ido… fui
    b. he ido… iba
    c. fui… he ido

1 SERIE 1

Elige la opción correcta y completa el cuadro de funciones con las fórmulas correspondientes.

1. ¡Hola! ¡Cuánto tiempo! ¿Cómo __?
   a. eres   (b.) estás ✓   c. haces
2. ¡Hola, Antonio! ¿Qué __?
   a. tan   b. tanto   (c.) tal ✓
3. Mañana empiezan las vacaciones. ¡__ bien!
   (a.) Qué ✓   b. Cómo   c. Cuánto
4. Ha invitado a todos a la fiesta menos a él. ¡Está bastante __!
   a. contento   b. preocupado   (c.) enfadado ✓
5. No estoy muy __ con el nuevo horario. Prefiero trabajar por las mañanas, como antes.
   (a.) triste   b. aburrida   (c.) contenta
6. ¿Has visto la última comedia de Álex de la Iglesia? ¡Qué __! Nos reímos muchísimo.
   a. aburrida   b. triste   (c.) divertida ✓
7. ¡Qué __ es esta ciudad! No hay nada que hacer.
   a. divertida   (b.) aburrida   c. interesante ✓
8. Cuando era pequeño, por la noche, tenía __.
   a. preocupación   b. nervios   (c.) miedo
9. Esta tarde tengo una entrevista de trabajo. Estoy muy __.
   (a.) nervioso   b. enfadado   c. triste ✓
10. ¡__! Todavía no me lo han enviado y lo pedí hace un mes.
    a. Interesante   (b.) Increíble   c. Importante ✓
11. Lo que más me gustó en Egipto fueron las pirámides. ¡Son __!
    (a.) impresionantes ✓   b. divertidas   c. simpáticas
12. Este es mi coche nuevo. No es __ bonito, pero es muy grande.
    a. bastante   (b.) muy ✓   c. tanto

Impressive

Tu listado

a. Preguntar por el estado de ánimo
¿Estás bien?
1. ....
2. ....

b. Expresar alegría, tristeza, enfado
¡Muy bien!
3. ....
4. ....
5. ....

c. Expresar aburrimiento y diversión
¡Qué aburrido!
6. ....
7. ....

d. Expresar miedo y preocupación
¡Qué miedo!
8. ....
9. ....

e. Expresar sorpresa y admiración
¡Es estupendo!
10. ....
11. ....
12. ....

2 SERIE 2

Elige la opción correcta y completa el cuadro de funciones con las fórmulas correspondientes.

1. Me han dicho que han operado a tu marido. ¿Cómo __?
   (a.) es   (b.) está   c. siente
2. Oye, tienes mala cara. ¿Estás __?
   (a.) bien ✓   b. bueno   c. mejor
3. ¿Bebemos algo? ¡Tengo mucha __!
   (a.) sed   b. hambre   c. prisa
4. No he comido nada desde esta mañana. Tengo bastante __.
   a. sed   (b.) hambre   c. prisa ✓
5. Por favor, abre la ventana. Tengo __.
   (a.) calor   (b.) frío   c. hambre
6. Me voy a la cama. Tengo __ sueño.
   (a.) un poco   b. poco   (c.) un poco de
7. Yo no voy a salir. Estoy muy __.
   a. sueño   b. preocupado   (c.) cansado
8. Juan me ha dicho que no viene porque __.
   (a.) es malo   b. tiene mal   (c.) está malo
9. Me duele __. Quizá la comida no me ha sentado bien.
   (a.) el estómago ✓   b. la garganta   c. la espalda
10. ¿Tienes una aspirina? Es que me __ las muelas.
    a. duelo   b. duele   (c.) duelen ✓
11. Alicia ayer no fue a trabajar porque __ dolía la cabeza.
    a. la   (b.) le ✓   c. se
12. Dice que va a descansar un poco porque tiene __ dolor de pies.
    a. muy   (b.) mucho ✓   c. tan

Tu listado

f. Preguntar por el estado físico
¿Qué tal estás?
1. ....
2. ....

g. Expresar sensaciones físicas
Tengo frío.
3. ....
4. ....
5. ....
6. ....
7. ....
8. ....
9. ....
10. ....
11. ....
12. ....

3 SERIE 3

Elige la opción correcta y completa el cuadro de funciones con las fórmulas correspondientes.

1. ¿Qué tal __?
   - (a.) la vacación
   - b. las vacaciones
   - c. vacaciones

2. __. No tuvimos suerte con el hotel, llovió todo el tiempo… ¿Y vosotros?
   - (a.) Muy mal ✓
   - b. Bastante bien
   - c. Muy bien

3. Pues nosotros __, hemos descansado mucho.
   - a. regular
   - b. muy mal
   - (c.) bastante bien ✓

4. El problema de los alimentos biológicos es que son __ caros.
   - a. mucho
   - (b.) demasiados
   - (c.) demasiado

5. ¡Qué __ está esta cafetería! Me encanta la decoración y el servicio es muy bueno.
   - a. bueno
   - (b.) bien
   - c. buena

6. ¡El menú solo cuesta 9 euros! ¡__ barato!
   - a. Cuánto
   - b. Cómo
   - (c.) Qué ✓

7. –Ayer por la noche tuve que ir al hospital./–__ ¿Qué te pasó?
   - (a.) Claro.
   - (b.) ¿Sí?
   - c. ¿No?

8. –¿Sabes qué pasó ayer?/–__, ahora no puedo. Te llamo más tarde.
   - a. ¡Qué bien!
   - b. Sí, claro
   - (c.) Perdona ✓

9. –¿Te cuento una cosa?/–Lo siento, __ tengo que terminar este trabajo.
   - (a.) porque
   - (b.) es que
   - c. para que

10. ¿La receta? Es muy fácil. __, lavas la verdura.
    - a. Primer
    - b. Primera
    - (c.) Primero

11. __, cortas la verdura en trozos pequeños.
    - (a.) Luego
    - b. Encima
    - c. Pasado

12. Y, __, la pones en agua con sal.
    - a. por final
    - (b.) por último
    - c. últimamente ✓

Tu listado

h. Pedir valoración
¿Está bien el restaurante?
1. ....

i. Reaccionar
Muy bien.
2. ....
3. ....

j. Valorar
La comida ha estado bien.
4. ....
5. ....
6. ....

k. Introducir un relato y reaccionar
Ajá.
7. ....
8. ....
9. ....

l. Organizar la información y concluir el relato
Después.
10. ....
11. ....
12. ....

4 Corrección de errores

Identifica y corrige los errores que contienen estas frases. Puede haber entre uno y tres en cada una.

a. El médico me ha dicho que el azúcar no es muy bien por la salud. *(bueno para)*
b. Ayer he tenido que ir al médico porque dolía muchísimo mi estómago. *(duele)*
c. Me ha dicho que hoy no va venir porque está mucho cansado. *(a)(muy)*
d. ¿Sabes dónde está una farmacia por aquí cerca? *(hay)*
e. Me encanta mucho la fruta. Además, es mucho buena para la salud. *(muy)*
f. Creo el niño tiene un poco fiebre. *(que)(me)(muy)*
g. Quiero voy al médico porque no siento bien últimamente. *(ir)(me)*
h. ¿Qué tal eres hoy? Ayer tuviste muy mala cara. *(estás)(tenías)*
i. Si tienes dolor de tu espalda, el mejor es practicar natación.
j. ¿Me das un vaso de agua? Tengo la sed.

(después / Luego / Entonces)

5 Uso de preposiciones

Tacha la opción incorrecta en estas frases.

a. Tengo dolor *de/en* oídos. ✓
b. ¿Tienes algo *para/por* el resfriado? ✓
c. *A/Ø* Rocío le duele la cabeza cuando toma el sol. ✗
d. Si te duele la garganta, toma un zumo *con/de* limón. ✗
e. ¿Vas a tomar un antiinflamatorio? Mejor después *Ø/de* comer. ✓
f. Y, *por/en* último, me dijo que tengo que hacer más ejercicio. ✓
g. ¿Qué tal tu viaje *en/a* Italia? ✗
h. Tu madre está preocupada *de/por* ti. Es natural. ✓
i. Está muy triste *por/para* la noticia. ✓
j. El hospital está al lado *Ø/de* mi casa. ✓

(Tengo dolor de +)
(I have a)
(body pain)

Tiempo disponible para toda la prueba.

TAREA 1

A continuación, va a leer el correo electrónico que María ha enviado a Clara. Después, conteste las preguntas, 1-5, marcando la opción correcta, a), b) o c).

⊠ Sin título

Para: Clara

Asunto: Comida domingo

Hola, Clara:

Te escribo este correo urgente porque al final no voy a poder ir a la comida del domingo, ya que estoy pasando una semana terrible. El problema empezó el lunes. Por la mañana mi hijo pequeño tenía un poco de dolor de cabeza y tos. Pensé que no era importante y lo llevé al colegio. Resulta que en el colegio se puso peor, pero le dieron un jarabe y estuvo bien el resto de la mañana. Por la tarde lo recogió Juan y no estaba mal, pero cuando yo llegué a casa, después de trabajar, a las siete de la tarde, más o menos, le pusimos el termómetro y tenía fiebre. Yo estaba un poco nerviosa, no sabía qué hacer. Por la noche se puso peor, muy mal, así que tuvimos que ir con él a urgencias. El doctor dijo que era mejor quedarse en casa unos días y no ir al colegio. Al parecer, tenía gripe.

Por fin, ayer jueves empezó a sentirse mejor, pero, claro, como los problemas no vienen solos, la niña empezó a sentirse mal, también con el mismo problema. Por supuesto, no podían ir al colegio ninguno de los dos, así que he tenido que pedir ayuda a mi madre porque yo no puedo pedir días en el trabajo. Mi jefa está de viaje toda la semana y yo soy la que tiene que gestionar todo como responsable del departamento. La verdad es que ya hoy parece que están mejor y el lunes podrán ir al colegio, pero ahora soy yo la que se siente mal. Creo que voy a tener que quedarme en casa unos días.

Por favor, di a las chicas que siento no poder verlas pasado mañana.

María

PREGUNTAS

1. María escribe a Clara para:
   a) Quedar el domingo para comer.
   b) Disculparse por no ir a una cita.
   c) Pedirle ayuda con sus hijos.

2. María escribe el correo:
   a) Un jueves.
   b) Un viernes.
   c) Un sábado.

3. El hijo de María no ha ido al colegio:
   a) Tres días.
   b) Cuatro días.
   c) Cinco días.

4. Los niños de María están en casa con:
   a) La abuela.
   b) Juan.
   c) María.

5. María no puede pedir días porque:
   a) Tiene mucho trabajo.
   b) Su jefa no está.
   c) Se va de viaje.

TAREA 2

A continuación, va a leer ocho anuncios. Después, responda las preguntas, 6-13, marcando la opción correcta, a), b) o c).

Ejemplo   **Texto 0**

Centro de salud

En su centro de salud o centro de atención primaria dispone de un equipo de profesionales (médicos, enfermeros y pediatras) y de administrativos que cuidan de su salud a través de:

- Asistencia diaria en consulta y a domicilio.
- Extracción de sangre en el propio centro.
- Programas de prevención y educación para la salud.
- Atención continuada las 24 horas.

Para más información acuda a la unidad administrativa de su centro de salud con su tarjeta sanitaria.

---

0. El anuncio dice que:
- **a)** Los profesionales no van a casa de los pacientes.
- **b)** Los análisis de sangre se hacen en otro lugar.
- **c)** Este centro no cierra nunca al público.

La opción correcta es la c). En el texto dice atención es continuada 24 horas, es decir, no cierra al público.

Texto 1

Aviso a los padres de niños de 1.º de primaria

El próximo lunes, dentro del programa *Higiene* y *salud*, se va a hacer en la escuela una clase especial sobre higiene bucal. Un dentista va a enseñar a los niños la importancia de la limpieza de los dientes y cómo deben cepillárselos.

Por favor, pongan en la mochila de sus hijos una bolsa con un cepillo y pasta de dientes.

Gracias.

---

6. El tema de la clase especial es:
- **a)** La importancia del trabajo de dentista.
- **b)** La salud de los niños de primaria.
- **c)** Aprender a lavarse bien los dientes.

Texto 2

CLASES DE COCINA
(para padres que trabajan)

Objetivo: aprender a preparar platos sanos, rápidos, baratos y tan fáciles que hasta un niño puede hacerlos.
Horario: viernes tarde (de 16:00 h a 18:00 h) o sábados mañana (de 10:00 h a 12:00 h).
Inscripción en la Casa de la Cultura (solo mayores de 18 años).

---

7. El anuncio dice que:
- **a)** Estas clases son para niños.
- **b)** Hay que ir dos veces a la semana.
- **c)** Hay dos opciones de horario.

Comprensión de lectura

Texto 3

Vida y salud

Celebra el nº 100 de su revista con una edición especial

Además de las secciones habituales, en este número se dedican 50 páginas extra a la dieta mediterránea: su historia y sus ventajas para la salud.

Y por solo 1 € más, puede obtener un interesante libro de recetas de todos los países del Mediterráneo.

8. El anuncio dice que:

   a) Regalan un libro con la revista.

   b) Este número de la revista tiene más páginas.

   c) En la revista hay recetas mediterráneas.

Texto 4

Bebé sano: lo que tienes que saber antes de su nacimiento

de la Dra. Soledad Moreno

Prepara a las parejas para ese momento tan importante.

- La alimentación del bebé.
- La ropa más conveniente.
- Su habitación.
- Cómo formar buenos hábitos.

Con más de cien fotos a todo color.

La doctora Moreno es directora de la clínica pediátrica Ángel de la Guarda y colabora con la Asociación Española Contra el Cáncer (AECC).

9. Este es el anuncio de:

   a) Un programa de radio.

   b) Un libro para padres.

   c) Una clínica infantil.

Texto 5

Los remedios de la abuela. ¡Ahora más cerca de ti!

La mejor tienda de medicina natural abre en el centro comercial Los Condes.

Doce horas a tu servicio (de 9:00 h a 21:00 h), siete días a la semana, para ofrecerte los mejores productos del mercado y con los precios más baratos.

Y cada jueves de 16:00 h a 19:00 h contaremos con la presencia de un especialista que nos hablará sobre diferentes aspectos relacionados con la salud.

10. En esta tienda, los jueves por la tarde puedo:

   a) Consultar sobre problemas de salud.

   b) Escuchar a un especialista de salud.

   c) Comprar los productos más baratos.

Especial DELE A2 Curso completo

Texto 6

Conferencia de D. Pedro Simón
Comida sana: la base de una buena salud

El doctor Simón, especialista en alimentación del Hospital Provincial de Burgos, va a presentar
su libro *Comer bien es un arte*. Seguidamente,
en un *coloquio* se van a contestar las preguntas del público.
Les esperamos el próximo miércoles 17 a las 19:00 h en el salón de actos.
Organiza: la Casa de Cultura de Valdivieso.

11. D. Pedro Simón es:
a) Un cocinero.
b) Un médico.
c) Un artista.

Texto 7

Si necesitas cambiar de centro de salud es importante saber que la ley permite la libre elección de médico en los servicios de atención primaria. Antes de cambiar, infórmate sobre el nuevo centro: profesionales sanitarios, horarios, turnos, etc. Esta información se puede obtener en el mismo centro. En algunas comunidades autónomas (Madrid, País Vasco, o Navarra) existe un buscador vía Internet para localizar los centros.

Recuerda que el sistema sanitario dispone de un servicio de urgencias que prestan los hospitales, así como asistencia médica domiciliaria.

12. Este texto dice que:
a) No es legal cambiar de médico.
b) Hay que informarse antes de cambiar.
c) Se cambia de centro por Internet.

Texto 8

Ayuda para dejar de fumar

Dejar de fumar puede ser complicado, ya que es una adicción. El primer paso, y el más fácil, es reconocer el problema. En España, cada año mueren más de 60 000 personas por consumir tabaco y se calculan al menos 1 228 muertes de no fumadores causadas por el humo.

Los siguientes recursos *on-line* del Ministerio pueden ayudarle:

• Guía *Se puede dejar de fumar*

• Programa para dejar de fumar

• Los exfumadores no abandonan

13. El texto dice que:
a) No es difícil dejar el hábito de fumar.
b) El tabaco afecta también a no fumadores.
c) El Ministerio da cursos para dejar de fumar.

Comprensión de lectura

TAREA 3

A continuación, va a leer tres textos de tres personas que hablan de problemas de salud. Después, relacione las preguntas, 14-19, con los textos, a), b) o c).

	PREGUNTAS	a) Cristina	b) Camila	c) Isabel
14.	¿Quién tiene este problema desde la infancia?		✓	
15.	¿Quién no puede tomar yogur ni queso?	✓		
16.	¿Quién sufre su problema en primavera?			✓
17.	¿Quién no es la única de su familia que tiene ese problema?		✓	
18.	¿Quién quiere cambiar de casa?			✓
19.	¿Quién ha cambiado su forma de comer?	✓		

a) Cristina

Hace poco descubrí que soy intolerante a la lactosa. Notaba que el desayuno me sentaba mal y luego sentía el estómago hinchado como un globo, pero creía que eran nervios. Un día se lo comenté a una compañera de trabajo y me dijo que podría ser algún tipo de intolerancia, así que decidí ir al médico para salir de dudas. Me hicieron unas pruebas y me dijeron que, efectivamente, era intolerante a la lactosa. Al principio fue difícil ya que tuve que cambiar mi dieta completamente, porque no podía tomar ningún tipo de alimento derivado de la leche, pero ahora ya estoy acostumbrada. Sí es verdad que tengo que vigilar mi alimentación y mirar bien la composición de los productos que compro, porque a veces hay lactosa en cosas que no lo esperas.

b) Camila

Mi problema es que tengo el colesterol alto desde que era pequeña. Es algo genético que me viene de parte de mi padre. De hecho, poco tiempo después de saber que yo lo tenía, les hicieron análisis a mis hermanos y encontraron que el pequeño también lo sufría. Nadie piensa que un niño puede tener problemas de colesterol, pero parece que es algo más general de lo que todos creen. Cuando era pequeña, era muy difícil para mí. No comprendía por qué yo no podía tomar las cosas que todos mis amigos comían en las fiestas de cumpleaños, en las Navidades… Yo siempre he tenido que comer diferente, pero ahora es algo normal.

c) Isabel

En general, tengo bastante buena salud, nunca me duele nada y no suelo ir al médico, lo único es que soy alérgica al polen. En cuanto llega marzo me pongo fatal y no se me pasa hasta mayo y, a veces, hasta junio. Estornudo, me pican los ojos, la garganta… No es grave, pero es muy molesto y no me deja hacer mi vida normal. Tengo alergia a varias plantas, pero lo peor es el olivo. Y el problema es que el año pasado pusieron varios en el jardín de la comunidad de vecinos donde vivo. ¡Fue horroroso! Lo pasé tan mal, que estoy pensando buscar otro lugar para vivir, pero los alquileres están muy difíciles. No sé qué voy a hacer…

TAREA 4

A continuación, va a leer una noticia sobre un problema de salud. Después, conteste las preguntas, 20-25, marcando la opción correcta, a), b) o c).

LAS ALERGIAS A LOS ALIMENTOS

Una alergia es un mecanismo de respuesta de nuestro organismo para protegernos de sustancias que se encuentran en algunos alimentos y que pueden ser negativas para la salud.

Cada vez hay un mayor número de personas que las sufren, pero lo más llamativo es que, en los últimos estudios realizados, se ha visto que el número de niños que las padecen va aumentando, quedando la balanza en un 80% de niños y un 20% de adultos.

En el desarrollo de las alergias pueden influir factores genéticos y ambientales. Los especialistas dicen que los bebés que no toman leche materna pueden desarrollar, con el paso del tiempo, algunas alergias.

Las alergias, en un 90% de los casos, están provocadas por un determinado alimento (los huevos, el marisco, la leche, el pescado, etc.) y el único remedio 100% eficaz es no comerlo. Una reacción alérgica puede aparecer desde el mismo momento en que comemos el alimento hasta una hora o dos más tarde y los síntomas pueden ser poco importantes, que es lo más habitual, o reacciones más serias, que en casos extremos, pueden incluso llegar hasta la muerte.

Dependiendo de la edad, las alergias pueden ser permanentes o pueden desaparecer con el paso del tiempo. En el caso de los niños, los alimentos más comunes que causan alergias son los huevos, el trigo, la leche y la soja. Las alergias en los niños tienen una cosa positiva, y es que en muchos casos es posible que si después de la primera reacción alérgica se dejan de tomar los alimentos que han causado esa reacción, con el paso de los años pueden llegar a desaparecer.

En los adultos, los alimentos que más alergia causan son el marisco, los frutos secos y los pescados. En estos casos, al haberse desarrollado en personas adultas, el organismo se va a defender de estos alimentos para siempre, con lo cual la alergia no va a desaparecer nunca.

Si nos encontramos ante una reacción de alergia importante, que puede presentarse con dolores de estómago, desmayos o hinchazón de la boca o garganta, lo primero que deberemos hacer es llamar a la ambulancia. Mientras tanto, debemos acostar a la persona con las piernas levantadas, para facilitar la circulación correcta de la sangre al corazón y a la cabeza.

Adaptado de varias fuentes

PREGUNTAS

20. Este texto podemos encontrarlo en:
    a) Un libro de Ciencias Naturales.
    b) Una revista de salud. ✓
    c) Un libro de recetas de cocina.

21. Según el texto:
    a) Las alergias no son muy frecuentes.
    b) Todas las alergias son iguales. ✓
    c) Hay diferentes tipos de alergias.

22. Las alergias afectan a:
    a) Más niños que adultos.
    b) Menos niños que adultos. ✓
    c) Niños y adultos por igual.

6/6

23. Los bebés que no toman leche materna:
    a) Tienen alergia a la leche de su madre.
    b) Pueden sufrir alergias en el futuro. ✓
    c) Tienen más alergias que otros.

24. Las alergias en los niños:
    a) Son positivas y les ayudan a protegerse.
    b) Pueden desaparecer cuando crecen. ✓
    c) Son peores que en los adultos.

25. Si una persona tiene una reacción alérgica seria:
    a) Se debe pedir ayuda.
    b) No debe darle importancia. ✓
    c) Sufre dolores de cabeza.

Anote el tiempo que ha tardado:

Recuerde que solo dispone de **60 minutos**

Comprensión auditiva

Tiempo disponible para toda la prueba.

Pistas 1-7

TAREA 1

A continuación, escuchará seis conversaciones. Oirá cada conversación dos veces. Después, marque la opción correcta, a), b) o c), para cada pregunta, 1-6. Ahora, va a oír un ejemplo.

Ejemplo

0. ¿Qué va a comprar el chico?

Conversación 0

a)

b)

c)

La opción correcta es la c). Solo va a comprar champú, desodorante y dos cepillos de dientes.

Conversación 1

1. ¿Adónde fue ayer la mujer?

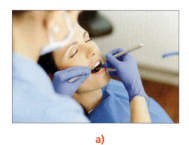

a)

b)

c)

Conversación 2

2. ¿Qué puede comer la mujer?

a)

b)

c)

Conversación 3

3. ¿Qué es lo primero que va a hacer el hombre al volver a casa?

a)

b)

c)

Conversación 4

4. ¿Qué tiene que hacer todavía el hombre?

a)

b)

c)

Conversación 5

5. ¿Qué va a desayunar mañana el hombre?

a)

b)

c)

Conversación 6

6. ¿Qué compra el hombre?

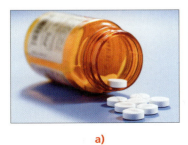
a)

b)

c)

Pistas 8-14

TAREA 2

A continuación, escuchará seis anuncios de radio. Oirá los anuncios dos veces. Después, marque la opción correcta, a), b) o c), para cada pregunta, 7-12. Ahora, va a oír un ejemplo.

Ejemplo

0. Este anuncio habla de:
   a) Bebidas refrescantes.
   b) Medicinas naturales.
   c) Alimentos sanos y naturales.

La opción correcta es la b). Las infusiones son la manera más natural de mejorar tu salud.

PREGUNTAS

7. Las farmacias Cruz Blanca:
   a) Venden medicamentos sin receta.
   b) Tienen medicinas más baratas.
   c) Te llevan las medicinas a casa.

8. En ese anuncio se informa de:
   a) Una oficina para buscar trabajo.
   b) Un centro para hacer ejercicio.
   c) Una escuela para aprender idiomas.

9. Si compro esta revista el domingo:
   a) Me van a dar un regalo.
   b) Voy a pagar menos.
   c) Me dan otra revista.

10. El centro Mandrágora está:
   a) Cerca del mar.
   b) En la playa.
   c) Lejos del mar.

11. El programa *Cocinar es fácil* lo presenta:
   a) Luis Rincón.
   b) Rafael Abasolo.
   c) Un chef vasco.

12. Frescor es una marca:
   a) De perfumería para niños.
   b) De productos para adultos.
   c) Para niños y adultos.

Comprensión auditiva

Pista 15

TAREA 3

A continuación, escuchará una conversación entre dos amigos, Eduardo y Gema. Indique si los enunciados, 13-18, se refieren a Eduardo a), Gema b) o a ninguno de los dos c).

	ENUNCIADOS	a) Eduardo	b) Gema	c) Ninguno de los dos
0.	Ha tenido un niño recientemente.			✓
13.	No ha ido a trabajar dos semanas.			
14.	Ha estado muy nervioso últimamente.			
15.	Ha cambiado de trabajo.			
16.	Tiene que perder peso.			
17.	Practica natación.			
18.	Hace gimnasia.			

La opción correcta es la c). Hablan de una amiga que ha tenido un niño, no de ellos mismos.

Pistas 16-23

TAREA 4

A continuación, escuchará siete mensajes. Oirá cada mensaje dos veces. Después, seleccione el enunciado, a)-j), que corresponde a cada mensaje, 19-25. Hay diez enunciados. Tiene que seleccionar siete. Ahora, va a oír un ejemplo.

	MENSAJES	ENUNCIADO
0.	Mensaje 0	b)
19.	Mensaje 1	
20.	Mensaje 2	
21.	Mensaje 3	
22.	Mensaje 4	
23.	Mensaje 5	
24.	Mensaje 6	
25.	Mensaje 7	

	ENUNCIADOS
a)	Le han cambiado el día.
b)	Prefiere verle otro día.
c)	Ahora no puedo pedir cita.
d)	Ahora no me pueden ayudar.
e)	No está contento con su doctor.
f)	Se puede tener información en Internet.
g)	Mañana no va a ir a trabajar.
h)	Va a ir otra persona.
i)	Ha tenido que llevar a su hijo al médico.
j)	Se lo van a traer.

La respuesta correcta es la b). Dice que no puede quedar el martes y que mejor el miércoles o el jueves.

Anote el tiempo que ha tardado:

Recuerde que solo dispone de **40 minutos**

Sugerencias para los textos orales y escritos

APUNTES DE GRAMÁTICA

- Al hablar de las partes del cuerpo no se usa el pronombre posesivo: *Me duele la cabeza.*
- Para hablar del estado físico usamos:
  - *Doler* + parte del cuerpo: *Me duele la espalda.*
  - *Sentirse/Encontrarse* + adverbio: *Se siente cansada. No me encuentro bien.*
  - *Tener* + sustantivo: *Tengo fiebre.* fever
  - *Estar* + adjetivo: *Estoy cansada.*
- Si queremos hablar del estado físico en el pasado usamos el imperfecto:
  Me dolía la cabeza. Tenía fiebre. Me sentía mal.
- Para expresar la causa usamos *por* y *porque*: *Hago deporte por mi salud.*
  Como verdura porque soy vegetariana.
- Para hablar de planes usamos *ir a* + infinitivo: *Esta noche voy a preparar una cena sana.*

HABLAR DEL ESTADO FÍSICO

- ☐ *Me duele/n la cabeza/las piernas.*
- ☐ *Tengo dolor de espalda.*
- ☐ *Tengo tos, fiebre…*
- ☐ *Estoy cansado/enfermo.*
- ☐ *Me siento mal.*

EXPRESAR OBLIGACIÓN, NECESIDAD

- ☐ *(No) Tiene que tomar estas pastillas.*
- ☐ *(No) Hay que dormir 8 horas diarias.*
- ☐ *(No) Es necesario hacer más ejercicio.*

ACONSEJAR

- ☐ *Puedes preparar una ensalada.*
- ☐ *Tiene/Hay que tomar fruta de postre.*
- ☐ *Es mejor no tomar mucha carne.*
- ☐ *Es necesario/importante/conveniente lavarse los dientes después de comer.*
- ☐ *Coma despacio.*

PRUEBA 3 — Expresión e interación escritas

45 min

Tiempo disponible para toda la prueba.

TAREA 1

Un amigo le ha escrito un breve mensaje para pedirle consejo.

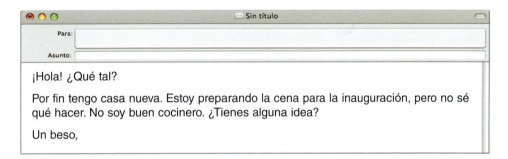

Sin título

Para:

Asunto:

¡Hola! ¿Qué tal?

Por fin tengo casa nueva. Estoy preparando la cena para la inauguración, pero no sé qué hacer. No soy buen cocinero. ¿Tienes alguna idea?

Un beso,

Escriba un correo a su amigo. En él tiene que:

- Saludar.
- Felicitarlo por su nueva casa.
- Aconsejarle un menú simple para la cena.
- Explicarle cómo se prepara uno de los platos.
- Despedirse.

Número de palabras: entre 60 y 70.

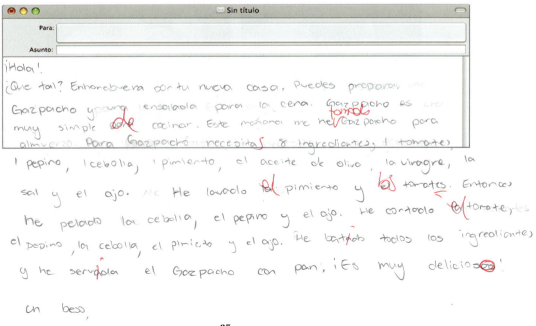

¡Hola!

¿Que tal? Enhorabuena por tu nueva casa. Puedes preparar un Gazpacho y una ensalada para la cena. Gazpacho es muy simple de cocinar. Este mañana me he Gazpacho para almuerzo. Para Gazpacho necesitas 8 ingredientes: tomates, 1 pepino, 1 cebolla, 1 pimiento, el aceite de oliva, la vinagre, la sal y el ajo. Me He lavado el pimiento y los tomates. Entonces he pelado la cebolla, el pepino y el ajo. He cortado los tomates, el pepino, la cebolla, el pimiento y el ajo. He batido todos los ingredientes y he servido el Gazpacho con pan; ¡Es muy delicioso!

un beso,

Eliza Sun

TAREA 2

Elija solo una de las opciones. En cada opción debe tratar todos los puntos.

Opción 1

Usted tiene que escribir un texto sobre una vez que estuvo enfermo. Hable de:

Imperfecto {
- Qué le pasó, qué síntomas tenía. *imperfecto*
- Cómo se sentía. *imperfecto*
- Qué hizo: qué medicinas tomó y a qué médicos fue. *simple*

Indefinido
- Cuánto tiempo tardó en curarse. *simple*

compuesto
- Si ha vuelto a tener el mismo problema.

Opción 2

Alfredo ha cambiado su forma de vivir y alimentarse. Estas son fotos de cómo era su vida antes y cómo es ahora.

Alfredo antes

Cómo comía

Alfredo ahora

Cómo come ahora

Usted tiene que escribir un texto sobre Alfredo en el que debe contar:

- Cómo era su vida antes, qué hacía y cómo comía. *Imperfecto*
- Por qué cambió su modo de vida. *simple*
- Cómo es su vida ahora y cómo come. *presente*

Número de palabras: entre 70 y 80.

Anote el tiempo que ha tardado:

Recuerde que solo dispone de **45 minutos**

PRUEBA 4  **Expresión e interacción orales**

 Tiempo para preparar toda la prueba.

 Tiempo disponible para las 3 tareas.

TAREA 1

MONÓLOGO

Usted tiene que hablar durante 2 o 3 minutos sobre la última vez que practicó una actividad física o deportiva.

INSTRUCCIONES

Durante la presentación debe hablar de:
- Qué actividad física o deportiva practicó.
- La practicó individualmente o en grupo.
- Dónde fue para practicarla.
- Cuánto tiempo estuvo practicándola.
- Cómo se sintió después de practicarla.

Sugerencias

Deporte o actividad física que practicó

- Hace unos días/dos semanas/tres meses…
  - jugué al tenis, al fútbol, al baloncesto…
  - practiqué submarinismo, natación, ciclismo…
- Monté a caballo, en bicicleta cuando…
- Fui a clases de baile, gimnasia, yoga, patinaje…
- Estuve en un club de atletismo, marcha, senderismo…

Lugares para practicar deporte o actividad física

- Polideportivo, centro deportivo, club
- Gimnasio, centro de terapias alternativas
- Piscina al aire libre/cubierta, mar
- Montaña, parque natural, bosque

Cómo se sintió/sentía después

- Me sentí/sentía cansado/a, relajado
- Me sentí/sentía contento/a, bien, sin estrés
- Me cansé mucho
- Me dolía (n) la espalda, las piernas, los pies

97

TAREA 2

DESCRIPCIÓN DE UNA FOTO

Usted tiene que describir la siguiente fotografía durante 2 o 3 minutos.

En la consulta del médico

Ejemplo de preguntas

- ¿Cómo son las personas físicamente? ¿Cómo cree que son de carácter?
- ¿Qué ropa llevan?
- ¿Cómo es el lugar en el que están? ¿Qué objetos hay?
- ¿Qué están haciendo estas personas?
- ¿De qué cree que están hablando?
- ¿Cómo cree que se sienten? ¿Qué están pensando?
- ¿Qué han hecho antes? ¿Qué van a hacer después?

TAREA 3

DIÁLOGO EN UNA SITUACIÓN IMAGINARIA

Usted va al médico porque se siente mal. El examinador es el médico. Hable con él durante 3 o 4 minutos siguiendo estas instrucciones.

CANDIDATO
Durante la conversación tiene que: ■ Explicar los síntomas de su enfermedad. ■ Explicar cuándo empezó a sentirse mal. ■ Preguntar si puede comer de todo. ■ Preguntar si puede hacer ejercicio.

Ejemplo de conversación

1. **Inicio:** se saludan y explica el motivo de la visita
   EXAMINADOR:
   Hola, buenos días/tardes. ¿Dígame?
   CANDIDATO:
   Buenos días/tardes. Hace varios días que…

2. **Fase de desarrollo:** responde a las preguntas del médico sobre los síntomas y desde cuándo se siente así, momentos del día en que se siente peor, alergias…
   EXAMINADOR:
   ¿Desde cuándo se siente así? ¿Qué le duele?
   CANDIDATO:
   Tengo un dolor terrible en…/Me duele mucho…
   EXAMINADOR:
   ¿Y cuándo se siente usted peor? ¿Por la mañana? ¿Por la noche?
   CANDIDATO:
   Pues…
   EXAMINADOR:
   ¿Tiene fiebre?
   CANDIDATO:
   …
   EXAMINADOR:
   ¿Tiene usted alergia a algo? ¿A algún medicamento?
   CANDIDATO:
   ¿Entonces, puedo comer de todo y seguir haciendo ejercicio?

3. **Despedida y cierre:** terminan la conversación y se despiden
   EXAMINADOR:
   Muy bien, pues tómese… y vuelva dentro de dos semanas. Adiós.
   CANDIDATO:
   Mostrar acuerdo y despedirse

99

examen  4

LOS ESTUDIOS Y LA CULTURA

PERSONAS

Alumno/a (el, la)	student
Compañero/a (el, la)	partner
Director/-a (el, la)	Director
Maestro/a (el, la)	Teacher
Tutor/-a (el, la)	Homeroom teacher

ESTUDIOS

Arquitectura (la)	
Arte (el)	
Biología (la)	
Ciencia y Tecnología (la)	
Ciencias (las)	
- Ambientales	
- del Deporte	
- del Mar	
- Políticas	
Derecho (el)	
Enfermería (la)	
Física (la)	
Geografía (la)	
Historia (la)	
Ingeniería (la)	
- Alimentaria	
- Ambiental	
- de Computadoras	
- de Datos	
- de Energía	
- de la Salud	
Informática (la)	
Literatura (la)	
Matemáticas (las)	
Medicina (la)	
Química (la)	
Trabajo social (el)	

MÚSICA

Canción (la)	
Concierto (el)	
Instrumento (el)	
Flamenco (el)	
Guitarra (la)	
Jazz (el)	
Ópera (la)	
Piano (el)	
Pop (el)	
Rock (el)	
Salsa (la)	
Tango (el)	
Violín (el)	
Musical (el)	
Músico (el)	

VARIOS

Academia (la)	
Agenda (la)	
Archivador (el)	
Beca (la)	
Borrador (el)	
Carrera (la)	
Certificado (el)	
Colegio (el)	
Cuaderno (el)	
Departamento (el)	
Diploma (el)	
Escuela (la)	
- de idiomas	
- de ballet	
- de música	
Facultad (la)	
Fotocopiadora (la)	
Hoja (la)	
Impresora (la)	
Laboratorio (el)	
Matrícula (la)	
Programa de curso (el)	
Redacción (la)	
Regla (la)	

ARTES Y CULTURA

Cuadro (el)	
Cuento (el)	
Entrada (la)	
Estatua (la)	
Exposición (la)	
Invitación (la)	
Novela (la)	
Obra de teatro (la)	
Pase (el)	
Poesía (la)	
Programa (el)	

VERBOS

Aprobar	pass
Dar clases	to teach
Dibujar	Draw
Enseñar	Teach
Examinarse	take exam
Hacer	to do / make
- un curso	Take aclass
- una redacción	
Matricularse	register
Memorizar	memorize
Repasar	review
Suspender	fail

1 Utiliza elementos de las tres secciones para formar expresiones relacionadas con los estudios.

a. aprobar
b. pagar
c. hacer
d. aprender
e. estudiar
f. ir
g. dar
h. comprender
i. hablar
j. trabajar

k. cometer
l. preguntar
m. repasar
n. memorizar
ñ. suspender
o. entender
p. saber
q. practicar
r. tener

a
en
con
Ø

un curso • clase • un ejercicio
una pregunta • una redacción
la matrícula • una actividad
la lección • parejas • una regla
los deberes • un compañero
la profesora • buena/mala letra
un error • una fórmula • una unidad
un examen • un dibujo • un diploma

2 Escribe frases con las expresiones de la actividad anterior que te parecen más difíciles.

1. *Cuando no entiendo una regla, pregunto a la profesora* .
2. ....
3. ....
4. ....
5. ....
6. ....

3 Con estas letras forma palabras relacionadas con los estudios y clasifícalas en el lugar adecuado. Puedes repetir las letras.

PERSONAS	LUGARES	OBJETOS
alumno	*aula*	*libro*

4 Identifica y escribe el nombre debajo de cada objeto.

goma • lápiz • papel • pizarra • ordenador • mapa • cuaderno • impresora • bolígrafo • regla

a. ....
b. ....
c. ....
d. ....
e. ....

f. ....
g. ....
h. ....
i. ....
j. ....

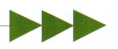

5 **Relaciona.**

> 1. Universidad
>
> 2. Colegio
>
> 3. Instituto

a. Educación infantil   b. Educación primaria   c. Educación secundaria   d. Bachillerato   e. Enseñanza universitaria

6 **Busca el intruso y añade estas explicaciones en su lugar correspondiente.**

1. Es un mueble, pero no se pone en la clase.
2. *No está hecha con papel.*
3. No se estudia en secundaria.

4. No es normal hacerlo en clase.
5. No es un centro de estudio.

a. Cuaderno, libro, goma, agenda. El intruso es ....*goma*.... porque ....*no está hecha con papel*.... .
b. Mesa, silla, estantería, sillón. El intruso es .... porque ....
c. Instituto, escuela, teatro, academia. El intruso es .... porque ....
d. Historia, Derecho, Lengua, Filosofía. El intruso es .... porque ....
e. Repetir, repasar, dormir, preguntar. El intruso es .... porque ....

7 **Completa con estas palabras. Después, contesta según tus clases de español.**

horario
diccionario
actividades
memorizar
pizarra
redacciones
lápiz
errores
grupo
biblioteca

1. Cuando tienes un examen, ¿prefieres estudiar en la .... o en tu casa?
2. En clase, ¿te gusta trabajar solo o en ....?
3. En general, ¿prefieres un .... de mañana o de tarde?
4. Para tomar notas en clase, ¿usas bolígrafo o ....?
5. ¿Copias todo lo que escribe el profesor en la ....?
6. ¿Qué es más difícil para ti, ... las reglas gramaticales o el vocabulario?
7. ¿Te gusta escribir .... en español?
8. ¿Qué tipo de .... te gusta más hacer en clase?
9. ¿Cómo te sientes cuando cometes .... en clase?
10. Cuando lees en español, ¿buscas las palabras que no entiendes en el ....?

8 **Relaciona cada icono con su asignatura.**

1. Educación Plástica y Visual
2. Ciencias Sociales
3. Ciencias de la Naturaleza
4. Lengua y Literatura
5. Matemáticas
6. Tecnología
7. Física
8. Inglés
9. Francés
10. Química
11. Música

> ¿Cuál de estas asignaturas te gustaba más? ¿Cuál menos? ¿En cuáles tenías mejores notas?

9 **¿Qué sabes sobre la educación en España? Marca verdadero o falso. Comprueba en clase.**

1. La educación es obligatoria desde los 4 años.   V   F
2. Existen colegios públicos, privados y concertados.   V   F
3. La educación obligatoria es gratuita.   V   F
4. El bachillerato es la educación secundaria no obligatoria.   V   F
5. Después de la educación obligatoria se puede hacer el bachillerato
   o una formación profesional.   V   F

> ¿Cómo es la educación en tu país?

1 Relaciona estas palabras con su disciplina correspondiente.

1. actor/actriz	2. catedral	3. escuchar	4. dibujo	5. libro	6. invitación	7. entrada	8. novela
9. violín	10. obra	11. musical	12. dibujar	13. fotógrafo	14. leer	15. exposición	16. músico
17. edificio	18. poesía	19. director	20. guitarra	21. pintar	22. tango	23. flamenco	
24. arquitecto	25. pop	26. arte	27. programa	28. foto	29. cuadro	30. *jazz*	31. concierto
32. artista	33. cámara	34. salsa	35. museo	36. piano	37. bailar	38. ópera	
39. escritor	40. canción	41. película	42. cantar	43. pintor	44. *rock*	45. cantante	

Literatura   Pintura   Arquitectura   Música

Fotografía   Baile   Cine   Teatro

2 Busca en la actividad anterior la palabra que corresponde a estas definiciones.

a. Un tipo de película en el que los actores cantan:
....

b. Un lugar donde podemos ver obras de arte:
....

c. Un instrumento musical típico de España:
....

d. Un género musical procedente de Argentina:
....

e. Un edificio religioso:
....

3 Completa la tabla.

a. pintor	pintar	cuadros
b. arquitecto	diseñar	
c.		canciones
d.	dirigir	películas
e. fotógrafo		
f.		novelas
g.	actuar en	

4 Habla sobre la cultura de tu país. Comenta con tus compañeros. ¿Los conocen?

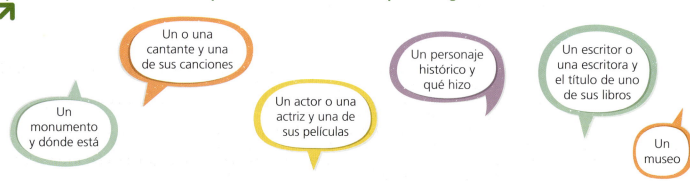

Un o una cantante y una de sus canciones

Un personaje histórico y qué hizo

Un escritor o una escritora y el título de uno de sus libros

Un monumento y dónde está

Un actor o una actriz y una de sus películas

Un museo

5 ¿Qué sabes de la cultura española e hispana? Completa las frases con la palabra correcta de la actividad 1.

a. Shakira es una famosa .... colombiana.
b. La Alhambra es un .... que está en Granada.
c. Gaudí es un .... catalán que diseñó la Sagrada Familia y el Parque Güell.
d. Velázquez es un .... español muy famoso y *Las Meninas* es uno de sus .... más conocidos.
e. Penélope Cruz es una .... española que está casada con el también .... Javier Bardem.
f. Pedro Almodóvar es un .... de cine muy conocido.
g. El Prado es uno de los .... más famosos del mundo.
h. El flamenco es un estilo de .... típico de Andalucía.

6 Relaciona la información anterior con estas imágenes. Escribe los nombres.

1. ....

2. ....

3. ....

4. ....

5. ....

6. ....

7. ....

8. ....

7 Completa este diálogo con algunas de las palabras que has estudiado.

● ¡Hola, Marta! ¿Qué planes tienes para el fin de semana?
○ Pues… No sé… Estaba pensando ir al cine para ver la última .... de Almodóvar.
● ¡Ah! Es que yo ya la he visto.
○ Bueno, pues podemos hacer otra cosa. ¿Alguna idea?
● Me gustaría ver una .... que me han dicho que está muy bien de un pintor del siglo xix… ahora mismo no recuerdo su nombre. Pero tiene unos .... preciosos, está en el .... del Prado.
○ Sí, creo que sé de quién hablas… Por mí, perfecto. ¿Vamos el sábado por la mañana?
● Muy bien, quedamos a las 10:00 y la primera que llegue compra las ....

8 Completa estos datos sobre la cultura española con estas palabras en la forma adecuada.

escritor • catedral • monumento • película • universidad • museo • novela • pintura

1. Cuatro producciones españolas han ganado el Óscar a la mejor .... de habla no inglesa: *Volver a empezar* (1982), *Belle Époque* (1992), *Todo sobre mi madre* (1999) y *Mar adentro* (2004).
2. Dicen que el .... del Prado es el más importante del mundo en .... europea.
3. En Sevilla está la .... gótica más grande del mundo.
4. Cien famosos .... de todo el mundo han elegido el *Quijote* como la mejor .... de la historia.
5. La .... de Palencia es la más antigua de España. Se fundó en 1212.
6. España tiene más de cuarenta .... y lugares Patrimonio de la Humanidad, por eso es el tercer país del mundo con más lugares clasificados como Patrimonio de la Humanidad por la Unesco.

1 Completa estas frases seleccionando la opción correcta. SERIE 1

1. __, perdone. ¿Sabe dónde está la sala de exposiciones Expoarte?
   - a. Oyes
   - b. Oye
   - c. Oiga
2. Sí, claro, __ todo recto. Está al final de esta calle. Puede ir a pie.
   - a. sigue
   - b. siga
   - c. sigues
3. __ los libros que te he dado en la estantería, por favor.
   - a. Pone
   - b. Ponga
   - c. Pon
4. __, ¿puedo ayudarlo?
   - a. Dime
   - b. Me diga
   - c. Dígame
5. Si necesitas información sobre el museo, __ en la web del curso. Allí está todo.
   - a. búscala
   - b. búscale
   - c. búscalo
6. ¡Hola! __. Tengo que terminar el horario. ¿Podéis esperar un segundo?
   - a. Pasen, pasen
   - b. Pasar, pasar
   - c. Pasad, pasad
7. __, ¿no es ese tu nuevo profesor de piano?
   - a. Mira
   - b. Miras
   - c. Mire
8. __ la redacción a la profesora. Tiene que corregirla antes del examen.
   - a. Dala
   - b. Dalo
   - c. Dale
9. Para la clase de dibujo necesitas una regla. __ en una tienda especializada.
   - a. Cómprale
   - b. Cómpralo
   - c. Cómprala
10. ¡Creo que ya has estudiado bastante! __ un poco el fin de semana. Tienes que descansar.
    - a. Sale
    - b. Sales
    - c. Sal
11. ¡__! Os tengo que dar una noticia increíble.
    - a. Escucháis
    - b. Escuchen
    - c. Escuchad
12. ¿Puedes hacerme un favor? __ a la papelería y cómprame un bolígrafo azul.
    - a. Vas
    - b. Ve
    - c. Va

2 Completa estas frases seleccionando la opción correcta. SERIE 2

1. El profesor ha dicho que tenemos __ estos ejercicios para mañana.
   - a. a hacer
   - b. hacer
   - c. que hacer
2. __ idiomas es muy importante para encontrar un buen trabajo.
   - a. Sabiendo
   - b. Saber
   - c. Que sabes
3. Después de __ el concierto, pienso visitar la catedral.
   - a. termino
   - b. terminando
   - c. terminar
4. Sí, esa es mi cámara. __ si quieres.
   - a. La puedes usar
   - b. Puedes la usar
   - c. Puedes usar la
5. Me han dicho que la traducción __ al final de esta semana.
   - a. la hay que terminar
   - b. hay que la terminar
   - c. hay que terminarla
6. Es mejor revisar todas las lecciones antes __ el examen.
   - a. que haces
   - b. de hacer
   - c. a hacer
7. El próximo año tengo __ alemán.
   - a. estudiar
   - b. que estudiar
   - c. a estudiar
8. El próximo año quiero __ alemán.
   - a. estudiar
   - b. que estudiar
   - c. a estudiar
9. El próximo año voy __ alemán.
   - a. estudiar
   - b. que estudiar
   - c. a estudiar
10. ¡Qué problema! El ordenador __ y lo necesito para el trabajo de Literatura.
    - a. estropea
    - b. está estropeado
    - c. es estropeado
11. No puedo prestarte el libro porque __.
    - a. estoy leyendo lo
    - b. estoy lo leyendo
    - c. lo estoy leyendo
12. Me encanta __, pero este año no es posible.
    - a. viajar
    - b. viajo
    - c. viajando

3 Completa estas frases seleccionando la opción correcta. **SERIE 3**

1. En España __ gente va a conciertos al aire libre.
   a. mucho b. muchos c. mucha
2. El actor principal es el hombre __ lleva gafas.
   a. el que b. quien c. que
3. El instituto de __ está cerca de casa, así que pueden ir andando.
   a. hijos míos b. mis hijos c. hijos de mí
4. La conferencia __ ha sido muy interesante.
   a. de hoy b. a hoy c. para hoy
5. Para el examen de mañana tenemos que estudiar __ lecciones.
   a. demasiados b. tantos c. muchas
6. __ mucho las exposiciones de fotografía.
   a. Me intereso b. Me interesa c. Me interesan
7. Pienso que la gramática inglesa no es __ complicada como la española.
   a. tan b. tanto c. tanta
8. Tienes razón. Los tiempos verbales son menos complicados __ los españoles.
   a. como b. de c. que
9. Sí, pero las preposiciones son __ difíciles.
   a. un poco de b. pocas c. un poco
10. ¡Estoy de acuerdo! Para mí, lo más difícil del inglés son los verbos __ preposición.
    a. de b. Ø c. con
11. Me ha encantado el concierto. ¡__ buenos son esos músicos!
    a. Qué b. Cuánto c. Cómo
12. ¿Esta entrada de cine es __?
    a. de tuya b. tuya c. de ti

4 Completa estas frases seleccionando la opción correcta. **SERIE 4**

1. ¿El aula multimedia? Está en la 1.ª planta. Sube las escaleras o mejor __ el ascensor.
   a. tome b. toma c. tomad
2. ¿Has terminado el trabajo de Historia? __ antes de entregarlo.
   a. Lo repasa b. Repásale c. Repásalo
3. ¿Te acuerdas de que hay __ pagar la matrícula del curso antes del viernes?
   a. a b. de c. que
4. El curso de pintura ya está __. Ahora solo tengo que elegir el horario.
   a. pagado b. pagando c. pagar
5. Creo que __ del año pasado era mejor que este. ¿Qué piensas tú?
   a. el profesor de nosotros b. nuestros profesor c. nuestro profesor
6. Pues yo creo que la profesora __ es muy buena.
   a. de histórica b. Matemáticas c. de Literatura
7. Estoy __ piano por las tardes. ¡Me encanta!
   a. estudiado b. estudiando c. estudio
8. ¿Sí? Pues yo __. ¿Es muy difícil?
   a. quiero lo estudiar b. lo quiero estudiar c. quiero estudiar lo
9. La noche __ examen dormí muy mal.
   a. antes b. antes al c. antes del
10. Todos los años después __ el curso hacemos una fiesta.
    a. de terminar b. terminando c. terminamos
11. Ese es mi portátil. __ si lo necesitas.
    a. Puedes usar b. Puedes usarlo c. Puedes usarla
12. Creo que __ es muy importante para aprender bien una lengua.
    a. practicando b. practicas c. practicar

1 SERIE 1

→ Elige la opción correcta y completa el cuadro de funciones con las fórmulas correspondientes.

1. Para aprender bien un idioma hay __ ir al país.
   a. de   b. que   c. Ø

2. ¿Puedes __ el volumen? Es que estoy estudiando.
   a. bajas   b. baja   c. bajar

3. Para el examen de mañana, __ bien los verbos y el vocabulario.
   a. aprende   b. aprendéis   c. aprendes

4. ¿Tienes un momento? ¿__ con este ejercicio?
   a. Ayúdeme   b. Me ayuda   c. Me ayudas

5. ¡No entiendo nada! ¿Puedes __ tú?
   a. explicármelo b. me lo explicar c. me lo explicas

6. __, pero espera un momento. Tengo que terminar una cosa.
   a. Vales   b. Valga   c. Vale

7. –¿Vienes mañana para ayudarme con la gramática?/–__. ¿A qué hora?
   a. No, nunca   b. Lo siento   c. Sí, claro

8. –¿Mañana puedes llegar antes?/–__, pero me voy antes.
   a. No   b. Bueno   c. Lo siento

9. –¿Me ayudas __ traducir este texto?/–Bueno, no sé…
   a. a   b. en   c. con

10. –¿Me dejas tu diccionario?/–__, lo necesito yo.
   a. Claro   b. Lo siento   c. Sí

11. –¿Vamos esta tarde al cine?/–__. Tengo clase de francés.
   a. No puedo   b. Sí, claro   c. Vale

12. –¿Vienes a mi casa y estudiamos juntas?/–__ ¡Siempre voy yo a tu casa! ¡Ven tú a la mía!
   a. Muy bien   b. Bueno   c. ¡No quiero!

Tu listado

a. Dar una orden o instrucción
Tienes que estudiar más.
1. ....
2. ....
3. (imperativo)......................................

b. Pedir ayuda
¡Socorro!
4. ....
5. ....

c. Responder a un ruego accediendo o eludiendo el compromiso
Sí, sí, claro.
6. ....
7. ....
8. ....
9. ....

d. Responder a un ruego negándose de forma cortés
Lo siento, es que…
10. ....
11. ....

e. Responder a un ruego negándose de forma tajante
No puedo.
12. ....

2 SERIE 2

→ Elige la opción correcta y completa el cuadro de funciones con las fórmulas correspondientes.

1. ¿Vas a la biblioteca? ¿Me __ un diccionario de español?
   a. compras   b. das   c. traes

2. ¿Me __ una hoja de papel? He olvidado mi cuaderno en casa.
   a. das   b. tienes   c. vendes

3. ¿Puedes __ un bolígrafo también?
   a. me dejas   b. dejarme   c. dejar

4. __, pero solo tengo uno rojo. El azul lo estoy usando yo.
   a. Claro que no b. Vale   c. No puedo

5. –¿Puedo usar tu goma?/–__.
   a. Sí, claro   b. No, claro   c. Claramente

6. –¿Puedo usar tu calculadora?/–__, pero rápido. La necesito yo.
   a. Lo siento   b. No   c. Bueno

7. –¿Me dejas ese CD?/–__, es que no es mío.
   a. No sé   b. Claro   c. Sí

8. –¿Puedes dejarme tu móvil?/–__, no sé… no tengo batería.
   a. Sí, puedo   b. Bueno   c. No puedo

9. –¿Me dejas tus notas de clase?/–Lo siento, __ las necesito yo.
   a. porque   b. pero   c. no

10. –¿Vas a salir? ¿Me compras un boli?/–No puedo, __.
   a. ¿de qué color? b. es que es tarde c. vale

11. –Me voy de viaje. ¿Puedo llevarme tu cámara?/–__ Tú nunca me dejas nada.
   a. ¡No quiero! b. No puedo. c. Claro, cógela.

12. –¿Puedes comprar tú las entradas del concierto?/–__.
   a. No puedes b. No puedo c. Puedes

Tu listado

f. Pedir un favor y pedir objetos
Un café, por favor.
1. ....
2. ....
3. ....

g. Responder a una petición accediendo o eludiendo el compromiso
Sí, sí.
4. ....
5. ....
6 ....
7. ....
8. ....

h. Responder a una petición negándose de forma cortés
Lo siento.
9. ....
10. ....

i. Responder a una petición negándose de forma tajante
No.
11. ....
12. ....

3 SERIE 3

Elige la opción correcta y completa el cuadro de funciones con las fórmulas correspondientes.

1. ¿Se __ utilizar el diccionario en el examen?
  a. puedo   b. puedes   c. puede

2. ¿Puedo __ buscar algo en tu tableta? Es solo un momento.
  a. Ø   b. de   c. que

3. __, claro. Está sobre la mesa.
  a. No   b. Lo siento   c. Sí

4. –Tengo mucho calor, ¿puedo abrir la ventana?–Sí, sí, __.
  a. la abro   b. ábrela   c. la abres

5. –¿Puedo usar tu lápiz?–__, claro, úsalo.
  a. Sí   b. No   c. Depende

6. –¿Puedo pasar?–__, pasa, pasa.
  a. Sí   b. No   c. Depende

7. –¿Puedo abrir la puerta?–__ solo un rato, es que hay ruido.
  a. No, lo siento   b. No,   c. Vale, pero

8. –¿Puedo ir al baño?–No, no __ salir durante el concierto.
  a. me puedo   b. te puedes   c. se puede

9. –¿Puedo usar tu portátil?–No, __. Usa el tuyo.
  a. perdonas   b. perdona   c. perdone

10. –¿Puedo subir el volumen de la televisión?–__.
  a. Sí, claro, bájalo   b. No, súbelo   c. No, estoy estudiando

11. –¿Podemos hacer una foto?–Lo siento, está __.
  a. mal   b. permitido   c. prohibido

12. –¿Puedo llevarme el libro?–No, __ prohibido sacarlo de clase.
  a. es   b. Ø   c. está

Tu listado

j. Pedir permiso
  –¿Se puede?/–Sí, pasa.
  1. ....
  2. ....

k. Dar permiso
  Sí.
  3. ....
  4. ....
  5. ....
  6. ....

l. Dar permiso con objeciones
  7. ....

m. Denegar permiso
  No.
  8. ....
  9. ....
  10. ....
  11. ....
  12. ....

4 Corrección de errores

Identifica y corrige los errores que contienen estas frases. Puede haber entre uno y tres en cada una.

  a. Perdone, ¿puedes ayudar me a hacer este ejercicio?
  b. Mejor pregúntalo al profesor, yo no entiendo también.
  c. Esta tarde no voy salir. Tengo que estudio para el examen de mañana.
  d. Voy en la biblioteca porque prefiero de estudiar allí.
  e. ¿Juan? Está estudiado. Es mejor llamarle en la tarde.
  f. El profesor ha dicho que hay de practicar muchos los verbos.
  g. Me interesa mucho las temas culturales.
  h. ¿Puedes me ayudar hacer el trabajo de historia?
  i. Después acabo la clase, voy a tomar un café con los compañeros.
  j. Me siento, no puedo de ayudarte. Tengo mucho trabajo.

5 Uso de preposiciones

Tacha la opción incorrecta en estas frases.

  a. ¿Vas *a/Ø* presentarte al examen?
  b. Ayer no vine *en/a* clase porque me dolía la cabeza.
  c. Yo prefiero estudiar *por/para* la noche.
  d. Está prohibido *Ø/de* sacar los diccionarios de la biblioteca.
  e. El libro que buscas está *en/a* la biblioteca.
  f. Voy a ir *en/a* una exposición de instrumentos musicales antiguos.
  g. Tienes que reservar la entrada antes *Ø/de* ir a la taquilla.
  h. El próximo año quiero *a/Ø* aprender baile moderno.
  i. Tengo que comprar un diccionario *de/en* español. ¿Conoces alguno bueno?
  j. Tengo que leer un libro *de/en* español para la clase de Literatura. ¿Cuál me recomiendas?

PRUEBA 1 — Comprensión de lectura

Tiempo disponible para toda la prueba.

TAREA 1

A continuación, va a leer el correo que Mónica ha enviado a Ricardo. Después, conteste las preguntas, 1-5, marcando la opción correcta, a), b) o c).

Para: Ricardo

Asunto: Londres

¡Hola, Ricardo!

¡Por fin! Te escribo desde Londres. Estoy en esta ciudad desde el 1 de junio. Tenía muchas ganas de estar aquí. No puedo contarte mucho. Vivo con una familia inglesa en una casa muy típica. Es como un chalé y es preciosa. Muy cómoda. Tiene un pequeño jardín con flores de muchos colores y es que, a Emma, la madre, le encantan las flores. Mi habitación es preciosa. El único problema es que no está muy cerca de la escuela.

La familia es muy agradable: los padres son encantadores. Ya te he dicho que la madre se llama Emma y que le gusta mucho trabajar en su jardín, y el padre se llama Brian y es abogado. Tienen dos hijas, Sarah y Susan. Susan es más o menos de mi edad y siempre está muy ocupada. Ha empezado a trabajar en una librería y tiene un horario terrible. Sarah es un poco menor, pero ya somos muy amigas y muchas veces salgo con ella y su grupo los fines de semana, así practico mi inglés no solo en clase. ¡Ah! Y tienen un perro precioso, se llama Momo. Me encanta. Juego mucho con él.

Sobre las clases te puedo decir que son divertidas y hay gente de todo el mundo, así que es muy interesante, pero tengo que trabajar bastante todos los días, porque nos ponen muchos ejercicios. Además, como los grupos son pequeños, tenemos que hablar todo el tiempo.

Otra cosa buena de la escuela es que hay actividades culturales: el mes pasado estuvimos en Bath y Stonehenge; este mes vamos a ir a Oxford y el último mes vamos a hacer un viaje al norte de Inglaterra.

Te veo a mi vuelta, en septiembre. Un beso,
Mónica

PREGUNTAS

1. Mónica ha ido a Londres para:
   a) Aprender inglés.
   b) Conocer el país.
   c) Cuidar a unas niñas.

2. Mónica va a estar en Inglaterra:
   a) Un año.
   b) Un mes.
   c) Tres meses.

3. El problema de la casa es que:
   a) Está lejos del centro de estudios.
   b) Es pequeña para cinco personas.
   c) Es fea aunque tiene jardín.

4. Mónica dice de Sarah que:
   a) Es mayor que ella.
   b) Es más pequeña.
   c) Tienen la misma edad.

5. Mónica dice que:
   a) En su clase hay muchos estudiantes.
   b) Sus compañeros hablan demasiado.
   c) Se practica mucho en clase.

Especial DELE A2 Curso completo

TAREA 2

A continuación, va a leer ocho anuncios. Después, responda las preguntas, 6-13, marcando la opción correcta, a), b) o c).

Ejemplo   **Texto 0**

Universia

Centro examinador de exámenes DELE y prueba CCSE

Organiza también cursos de preparación del DELE A2 específicos para la obtención de la nacionalidad.

Ofrece, además, cursos intensivos (4 lecciones/día). Todos los niveles.

Consulta el horario de los cursos en secretaría (de 8:00 a 13:00)

Precio: 75 € (4 semanas) o 200 € (12 semanas).

La inscripción a la prueba CCSE y a los exámenes DELE se realiza en Internet en la página oficial del Instituto Cervantes.

0. El anuncio dice que:
- **a)** Esta escuela solo prepara el DELE A2.
- **b)** Solo hay cursos por la mañana.
- **c)** No hacen la inscripción a los exámenes.

La opción correcta es la c). La inscripción se realiza en la página oficial del Instituto Cervantes.

Texto 1

CONCURSO DE PINTURA

La universidad de mayores de Alcobendas invita a todos sus alumnos (mayores de 60 años) a participar en el III Concurso de pintura de primavera.
- El tema es libre y puede usarse cualquier técnica.
- El dibujo debe realizarse en el aula en presencia de un profesor.
Premio: material de pintura valorado en 100 €. El plazo termina el 15 de mayo.

6. En este concurso:
- **a)** Hay que pintar algo relacionado con la primavera.
- **b)** Solo pueden participar alumnos de más de 60 años.
- **c)** Hay que pagar cien euros para poder participar.

Texto 2

Una nueva edición de Pinta Malasaña volverá a celebrarse el 9 de junio

¡No pierdas la oportunidad y mándanos tu proyecto hasta el 31 de marzo!

En la edición del pasado año hubo más de 30 000 visitantes y participaron más de 100 artistas.

Los artistas participantes recibirán un *pack* de materiales valorado en 200 € y tienen la oportunidad de recibir uno de los tres premios dados por un jurado independiente.

7. Esta noticia dice que:
- **a)** El concurso va a ser el 31 de marzo.
- **b)** Para participar hay que enviar un proyecto.
- **c)** Los ganadores van a recibir 200 euros.

Texto 3

El grupo de teatro clásico Siglo de Oro presenta

Los balcones de Madrid, de Tirso de Molina
"Una muestra del feminismo de nuestros clásicos"

**De martes a sábado a las 20:00 h. Miércoles 25% de descuento.
Reservas en www.telentrada.com
(mayores de 16 años).**

8. La obra que se anuncia en la cartelera:
- **a)** No se puede ver el miércoles.
- **b)** Se puede ver toda la semana.
- **c)** No la pueden ver los niños.

Texto 4

Si no encuentra el libro de texto que necesita, venga a la librería especializada Magallanes

Más de 30 años vendiendo libros de primaria y secundaria a estudiantes.
No espere al último minuto para tener los libros de sus hijos. Resérvelos en junio y consiga un descuento del 5%.
Vale descuento en material escolar por la reserva de libros para dos o más cursos.
Abrimos los sábados hasta las 13:00 h.

9. En esta librería:
- **a)** Todos los libros son más baratos.
- **b)** Regalan el material escolar.
- **c)** Solo venden libros de texto.

Texto 5

Instrucciones para solicitar ayudas de estudios:
- *Los impresos deben descargarse de la página web.*
- *Todas las solicitudes se deben presentar en el pabellón de alumnos.*
- *La solicitud de ayuda se debe entregar después de hacer la matrícula: el mismo día o durante los dos días siguientes.*

Si necesita alguna aclaración más, escríbanos a la dirección de correo electrónico que la universidad facilita a sus alumnos. En el asunto debe indicar el motivo de su correo.

Universidad Popular

10. Si necesito información sobre estas ayudas, tengo que:
- **a)** Visitar la sección de ayudas de su página web.
- **b)** Pedirla a través del correo electrónico.
- **c)** Ir al pabellón de alumnos de la universidad.

Especial DELE A2 Curso completo

Texto 6

La escuela municipal de música Allegro quiere acercar la música a todos a través de diferentes áreas:

- Música y movimiento: para sensibilizar a los más pequeños (de 4 a 6 años).
- Enseñanza instrumental: amplia variedad de instrumentos (a partir de 6 años).
- Agrupaciones: disfrutar la música como lugar de encuentro (todas las edades).

Al final de cada curso, los alumnos ofrecen un concierto para mostrar lo que han aprendido.

11. Según el anuncio, en esta escuela:
- **a)** Hay conciertos infantiles de música y movimiento.
- **b)** Solo estudian instrumentos los mayores de 6 años.
- **c)** Los alumnos pueden escuchar conciertos.

Texto 7

Becas y ayudas

¿Qué becas y ayudas puedo solicitar para mis estudios universitarios?

Para estudios en una universidad catalana podéis optar a:

– Beca de carácter general del Ministerio de Educación y Formación Profesional
– Beca Equidad (para esta beca es necesario estudiar en una universidad pública de Cataluña)

Ambas becas se convocan cada curso académico y debéis solicitarlas cada año en el plazo establecido. En caso de recibir ambas becas, solamente podréis beneficiaros de una de las dos. La otra queda sin efecto.

12. El anuncio dice que:
- **a)** Estas ayudas son solo para estudiantes catalanes.
- **b)** Estas becas son únicamente para este año.
- **c)** No puedo tener las dos becas al mismo tiempo.

Texto 8

Colegio Quevedo

Con motivo del Día de la Tierra, el centro ha organizado diversas actividades extraescolares para todos:

- Los alumnos de Primaria van a pintar un póster con el título: *Reciclar es importante* (los niños deben traer ropa apropiada).
- Los alumnos de 1.º y 2.º de ESO van a hacer una excursión (de carácter voluntario) al Parque Natural de Navafría. (Deberán llevar sus propios bocadillos, el agua la proporciona el colegio).

La dirección

13. El anuncio dice que:
- **a)** Los alumnos van a reciclar ropa.
- **b)** Las actividades son obligatorias.
- **c)** A la excursión hay que llevar comida.

TAREA 3

A continuación, va a leer tres textos de tres personas que hablan de cómo decidieron sus estudios. Después, relacione las preguntas, 14-19, con los textos a), b) o c).

	PREGUNTAS	a) Paula	b) Maite	c) Violeta
14.	¿Quién decidió sus estudios por tradición familiar?			
15.	¿Quién encontró a su pareja en la universidad?			
16.	¿Quién cree que no fue una buena decisión?			
17.	¿Para quién fue difícil decidir?			
18.	¿Quién piensa estudiar otra carrera?			
19.	¿Quién no tiene su titulación todavía?			

a) Paula

Cuando estaba en el instituto no tenía muy claro qué quería ser en el futuro. A veces quería ser profesora, como mi madre. Otras veces pensaba que lo mejor era estudiar arquitectura, como mi hermano mayor. Pero la verdad es que no me gustaba ninguno de los dos trabajos. Recuerdo que solo quedaba un día para terminar el plazo de matrícula y todavía no sabía qué hacer. Estaba muy nerviosa y encendí la televisión. Estaban poniendo un documental sobre psicología que me pareció muy interesante y pensé que eso es lo que quería estudiar. Y la verdad es que estoy muy contenta con mi decisión. Me encanta mi trabajo y además, en la universidad conocí a Andrés, mi marido…

b) Maite

Yo no tuve que pensar mucho para elegir mis estudios. Tanto mi padre como mi madre son médicos, mi abuelo era médico, mi hermano mayor ha estudiado Medicina… Desde pequeña tenía muy claro lo que iba a ser. Así que la decisión fue fácil. Lo que no sabía muy bien es qué especialidad elegir. Mi padre es traumatólogo y mi madre, oftalmóloga, y cada uno tiene su propia clínica. Lo lógico era seguir una de esas dos especialidades, pero después de mucho pensar, decidí que quería ser pediatra. Siempre me han encantado los niños. La semana que viene me examino de la última asignatura.

c) Violeta

Desde que estábamos en el colegio mi amiga Rosa y yo decidimos que queríamos ser periodistas. Siempre jugábamos a que éramos reporteras en países lejanos, que ayudábamos a la policía a descubrir crímenes… Nuestra idea del periodismo era la de las series de televisión. Así que, cuando terminamos el bachillerato nos matriculamos en Ciencias de la Información. Muy pronto vi que aquello no me gustaba y que fue una idea estúpida. Durante el tercer curso hablé con mis padres y me dijeron que lo mejor era acabar y luego pensar en estudiar otra cosa. Este año he terminado el último curso y me voy a matricular en Ingeniería Informática.

Especial DELE A2 Curso completo

TAREA 4

A continuación, va a leer una noticia sobre una exposición en el Museo del Prado. Después, conteste las preguntas, 20-25, marcando la opción correcta, a), b) o c).

SOROLLA EN EL PRADO

Entre el 26 de mayo y el 6 de septiembre, se puede ver, en el Museo del Prado, la exposición de Joaquín Sorolla.

Organizada con la colaboración de Bancaja, se trata de la mayor y más importante exposición antológica que se ha dedicado nunca a Joaquín Sorolla, el pintor español más famoso internacionalmente del siglo XIX.

Entre los 102 cuadros reunidos, se incluyen todas las obras maestras del artista, procedentes de diferentes museos y colecciones. Como es lógico, en la exposición también se pueden ver los cuadros del artista que se conservan en el Museo del Prado.

Esta exposición es irrepetible por el gran número de obras maestras del artista reunidas, entre las que destacan los catorce monumentales paneles de *Las visiones de España*, pintados por Sorolla para la Hispanic Society of America de Nueva York, desde donde han viajado por vez primera en su historia gracias al acuerdo de Bancaja con la Hispanic.

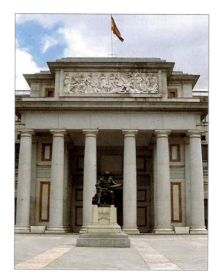

Debido a su gran importancia y tamaño, estas obras ocupan una sala completa de las cuatro en las que se presenta la exposición.

Durante los últimos años, la figura de Sorolla ha sido objeto de atención, pero desde la exposición dedicada al artista que se celebró en 1963 en las salas del Casón del Buen Retiro, no se había hecho ninguna de estas características.

La exposición tiene una organización temática para resaltar la importancia de diferentes temas a lo largo de la carrera del artista. Por ejemplo, en un mismo espacio se han reunido los cuadros de pintura social que le dieron tanta fama al final del siglo XIX, entre los que destaca *La vuelta de la pesca* (1894), procedente del Musée d'Orsay de París o *Cosiendo la vela* (1896), de la Galleria Internazionale d'Arte Moderna de Venecia.

A continuación, un gran conjunto de retratos indica la influencia de Velázquez en sus composiciones durante los primeros años del siglo XX.

En otro lugar se exhiben sus mejores escenas de playa, pintadas en 1908 y 1909.

El catálogo de la exposición, con edición en español y en inglés, tiene más de quinientas páginas y muchas ilustraciones a todo color. Incluye, además, cuatro ensayos realizados por los principales expertos en la obra del artista. Se puede comprar *on-line*, a través de la Tienda Prado en Internet, www.tiendaprado.com, con un 5% de descuento sobre el precio de las tiendas del museo.

Adaptado de varias fuentes

PREGUNTAS

20. Los cuadros que se pueden ver en esta exposición:
   a) Son todos del Museo del Prado.
   b) Vienen de diferentes lugares.
   c) Los han traído desde Nueva York.

21. La noticia dice que:
   a) Esta es la primera exposición que se ha hecho de Sorolla.
   b) Solo ha habido una exposición de Sorolla como esta antes.
   c) Nunca se ha dado mucha importancia a la obra de Sorolla.

22. Los catorce paneles de *Las visiones de España*:
   a) Solo se pueden ver en Estados Unidos.
   b) Por primera vez salen de la Hispanic Society.
   c) Han sido comprados por Bancaja.

23. La exposición ocupa:
   a) Todo el museo.
   b) Cuatro salas del museo.
   c) Una sala completa del museo.

24. La noticia dice que:
   a) Sorolla siempre pintaba el mismo tema.
   b) Los cuadros sociales hicieron famoso a Sorolla.
   c) Sorolla pintó varios retratos de Velázquez.

25. El catálogo de la exposición:
   a) Se compra en el museo y por Internet.
   b) Es más barato en las tiendas.
   c) Tiene quinientas fotografías.

Anote el tiempo que ha tardado:

Recuerde que solo dispone de **60 minutos**

Especial DELE A2 Curso completo

PRUEBA 2

Comprensión auditiva

40 min

Tiempo disponible para toda la prueba.

Pistas 1-7

TAREA 1

A continuación, escuchará seis conversaciones. Oirá cada conversación dos veces. Después, marque la opción correcta, a), b) o c), para cada pregunta, 1-6. Ahora, va a oír un ejemplo.

Ejemplo

Conversación 0

0. ¿Adónde van a ir? *where did they go?*

a)

b)

c)

La opción correcta es la c). Deciden ir al concierto.

Conversación 1

1. ¿Qué compra la mujer?

(a)

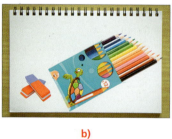
b)

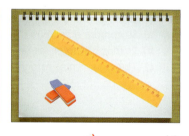
c)   *reglo*

Conversación 2

2. ¿Qué van a hacer primero?

a)

b)

(c)

Comprensión auditiva

Conversación 3

3. ¿Qué examen tiene que <u>hacer todavía</u>? → have not done

a)

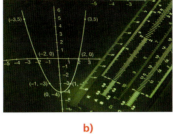
b)

c)

Conversación 4

4. ¿A qué espectáculo va a ir la mujer?

a)

b)

c)

Conversación 5

5. ¿Qué quiere estudiar el hijo del hombre?

a)

b)

c)

Conversación 6

6. ¿Qué exposición va a ver el hombre?

a)

b)

c)

Pistas 8-14

TAREA 2

A continuación, escuchará seis anuncios de radio. Oirá los anuncios dos veces. Después, marque la opción correcta, a), b) o c), para cada pregunta, 7-12. Ahora, va a oír un ejemplo.

Ejemplo

0. Para tener el libro de regalo hay que:
  a) Comprar algo en la librería.
  b) Escribir una redacción.
  c) Ganar un concurso de fotos.

La opción correcta es la b). Dice que van a regalar un libro a los participantes en un concurso de escritura.

PREGUNTAS

7. Esta papelería hace un descuento a:
  a) Los arquitectos.
  b) Los que cumplen 25 años.
  c) Los alumnos de Arquitectura.

8. La obra de la que habla el anuncio es:
  a) Romántica.
  b) Cómica.
  c) Dramática.

9. Después de hacer este curso:
  a) Se puede hacer un examen oficial.
  b) Se va a la Escuela Oficial de Idiomas.
  c) Se puede hacer otro curso.

10. Esta es una colección de libros:
  a) Para toda la familia.
  b) Para aprender español.
  c) De literatura infantil.

11. Esta revista:
  a) Cuesta tres euros.
  b) Sale una vez a la semana.
  c) Contiene fotos en color.

12. Esta escuela es:
  a) Para niños menores de seis años.
  b) Para niños con problemas.
  c) De formación de maestros.

4

Pista 15

TAREA 3

A continuación, escuchará una conversación entre dos amigos, Andrés y Rocío. Indique si los enunciados, 13-18, se refieren a Andrés a), Rocío b) o a ninguno de los dos c).

ENUNCIADOS	a) Andrés	b) Rocío	c) Ninguno de los dos
0. Suele ser impuntual.		✓	
13. Prefiere otro estilo de pintura.			
14. Es la segunda vez que ve esta exposición.			
15. Ha estado recientemente en Estados Unidos.			
16. No tiene que pagar por la entrada.			
17. Va a comprar algo.			
18. Va a ir al cine por la tarde.			

La opción correcta es la b). Dice que normalmente es ella la que hace esperar a Andrés.

Pistas 16-23

TAREA 4

A continuación, escuchará siete mensajes. Oirá cada mensaje dos veces. Después, seleccione el enunciado, a)-j), que corresponde a cada mensaje, 19-25. Hay diez enunciados. Tiene que seleccionar siete. Ahora, va a oír un ejemplo.

MENSAJES	ENUNCIADO
0. Mensaje 0	e)
19. Mensaje 1	
20. Mensaje 2	
21. Mensaje 3	
22. Mensaje 4	
23. Mensaje 5	
24. Mensaje 6	
25. Mensaje 7	

ENUNCIADOS	
a)	No se puede tener el teléfono conectado.
b)	Están de vacaciones.
c)	No va a verle.
d)	Puede ir el fin de semana.
e)	No le ha gustado.
f)	Van a viajar juntos.
g)	No cierran a mediodía.
h)	No es posible hacerlo.
i)	Prefiere comprar otro.
j)	Pide un favor.

La opción correcta es la e).
Dice que le ha parecido aburrido
y peor que sus novelas anteriores.

Anote el tiempo que ha tardado:

Recuerde que solo dispone de **40 minutos**

Especial DELE A2 Curso completo

Sugerencias para los textos orales y escritos

APUNTES DE GRAMÁTICA

■ Para hablar de cosas que hemos hecho reciente o últimamente usamos el pretérito perfecto compuesto: *Últimamente he estado muy ocupado. He viajado recientemente con mi familia.Hace poco he tenido vacaciones.*

■ Para hablar de un momento concreto en el pasado usamos el pretérito perfecto simple: *La semana pasada estuve en el museo. El lunes vi una exposición.*

■ Algunos participios irregulares: *hecho, dicho, puesto, visto, escrito.*

■ Para valorar se usa *muy, bastante, un poco: Las clases de ciencias son muy interesantes.*

■ Para expresar finalidad usamos *para: Estudio español para trabajar en Málaga.*

■ Para preguntar por cosas de la misma categoría usamos *qué* + sustantivo y *cuál* + verbo: *¿Qué libros prefieres? ¿Cuál te gusta más?*

ACEPTAR UNA INVITACIÓN

☐ ¡Qué buena idea lo de ir a la Feria del Libro!
☐ Me parece muy bien ese espectáculo.
☐ Me encanta la idea.

OPINAR Y VALORAR

☐ *Sus libros son interesantes.*
☐ *Escribe muy bien.*
☐ *Es muy divertido.*
☐ *Me gustan los personajes.*
☐ *Sus historias son de misterio.*
☐ *Me pareció un libro interesante, divertido…*

ADJETIVOS PARA DESCRIBIR

☐ *Divertido/aburrido*
☐ *Interesante*
☐ *Importante*
☐ *Actual*
☐ *Triste/alegre*
☐ *Antiguo/moderno*

QUEDAR

☐ *¿Dónde y cuándo quedamos?*
☐ *¿Quedamos a las 18:00 en la boca del metro?*
☐ *¿Por qué no quedamos para ir juntas?*
☐ *¿Te viene bien quedar a las 10 en la biblioteca?*

PRUEBA 3

Expresión e interación escritas

45 min

Tiempo disponible para toda la prueba.

TAREA 1

Usted ha recibido un correo electrónico de un amigo proponiéndole ir a la Feria del Libro.

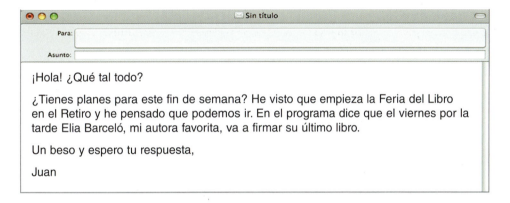

○○○   ✉ Sin título

Para:

Asunto:

¡Hola! ¿Qué tal todo?

¿Tienes planes para este fin de semana? He visto que empieza la Feria del Libro en el Retiro y he pensado que podemos ir. En el programa dice que el viernes por la tarde Elia Barceló, mi autora favorita, va a firmar su último libro.

Un beso y espero tu respuesta,

Juan

Escriba un correo a su amigo. En él tiene que:

- Saludar.
- Explicar a su amigo qué ha hecho últimamente.
- Aceptar su invitación.
- Decir que a usted también le gusta esa autora y por qué.
- Sugerir un lugar y una hora para quedar y despedirse.

Número de palabras: entre 60 y 70.

○○○   ✉ Sin título

Para:

Asunto:

TAREA 2

Elija solo una de las opciones. En cada opción debe tratar todos los puntos.

Opción 1

Usted tiene que escribir un texto sobre una exposición a la que fue. Hable de:

- De quién era la exposición.
- Dónde se celebraba.
- Por qué decidió ir.
- Con quién fue.
- Qué le pareció.

Opción 2

Alfonso es un famoso fotógrafo. Aquí tiene algunas fotos de momentos importantes de su vida.

Alfonso cuando era adolescente

Su primer empleo

Su gran afición

Su profesión actual

Usted tiene que escribir un texto sobre Alfonso en el que debe contar:

- Cómo era Alfonso cuando era adolescente.
- Cuál fue su primer trabajo y por qué.
- A qué dedicaba su tiempo libre.
- Qué hace ahora y cómo se siente ahora.

Número de palabras: entre 70 y 80.

Anote el tiempo que ha tardado:

Recuerde que solo dispone de **45 minutos**

PRUEBA 4  **Expresión e interacción orales**

 12 min — Tiempo para preparar toda la prueba.

 12 min — Tiempo disponible para las 3 tareas.

TAREA 1

MONÓLOGO

Usted tiene que hablar durante 2 o 3 minutos sobre un libro que leyó.

INSTRUCCIONES
Durante la presentación debe hablar de: ■ Cómo se titulaba y quién era el autor. ■ De qué trataba. ■ Quién se lo recomendó. ■ Qué le pareció.

Sugerencias

Cómo se titulaba y de quién era
- ☐ Se titulaba/El título era…
- ☐ No recuerdo cómo se titulaba, pero el autor era…
- ☐ Era de un autor
  - español, colombiano, mexicano
  - que se llama …

De qué trataba
- ☐ Trataba de…
- ☐ Contaba la historia de…
- ☐ Era un libro
  - de historia, de política, de poesía, de cuentos…
- ☐ Era una novela
  - romántica, histórica, cómica, dramática, de misterio…

Quién se lo recomendó
- ☐ Me lo recomendó un profesor, un amigo…
- ☐ Un amigo me habló de este libro…
- ☐ Escuché una crítica en la radio, en la televisión…
- ☐ Leí una crítica en el periódico, en una revista…

TAREA 2

DESCRIPCIÓN DE UNA FOTO

Usted tiene que describir la siguiente fotografía durante 2 o 3 minutos.

En la biblioteca

Ejemplo de preguntas

- ¿Cómo son las personas físicamente? ¿Cómo cree que son de carácter?
- ¿Qué ropa llevan?
- ¿Cómo es el lugar en el que están? ¿Qué objetos hay?
- ¿Qué están haciendo estas personas?
- ¿De qué cree que están hablando?
- ¿Cómo cree que se sienten? ¿Qué están pensando?
- ¿Qué han hecho antes? ¿Qué van a hacer después?

TAREA 3

DIÁLOGO EN UNA SITUACIÓN IMAGINARIA

Usted quiere hacer un curso de español y va a informarse a una escuela. El examinador es el recepcionista. Hable con él durante 3 o 4 minutos siguiendo estas instrucciones.

CANDIDATO
Durante la conversación tiene que: ■ Pedir información sobre los cursos. ■ Explicar qué nivel de español tiene. ■ Explicar el horario que le interesa. ■ Informarse sobre los precios. ■ Preguntar por otras actividades del centro.

Ejemplo de conversación

1. Inicio: se saludan y explica el motivo de la visita

EXAMINADOR:
Hola, buenos días/buenas tardes. ¿En qué puedo ayudarlo/la?
CANDIDATO:
Hola. Quería informarme sobre…

2. Fase de desarrollo: informarse de los cursos, los horarios, las actividades de la escuela…

EXAMINADOR:
¿Qué tipo de curso quiere hacer? ¿Regular, intensivo, de conversación…?
CANDIDATO:
Pues…
EXAMINADOR:
¿Qué horario le interesa? Tenemos cursos por la mañana y por la tarde.
CANDIDATO:
Me interesa…
EXAMINADOR:
¿Qué nivel tiene usted? Es necesario hacer una prueba. ¿Cuándo puede venir a hacerla?
CANDIDATO:
Pues…
EXAMINADOR:
¿Tiene alguna pregunta?
CANDIDATO:
Sí. ¿Ofrecen…?

3. Despedida y cierre: terminan la conversación y se despiden

EXAMINADOR:
Perfecto. Entonces hasta el…
CANDIDATO:
Mostrar acuerdo y despedirse

examen 5

EL TRABAJO

Curso completo

▶ **Léxico** ─── ■ Trabajo y profesiones

▶ **Gramática**

▶ **Funciones**

Modelo de examen 5

vocabulario

FICHA DE AYUDA
Para la expresión e interacción escritas y orales

PROFESIONES Y OCUPACIONES

Español	Inglés (manuscrito)
Auxiliar administrativo/a (el, la)	administrator
Azafato/a (el, la)	flight attendant
Cajero/a (el, la)	cashier
Canguro (el, la)	babysitter
Científico/a (el, la)	scientist
Cliente/a (el, la)	client
Cocinero/a (el, la)	cook
Comercial (el, la)	trades person
Contable (el, la)	accountant
Dependiente/a (el, la)	sales person
Empleado/a (el, la)	employee
Empresario/a (el, la)	employer
Farmacéutico/a (el, la)	pharmacist
Funcionario/a (el, la)	government worker
Informático/a (el, la)	tech person
Periodista (el, la)	journalist
Recepcionista (el, la)	receptionist
Responsable de tienda (el, la)	sales manager
Técnico/a (el, la)	technician
Vendedor/-a (el, la)	seller
Vigilante (el, la)	security

BUSCAR TRABAJO

Español	Inglés (manuscrito)
Candidato/a (el, la)	candidate
Capacidad de trabajo (la)	how much u can work
Contrato (el)	contract
- fijo	permanent contract
- temporal	temporary contract
Demanda (la)	apply
Entrevista de trabajo (la)	work interview
Horario (el)	schedule
Incorporación inmediata (la)	immediate acceptance
Jornada laboral (la)	work day / hours
Oferta (la)	offer
Prácticas (las)	internship
Puesto de trabajo (el)	job position
Requisito (el)	requirements
Sueldo (el)	salary
Trabajo en equipo (el)	teamwork

LUGARES DE TRABAJO

Español	Inglés (manuscrito)
Despacho (el)	office
Editorial (la)	publishing house
Fábrica (la)	factory
Gestoría (la)	files place
Laboratorio (el)	laboratory
Librería (la)	book store
Multinacional (la)	international company
Oficina (la)	office
Tienda (la)	store

VARIOS

Español	Inglés (manuscrito)
Agenda (la)	agenda
Cita (la)	appointment
Curso de formación (el)	orientation
Departamento (el)	department
Extensión (de teléfono) (la)	phone extension
Factura (la)	invoice
Informe (el)	report
Intermediario/a (el, la)	intermediary
Maletín (el)	briefcase
Negocio (el)	business
Prefijo (de teléfono) (el)	area code
Presupuesto (el)	budget
Reunión (la)	meeting
Seminario (el)	seminar
Socio/a (el)	associate
Tarjeta (la)	business card
- de visita (la)	↓
- de presentación	
Uniforme (el)	uniform

VERBOS

Español	Inglés (manuscrito)
Contestar	
- al teléfono	answer phone
- un correo electrónico	answer email
Contratar	hire
Dejar un mensaje	leave a message
Despedir	fire
Dirigir	lead
- una compañía	lead a company
- un equipo	↓ a team
- un negocio	a business
Entrevistar	interview
Enviar/Recibir	send / receive
- un archivo	↓ a file
- un correo electrónico	email
- un fax	fax
Escribir/Enviar el currículum	write/send curriculum
Fabricar	make
Ganar dinero	make money
Hacer	to do
- fotocopias	↓ photocopies
- una presentación	present
Preparar	prepare
- una factura	↓ invoice
- un informe	report
- un pedido	order
Reparar	repair
Tener	have
- don de gentes	charismatic
- experiencia	experience
Trabajar de canguro	to babysit

Especial DELE A2 Curso completo

1 **Lee las definiciones y completa el siguiente crucigrama.**

¿Cómo se llama la persona que…
Horizontales:
1. … toma las decisiones en el tribunal?
2. … se dedica a la ciencia?
3. … vende los productos en una tienda?
4. … conduce el avión?
5. … cuida la seguridad en la ciudad?
6. … prepara los platos en un restaurante?
7. … ya no trabaja por ser mayor de cierta edad?

Verticales:
8. … escribe artículos en un periódico?
9. … cuida a los niños mientras sus padres salen por la noche?
10. … trabaja en el campo?
11. … trabaja en un ministerio o empresa pública?
12. … arregla coches?
13. … da las órdenes en un trabajo?
14. … se dedica al arte?

2 **Relaciona cada profesión con su lugar de trabajo.**

a. El panadero 10.

b. El dependiente 1.

c. La peluquera 5.

d. El camarero 7.

e. El cocinero 2.

f. La profesora 9.

g. El científico 6.

h. El agricultor 3.

i. La azafata 4.

j. La médica 8.

1. La tienda

3. El campo

5. La peluquería

7. El restaurante

9. La escuela

2. La cafetería

4. El aeropuerto

6. El laboratorio

8. El hospital

10. La panadería

3 Busca el intruso y completa con estas explicaciones en su lugar correspondiente.

1. No trabaja por la noche.
2. No es un instrumento de trabajo de oficina.
3. Es un lugar de trabajo manual.

4. No es una profesión creativa.
5. *Los que trabajan ahí no son dependientes.*

a. Estanco, librería, panadería, biblioteca, frutería. El intruso es ..*biblioteca*.. porque *los que trabajan ahí no son dependientes* .
b. Fotógrafo, músico, abogado, arquitecto, pintor. El intruso es ..*abogado*... porque ...*no es una profesión creativa*... .
c. Médico, peluquero, piloto, policía, enfermero. El intruso es .... porque ...*1*.. .
d. Despacho, oficina, estudio, fábrica, academia. El intruso es .... porque ...*3*.. .
e. Fotocopiadora, impresora, ordenador, plano, teléfono. El intruso es .... porque .*2*.. .

4 Une los elementos de las tres columnas.

a. El taxista
b. La dependienta
c. El pintor
d. El guía
e. La actriz
f. La canguro
g. El arquitecto
h. La enfermera

1. explica
2. actúa
3. cuida
4. colabora
5. conduce
6. atiende
7. pinta
8. diseña

I. por la ciudad.
II. cuadros.
III. a los clientes de la tienda.
IV. planos de edificios.
V. con el médico.
VI. en obras de teatro o películas.
VII. los monumentos a los turistas.
VIII. a los niños.

5 Ahora, define tú las siguientes profesiones.

Azafata: ....
....
....

Cantante: ....
....
....

Cocinero: ....
....
....

6 ¿En qué profesiones crees que son necesarios los siguientes requisitos? Habla con tus compañeros, ¿están de acuerdo?

☐ Tener carné de conducir
☐ Llevar uniforme
☐ Llevar traje y corbata o ropa formal
☐ Tener un título universitario
☐ Saber idiomas
☐ Trabajar por la noche
☐ Viajar
☐ Tener horario flexible

$61 \ km/h \qquad m/s$

$61 \ km \left(\dfrac{1000 \, m}{1 \, km} \right)$

Un taxista necesita tener carné de conducir, pero no necesita tener un título universitario. A veces debe saber idiomas, si trabaja con turistas, y muchas veces tiene que trabajar de noche…

7 **Relaciona cada pregunta con la respuesta adecuada.**

a. ¿A qué te dedicas? 6.
b. ¿Dónde trabajas? 1.
c. ¿Qué horario tienes? 7.
d. ¿Qué has estudiado? 2.
e. ¿Desde cuándo trabajas? 3.
f. ¿Cómo tiene que ser un buen profesor? 4.
g. ¿Qué es lo que más te gusta de tu trabajo? 5

1. En una escuela de idiomas.
2. Filología Hispánica. También tengo un máster en Enseñanza de Lenguas Extranjeras.
3. Desde hace tres años y medio.
4. Bueno… Tiene que saber explicar… Y, especialmente, no debe ser nervioso o impaciente.
5. El contacto con los estudiantes y que no es un trabajo rutinario.
6. Soy profesor de español.
7. Depende. Unos días trabajo por las mañanas; otros, por la tarde…

8 **Ahora, haz a un compañero las preguntas de la entrevista anterior. Toma notas.**

9 **Susana habla de su trabajo. Completa el texto con estos verbos en presente (1.ª persona singular).**

abrir • contestar (x 2) • trabajar ✓ • leer • preparar • escribir
estar • ganar • enviar • recibir • tener • hacer (x 2)
llegar • salir • encender

1. _Trabajo_ en un negocio de importación y exportación. 2. .... a la oficina a las 9:00. 3. .... el ordenador y 4. .... el correo. 5. .... los mensajes y los 6. .... A veces 7. .... reuniones con mi jefa y el resto de los compañeros de la oficina y, antes, 8. .... fotocopias del material necesario. Después, 9. .... un resumen de la reunión. También 10. .... a los clientes que vienen a ver a mi jefa y 11. .... al teléfono. Al final del mes 12. .... las facturas y las 13. .... a los clientes. Normalmente 14. .... a las 17:00, aunque a veces 15. .... horas extra. 16. .... contenta con mi trabajo porque mi jefa y mis compañeros son muy agradables y, además, 17. .... suficiente dinero.

¿A qué se dedica Susana? Marca la opción correcta.

Si estás trabajando, explica qué haces. Si no, explica en qué consiste el trabajo de una persona que conoces bien.

10 **Escribe un texto, como en el modelo, explicando cuáles de estas cualidades te parecen importantes en un trabajo. Compara con tu compañero.**

simpático • inteligente • trabajador • alegre • serio • sociable • puntual
optimista • abierto • reservado • tranquilo • paciente • generoso
amable • organizado • agradable • tolerante • creativo

Creo que en todos los trabajos es importante ser…, También es bueno ser…, pero no siempre es necesario ser …

11 **Ahora, escribe el femenino de los adjetivos anteriores. ¿Cuáles tienen la misma forma para el masculino y el femenino?**

2 De las cualidades anteriores, ¿cuáles te parecen necesarias en estos trabajos? ¿Puedes añadir otras?

a. Un comercial tiene que ser *trabajador, organizado, serio. También tiene que ser amable porque tiene que tratar con el público* .
b. Un asistente social tiene que ser ....amable..y..simpatico....
c. Un médico tiene que ser ...diligente, trabadora....
d. Un artista tiene que ser ....creativo, abierto....
e. Un juez tiene que ser ....

3 Ordena estos factores según la importancia que tienen para ti. ¿Piensas que las prioridades son iguales para otras personas en tu país? ¿Y en España? Coméntalo en clase.

- [4] El horario
- [6] Las vacaciones
- [4] El jefe
- [5] Los compañeros
- [3] El lugar

- [1] El salario
- [10] El prestigio
- [7] La responsabilidad
- [8] La seguridad
- [2] Las posibilidades de futuro

Para mí lo más importante es el horario. También es muy importante el ambiente…

4 De estas profesiones, ¿cuáles te parecen más útiles para la sociedad? ¿Y menos? Justifica tu respuesta.

Pienso que el médico es muy importante para la sociedad, porque cuida la salud…

músico — periodista — político — profesora — médica — bombero — arquitecta — camarera — empresario — ama de casa — jueza — policía

5 ¿Qué sabes del mundo del trabajo en España? Marca verdadero o falso. Comprueba en clase.

a. La edad normal de jubilación es a los 60. V F
b. Es normal hablar de *tú* a los jefes. V F
c. La hora habitual de entrar al trabajo es entre las 8 y las 9. V F
d. En general, se trabaja 35 horas semanales. V F
e. Los trabajadores tienen un mes de vacaciones al año. V F
f. Lo más normal es tomar las vacaciones en agosto. V F
g. La mayoría de los trabajadores tiene jornada partida. V F

1 Completa estas frases seleccionando la opción correcta. SERIE 1

1. Inditex es un grupo multinacional que empezó en __.
   - a. la Coruña
   - b. La coruña
   - c. La Coruña ⊙
2. Si quieres saber cómo es tu situación de trabajo actual, tienes que ir al __.
   - a. Ministerio de Empleo
   - b. Ministerio de empleo
   - c. ministerio de empleo ✔
3. Para entrar en esa empresa hay que tener el Máster de __ Superior.
   - a. contabilidad
   - b. contable
   - c. Contabilidad ✓
4. Voy a presentarle al __ González. A la señora García creo que ya la conoce.
   - a. Sr.
   - b. sr.
   - c. Sra. ✓
5. Tenemos una reunión muy importante con nuestros clientes el próximo 20 __.
   - a. de Mayo
   - b. de mayo
   - c. en mayo ✔
6. Nuestro despacho está cerrado por vacaciones __ hasta el 7 de enero.
   - a. de navidad
   - b. en Navidad
   - c. de Navidad
7. Voy a cambiar las lámparas de la oficina. ¿Qué color te gusta más, __?
   - a. el naranja o el verde
   - b. el naranja o la verde
   - c. la naranja o el verde
8. En nuestro trabajo __ que más usamos es el inglés.
   - a. idiomas
   - b. idioma
   - c. el idioma ✔
9. He oído en __ que ha bajado el paro este mes. Es una buena noticia.
   - a. radio
   - b. el radio
   - c. la radio
10. El presidente de la compañía no contestó a las preguntas __ Antonio Cruz.
    - a. de la periodista
    - b. del periodista
    - c. de una periodista
11. __ abren una peluquería nueva en la esquina y hay una oferta especial. Podemos ir.
    - a. El viernes
    - b. Los viernes
    - c. En viernes
12. Voy a tener que comprarme __ para trabajar con el ordenador. Con estas no veo bien.
    - a. una gafa
    - b. otras gafas
    - c. las gafas

2 Completa estas frases seleccionando la opción correcta. SERIE 2

1. En una entrevista de trabajo hay que mostrar los puntos __ y no los aspectos negativos.
   - a. fuerte
   - b. fuertes
   - c. débiles ✔
2. Me siento bien en esta empresa y creo que, en general, los empleados están bastante __ también. ✗
   - a. feliz
   - b. felices
   - c. felicidad
3. Casi todas las personas contratadas este año han sido hombres __ menores de 23 años. ✔
   - a. joven
   - b. mayores
   - c. jóvenes
4. En el trabajo tengo que llevar ropa __, así es el uniforme de mi empresa.
   - a. negras
   - b. negra
   - c. negro ✔
5. Mis compañeros de trabajo, Jaime y Ana, son __, no parecen españoles.
   - a. altos y rubios
   - b. alto y rubia
   - c. alta y rubios ✔
6. Los números de algunos billetes de euro son __ por detrás.
   - a. color marrón
   - b. marrón
   - c. marrones ✔
7. Alberto es una persona muy __.
   - a. trabajador
   - b. trabajadora
   - c. trabajadores ✗
8. Para mí, trabajar en una fábrica o un despacho es __ aburrido __ dar clases. Por eso soy profesor. ✔
   - a. menos… que
   - b. más… que
   - c. tan… como
9. Estoy contenta, he cambiado de compañía y la factura del teléfono es __ cara __ antes. ✔
   - a. más… que
   - b. menos… que
   - c. tan… como
10. Mis productos son __ baratos __ los suyos, en esto somos iguales, pero son de mejor calidad. ✗
    - a. tan… como   as ..
    - b. menos… que
    - c. más… que
11. Esta panadería es mucho __ que la de mi barrio: allí solo venden tres clases de pan y aquí, diez. ✔
    - a. peor   worse
    - b. mejor
    - c. menor
12. En la economía española es __ la industria (el 17 %) que la agricultura (el 2,5 %). ✔
    - a. menor
    - b. peor
    - c. mayor

3 **Completa estas frases seleccionando la opción correcta.**

1. Este fin de semana tengo un congreso. Es __ congreso sobre economía del que te hablé. ✗
   a. un   (b.) el   c. Ø

2. ¿Puedo encender __ luz, que no se ve bien? ✓
   (a.) la   b. una   c. Ø

3. Me duele mucho __ cabeza. Voy a llamar al médico. ✓
   a. mi   b. una   (c.) la

4. ¿Tú lees __ periódico todos los días? Yo ahora lo leo por Internet. ✓
   a. un   (b.) el   c. Ø

5. Voy a poner un sofá nuevo en casa y así __ viejo lo llevo a la oficina. ✓
   a. un   b. el   c. la

6. __ no es bueno para la salud, por eso está prohibido en los lugares de trabajo. ✗
   (a) El tabaco   (b.) Tabaco   c. Un tabaco

7. Tengo que hacer ejercicio, por eso juego __ tenis con un compañero a la hora de la comida. ✓
   a. Ø   b. el   (c.) al

8. Todos __ lugares de trabajo deben tener una salida de emergencia. ✗
   (a) los   (b.) Ø   c. unos

9. He visto __ anuncio muy bueno sobre seguros. ¿Por qué no hacemos publicidad como esa?
   (a) el   (b) un   c. Ø

10. Me encantan __ fábricas que están abriendo fuera de la ciudad. Son muy modernas.
    a. Ø   (b.) unas   (c) las

11. Yo no tengo __ coche porque vivo en el centro y para ir a trabajar uso el transporte público. ✓
    a. Ø   (b.) un   c. el

12. En el comedor de la empresa bebemos __ agua. ✓
    a. el   b. la   (c.) Ø

4 **Completa estas frases seleccionando la opción correcta.**

1. No he traído nada para escribir. ¿Me puedes dejar __ hojas y un bolígrafo? ✓
   a. las   (b.) unas   c. pocas

2. ¿Qué me dijiste, que tienes __ entrevista o dos?
   a. Ø   b. la   (c.) una ✓

3. Creo que hay __ ascensor que no funciona. ¿Sabes cuál es?
   a. Ø   b. el   (c.) un ✓

4. Me duele __ dedo de la mano. Creo que es de trabajar tantas horas con el ordenador. ✗
   (a) el   b. mi   (c) un

5. No funciona la impresora y una nueva puede costar __ 200 o 300 euros. ¡Qué mala suerte! ✓
   (a.) unos   b. los   c. mis

6. Se me ha roto el teléfono y he tenido que comprar __ nuevo. ✗
   (a) un   (b) uno   c. el

7. Esa señora es __ madre del director. Viene mucho por aquí. Es muy simpática. ✓
   a. una   (b.) la   c. su

8. Mi sobrina es __ azafata y vive en Dubái desde hace dos años. ✓
   (a.) Ø   b. una   c. la

9. Juan es __ fotógrafo estupendo. Ha recibido muchos premios internacionales. ✓
   a. Ø   b. el   (c) un

10. Mañana hay __ reunión de trabajo a las 9:00. ¿Vais a ir? ✓
    a. la   (b.) una   c. el

11. __ salimos pronto de la oficina y no trabajamos por la tarde.
    a. Viernes   (b.) En viernes   (c) Los viernes ✗

12. ¿Sabe dónde está __ oficina de empleo más próxima? ✓
    (a.) la   b. una   c. Ø

1 SERIE 1

Elige la opción correcta y completa el cuadro de funciones con las fórmulas correspondientes.

1. ¿__ es mejor tener un negocio o ser funcionario?
   a. Crees   b. Crees que   c. No crees que

2. [Juan habla con dos amigos] Para mí, es mejor ser empresario, __
   a. ¿y para ti?   b. ¿y a ti?   c. ¿y para vosotros?

3. ¿__ verano? ¿Adónde habéis ido?
   a. Qué tal el   b. Qué tal   c. Qué fue el

4. Revisa la factura del banco, la fecha __ mal.
   a. está   b. es   c. estoy

5. La nueva fábrica __ muy bonita y además está muy lejos.
   a. es no   b. no es   c. está

6. Tener un buen trabajo __ fácil en este país.
   a. es nada   b. no muy   c. no es nada

7. –El nuevo jefe es muy simpático, ¿verdad?/–__.
   a. Sí, es verdad   b. Sí, en verdad   c. Sí, es de verdad

8. Sí, para mí __ es muy simpático, no como el anterior.
   a. tampoco   b. es verdad   c. también

9. Sí, y yo __ es muy trabajador.
   a. tampoco creo   b. también creo   c. también creo que

10. Yo __ acuerdo, pero parece un poco ambicioso, ¿no creéis?
    a. soy de   b. estoy de   c. estoy en

11. No, __ verdad. Siempre hablamos mal de los jefes y no es justo.
    a. no es   b. es no   c. es

12. Pues yo __ acuerdo. No siempre hablamos mal de los jefes.
    a. no estoy de   b. estoy no de   c. no estoy en

Tu listado

a. Pedir y dar la opinión
Para nosotros…
1. ....
2. ....

b. Pedir valoración y valorar
¿Está bien?
3. ....
4. ....
5. ....
6. ....

c. Expresar acuerdo
¿Estás de acuerdo con Ana?
7. ....
8. ....
9. ....
10. ....

d. Expresar desacuerdo
No es verdad eso que dices.
11. ....
12. ....

2 SERIE 2

Elige la opción correcta y completa el cuadro de funciones con las fórmulas correspondientes.

1. No todos los jubilados tienen pensiones bajas. Eso __, ¿no?
   a. es depende   b. no depende   c. depende

2. Sí, estoy de acuerdo contigo, __ muchos tienen pensiones bajas.
   a. pero   b. por eso   c. porque

3. Yo __ que no vamos a recibir pensiones en un futuro próximo.
   a. soy seguro   b. estoy seguro   c. estoy seguro de

4. Tú dices eso, pero yo __ tan seguro como tú.
   a. estoy   b. no estoy   c. no soy

5. Juan no contestó al teléfono porque __ estaba en una reunión.
   a. quizá   b. seguro   c. probable

6. __, pero es raro, porque no nos dijo que tenía una reunión.
   a. Quizá no   b. Puede ser   c. No es probable

7. No puedo salir todavía porque __ hacer todas estas fotocopias.
   a. hay   b. tengo que   c. tienes que

8. Para trabajar aquí __ tener permiso de trabajo.
   a. tienes   b. hay que   c. tengo

9. Te vas a Suecia y no sabes sueco: ¿__ saber el idioma para trabajar allí?
   a. no hay que   b. no tienes   c. tiene que

10. Si ya has terminado y __ hacer nada más, puedes irte.
    a. no tienes   b. no tiene que   c. no tienes que

11. Ana, __ estar todo el día trabajando. Descansa un poco.
    a. no tienes que   b. no tiene que   c. hay que

12. Para trabajar en ese banco __ hacer un examen. ¡Qué suerte!
    a. hay que   b. no hay que   c. no tienes

Tu listado

e. Mostrar escepticismo
No sé.
1. ....

f. Presentar un contraargumento
Sí, es verdad, pero…
2. ....

g. Hablar de certeza y evidencia
Yo sé que…
3. ....
4. ....

h. Expresar posibilidad
Es probable.
5. ....
6. ....

i. Expresar (falta de) obligación y necesidad
¿No tienes que ir hoy?
7. ....
8. ....
9. ....
10. ....
11. ....
12. ....

3 SERIE 3

Elige la opción correcta y completa el cuadro de funciones con las fórmulas correspondientes.

1. ¿__ hablar bien alemán? Están ofreciendo trabajo en Alemania.
   a. Sabes   b. Conoces   c. Has aprendido
2. ¿No __ al director de Recursos Humanos? Ven, te lo presento.
   a. sabes   b. conoces   c. has aprendido
3. __ un poco de finanzas, pero no puedo dirigir ese departamento.
   a. Sé   b. Estudiaba   c. He conocido
4. Pedro va a trabajar a Francia. Creo que __ muy bien el país.
   a. sabe   b. sé   c. conoce
5. No __ la razón, pero el cliente ha rechazado nuestra oferta.
   a. sé   b. conoce   c. he aprendido
6. No __ casi nada después de estudiar Contabilidad todo el año.
   a. ha aprendido   b. ha estudiado   c. ha conocido
7. Ana, ¿__ utilizar este ordenador? Tiene muchos programas.
   a. sabes   b. sé   c. sabes algo
8. Mi hijo __ muy bien el pelo. Nos lo corta a toda la familia.
   a. sé cortar   b. sabe cortar   c. puedo cortar
9. Si quieres, __ a preparar la comida. Trabajo en un restaurante.
   a. sé cocinar   b. puedo ayudarte   c. puedes ayudarme
10. Sr. López, la última factura la pagaron en efectivo, ¿__?
    a. me acuerdo   b. os acordáis   c. se acuerda
11. No __ muy bien. Yo creo que vi firmar un cheque.
    a. acuerdo   b. me acuerdo   c. me he acordado
12. Es verdad, ahora __ de que nos firmaron un cheque.
    a. sí me acuerdo b. no me acuerdo   c. ¿te acuerdas?

Tu listado

j. **Preguntar por el conocimiento de algo**
   ¿No has estudiado Economía?
   1. ....
   2. ....

k. **Expresar conocimiento y desconocimiento**
   Sé que es rusa.
   3. ....
   4. ....
   5. ....
   6. ....

l. **Hablar de la habilidad para hacer algo**
   ¿Sabes algo de informática?
   7. ....
   8. ....
   9. ....

m. **Hablar de recuerdos**
   … Sí, me acuerdo.
   10. ....
   11. ....
   12. ....

4 Corrección de errores

Identifica y corrige los errores que contienen estas frases. Puede haber entre uno y tres en cada una.

a. Quiero una sofá para mi oficina. ¿Tu gusta la rosa o prefieres el verde?
b. He visto muchos museos, pero he visitado todavía la Reina Sofía. Voy a ir en lunes.
c. Prefiero la vacación de Navidad. Para mí es más buena que las de verano porque puedo ver mi familia.
d. Soy segura que no voy a ir a trabajar esta tarde. Me duele mucho mi cabeza.
e. En España no leo periódico, pero en mi país leo todos los días, porque está una biblioteca en mi universidad.
f. En fin de semana yo y mis amigos jugamos tenis.
g. Ayer, después trabajé, fui al cine. Era la película muy buena.
h. Me encanta mucho mi trabajo. Es bien para mí!
i. Creo que mi dirección es en un otro papel, pero no soy seguro.
j. Mi padre es un abogado y mi madre ayuda inmigrantes con las problemas.

5 Uso de preposiciones

Tacha la opción incorrecta en estas frases.

a. Hay que pagar la factura *por/en* efectivo.
b. Yo conozco *a/Ø* una persona que trabaja de canguro. ¿Te interesa?
c. Me voy fuera de la oficina un momento, ¿puedes contestar *al/el* teléfono?
d. *Para/A* mí, es mejor ir a trabajar en metro que en autobús.
e. Estoy *de/en* acuerdo con Carmen. Es mejor estudiar que estar sin hacer nada.
f. Estoy segura *Ø/de* que vas a encontrar trabajo pronto.
g. Buenos días, quiero cambiar dólares *por/para* euros. ¿Qué tengo que hacer?
h. Ayer me dijeron que cierran la fábrica de coches, pero creo que la noticia no es *en/Ø* verdad.
i. El autobús de la empresa no pasa *en/por* mi calle. ¡Qué mala suerte!
j. La fábrica donde trabaja mi padre está *a/de* las afueras de la ciudad, pero puede ir en coche.

PRUEBA 1

Comprensión de lectura

60 min

Tiempo disponible para toda la prueba.

TAREA 1

A continuación, va a leer el correo electrónico que Antonio ha enviado a Juan Luis. Después, conteste las preguntas, 1-5, marcando la opción correcta, a), b) o c).

Para: Juan Luis

Asunto: Últimas noticias

Hola, Juan Luis:

¿Cómo estás? Desde que dejé la oficina, pensaba escribirte para hablarte sobre mi nuevo trabajo, pero quería tener algo bueno que contar…

company

Ya sabes que cuando me ofrecieron la posibilidad de venir a trabajar a esta multinacional, pensé que era una gran oportunidad. Es una gran empresa, el puesto es muy bueno, gano más dinero y también tengo más responsabilidades… Sin embargo, hay algunas cosas que no son como me dijeron: por ejemplo, mi horario. Es terrible. Al principio trabajaba de 9:00 h de la mañana a 17:00 h de la tarde, pero la verdad es que muchas veces salimos a las 20:00 h y, lo que es peor, muchos fines de semana tenemos que venir a trabajar.

Por otro lado, el jefe que tengo ahora casi nunca está y es muy difícil reunirse con él para tratar asuntos importantes. La puerta de su despacho siempre está cerrada y hay que hablar con su secretaria para pedir cita. No es como con el señor Prieto, que siempre estaba disponible y dispuesto a dialogar.

Los compañeros también son un poco individualistas. No hay un verdadero trabajo en equipo y cada uno se ocupa de sus asuntos. Me acuerdo mucho de vosotros. Aquí me siento un poco solo y no sé si voy a acostumbrarme.

Bueno, Juan Luis, voy a seguir con mis informes y facturas. Da recuerdos a todos de mi parte y para ti un abrazo,
Antonio

P.D.: Los viernes también venimos a trabajar con traje y corbata. Un horror.

PREGUNTAS

1. Antonio le escribe a Juan Luis para decirle que:
   a) Le gusta más su trabajo actual.
   b) Prefería su trabajo anterior.
   c) No le gustaba el trabajo anterior.

2. En el correo, Antonio escribe que:
   a) Su actual empresa no es importante.
   b) En este trabajo salario es más bajo. ✓
   c) Hay cosas negativas en su nuevo trabajo.

3. Antonio informa a Juan Luis de que:
   a) Normalmente trabaja más de lo que le dijeron.
   b) Siempre sale a las 20:00 h. ✓
   c) Su trabajo es los fines de semana.

4. El jefe actual de Antonio:
   a) Se llama Sr. Prieto.
   b) Está poco en la oficina.
   c) Es un amigo.

5. Según el texto, Juan Luis es:
   a) Jefe de Antonio.
   b) Excompañero de Antonio. ✓
   c) Hermano de Antonio.

TAREA 2

A continuación, va a leer ocho anuncios. Después, responda las preguntas, 6-13, marcando la opción correcta, a), b) o c).

Ejemplo   **Texto 0**

CÓMO REGISTRARSE EN EL SEPE

Para registrarse es necesario ir a una de sus oficinas. Para saber cuál es la suya debe consultar la página web. En algunas comunidades, como, por ejemplo, Madrid, se puede pedir cita previa por Internet. En otras, se puede ir directamente a las oficinas, con el DNI o NIE, número de la Seguridad Social (si tiene) y justificantes de titulación profesional, en caso de tenerlos.

0. Para inscribirse en el SEPE:
   a) Hay que hacerlo a través de Internet.
   b) Siempre hay que pedir cita.
   c) Hay que hacerlo personalmente.

La respuesta correcta es la c). Por el contexto entendemos que tiene que hacerlo la persona y llevar sus documentos personales: DNI y número de la Seguridad Social (si tiene).

Texto 1

5.º Congreso de Labosan
Felicidad en el trabajo: clave de la competitividad

Días: 10, 11 y 12 de junio.
Haga su inscripción del 1 al 31 de mayo, y obtenga un importante descuento.
Precios especiales para estudiantes.
Política de cancelación: antes del 31 de mayo, se devuelve el precio del curso (excepto 30 € de gastos administrativos). A partir del 1 de junio, no hay devolución.

6. Este congreso:
   a) Es gratis para estudiantes.
   b) Es más barata en mayo. ✓
   c) Cuesta treinta euros.

Texto 2

Curso de salud laboral
Dirigido a trabajadores de la salud

Objetivos:
• Conocer los fundamentos de la salud laboral.
• Conocer los riesgos de la actividad laboral.
• Mejorar la calidad del trabajo y la vida de los trabajadores.

600 horas (60 créditos) divididas en:
1. Área común y obligatoria: 350 horas.
2. Especialización: 100 horas por cada área.
3. Realización de un trabajo final: 150 horas.

7. Este curso pueden hacerlo:
   a) Médicos/as y enfermeros/as.
   b) Estudiantes de Medicina.
   c) Todos los trabajadores.

Texto 3

www.mitrabajo.com
La mejor publicación electrónica para buscar empleo.
En ella puedes encontrar:

- Demandas y ofertas de trabajo.
- Instrucciones para preparar un buen currículum.
- Consejos para encontrar trabajo.
- Ideas de negocios.

- Servicios y noticias sobre empleo en España.
- Un foro para intercambiar opiniones con otras personas que buscan trabajo y pedir consejo a los que ya lo han conseguido.

8. Esta revista la puedes encontrar en:
a) Internet. ✓
b) Un quiosco.
c) Una biblioteca.

Texto 4

Únete a *Vendedores independientes*
Comparte tu experiencia con otras personas que hacen lo mismo que tú y aprende las mejores técnicas de cómo conseguir clientes y lograr más ventas.
Regístrate ahora y gana un portátil*
Puedes ver el nombre del ganador en www.vendedores.com
*Solo las 25 primeras inscripciones (incluye gastos de envío).

9. En esta página:
a) Te hacen un regalo cuando te registras.
b) Es posible comprar ordenadores portátiles.
c) Te enseñan a mejorar tu negocio.

Texto 5

Proyecto Promociona

Objetivo: Ayudar a más mujeres a alcanzar puestos de alta dirección en las empresas.
Dirigido a: Empresas comprometidas con la diversidad y la promoción de la mujer.
Participantes: Directivas de las empresas que actuarán como mentoras.
Requisitos:
- Posición de responsabilidad
- 15 años de experiencia profesional
- Estudios superiores

- Inglés (B2)
- Carta de apoyo de la empresa

Duración: De junio a junio

No pueden participar personas que trabajan en la Administración Pública

10. Este anuncio dice que:
a) No pueden participar funcionarias.
b) Este proyecto dura un mes.
c) Buscan directoras para empresas.

Texto 6

AGENCIA DE EMPLEO Y DESARROLLO LOCAL DE COLLADO

Si necesita trabajadores para su empresa, la Agencia de Empleo y Desarrollo Local de Collado le pone en contacto con personas de la zona que buscan empleo.

También le ofrece la posibilidad de dar a conocer sus ofertas de empleo a través de su página web o de una lista expuesta en la oficina de la agencia.

11. Este anuncio va dirigido a:
   a) Los que necesitan empleados.
   b) Personas que buscan trabajo.
   c) Futuros empresarios.

Texto 7

CURSOS DE FORMACIÓN

Los Servicios de Empleo ofrecen a los trabajadores (ocupados y en paro) diferentes planes de formación para ayudar a sus alumnos a mejorar sus capacidades laborales o facilitar su entrada en el mundo laboral. Hay cursos de muchas temáticas y son completamente gratuitos.

Si usted es extranjero, para poder inscribirse a los cursos formativos, deberá tener la residencia o el permiso de trabajo y presentarlo junto al NIE (Número de Identificación de Extranjero) y el pasaporte.

12. Estos cursos de formación:
   a) Son solo para personas que no trabajan.
   b) Pueden ayudar a encontrar trabajo.
   c) No los puedes hacer si no eres español.

Texto 8

Graduado en Administración y Dirección de empresas, dinámico, responsable y puntual, busca trabajo en departamento de administración

Ofrece

- 2 años de experiencia en tareas de contabilidad y gestión de facturación.
- Buen conocimiento de los programas informáticos de contabilidad.
- Nivel medio de inglés.
- Incorporación inmediata.
- Vehículo propio.   Teléfono de contacto: 667843560 Marcos

13. Esta persona:
   a) Quiere trabajar como informático.
   b) Nunca ha trabajado antes.
   c) Puede empezar a trabajar ya.

TAREA 3

A continuación, va a leer tres textos de tres personas que hablan de su primer trabajo. Después, relacione las preguntas, 14-19, con los textos, a), b) o c).

	PREGUNTAS	a) Clara	b) Marta	c) Nadia
14.	¿Quién piensa que lo peor era el horario?	✓		
15.	¿Quién tuvo problemas con su jefe?		✓	
16.	¿A quién le fue difícil encontrar un trabajo?			
17.	¿Quién estaba estudiando todavía?			
18.	¿Quién pensaba utilizar el dinero para un viaje?		✓	
19.	¿Quién sigue trabajando en la misma empresa?			✓

a) Clara

Yo empecé a estudiar Ciencias Políticas. Hice tres años y descubrí que no me gustaba, así que cambié a Periodismo. Ya tenía 26 años y en el último curso de la universidad pensé que tenía que trabajar para ayudar a mis padres a pagar mis estudios. Encontré trabajo como camarera. No era un trabajo difícil, y el restaurante estaba cerca de mi casa. El problema es que, aunque cerraba a las doce de la noche, los clientes se iban a la una o una y media, y luego había que limpiar y cerrar. Me acostaba muy tarde y por las mañanas estaba muy cansada y no podía estudiar. Así que decidí dejar el trabajo hasta terminar los estudios.

b) Marta

Después de terminar mis estudios, pensé irme a EE. UU. a mejorar mi inglés. Como necesitaba un poco de dinero para mis gastos, mi tía me habló de una amiga que buscaba una canguro por las tardes. Todo parecía perfecto: yo solo tenía que ayudar a los niños a hacer los deberes después del colegio por dos horas. Al principio todo iba bien, pero un día la señora me dijo si podía organizar el cuarto de los niños y lavar los platos, otro día me pidió poner la lavadora y limpiar los baños… Cada vez pedía más cosas. Yo era muy joven y no sabía cómo actuar. Decidí hablar con ella, pero se enfadó mucho. Yo me fui llorando a casa y no volví.

c) Nadia

Mi madre es rusa así es que soy bilingüe. Estudié Traducción y cuando terminé tenía mucha ilusión de empezar a trabajar. Mandé mi currículum a muchas empresas, pero no encontré nada. Después de dos años buscando trabajo, estaba un poco frustrada y un amigo me habló de una escuela en la que buscaban profesores de ruso. Yo no tenía experiencia y solo un pequeño curso de formación de profesores, pero fui y me dieron el trabajo. Al principio lo tomé como un trabajo temporal, pero poco a poco descubrí que me gustaba mucho. Hice un máster para especializarme en enseñanza de lenguas extranjeras y llevo ya diez años en la escuela. Ahora soy jefa del Departamento de Lenguas Eslavas.

TAREA 4

A continuación, va a leer una noticia sobre un programa del gobierno de Uruguay. Después, contes-te las preguntas, 20-25, marcando la opción correcta, a), b) o c).

EL PROGRAMA PROJOVEN

Según la última encuesta de seguimiento del programa Projoven, un 23% de los jóvenes de Uruguay no estudia ni trabaja.

Los jóvenes representan el 63% de los desocupados del país, pero el coordinador de Projoven –programa que funciona desde hace doce años y que intenta ayudar a jóvenes de entre 18 y 24 años, con dificultades socioeconómicas, sin estudios ni trabajo, para entrar en el mercado laboral– dijo que es posible mejorar estas cifras.

La directora nacional de empleo, Sara Payssé, por su parte, afirmó que: «Los jóvenes sufren discriminación» y tienen verdaderas dificultades tanto para conseguir vivienda como para acceder al sistema de salud y de educación. «Siempre se piensa que a los jóvenes hay que darles muchas cosas, cuando en realidad es el país el que necesita de ellos», aseguró. También dijo que hay demanda de trabajadores jóvenes, pero no tienen la formación necesaria. Por ello se está trabajando con el Ministerio de Educación y Cultura.

La señora Payssé también afirmó que: «Esta encuesta demuestra que algunas cosas están empe-zando a cambiar» y que: «la mejor política de empleo es mantener a los jóvenes en el sector edu-cativo la mayor cantidad de años posible. Si bien desde los 15 años los jóvenes pueden empezar a trabajar, no deben hacerlo. Es mejor mantenerlos en el sector educativo para darles una mejor formación».

Este programa, de carácter nacional, atiende a unas 2 500 personas al año, de las cuales entre 1 500 y 2 000 consiguen trabajo.

Para participar, se realiza una entrevista individual a cada uno de los interesados, a cargo de psicólogos y asistentes sociales, para comprobar su voluntad de trabajo. Se da prioridad a las chi-cas y chicos que tienen más necesidad de ingreso inmediato al mundo laboral.

Projoven primero encuentra las áreas con más oportunidades, empresas concretas que solicitan jóvenes y entonces los prepara para tareas específicas. En general las áreas que más se trabajan son: ventas y atención al cliente, auxiliar administrativo con informática y auxiliar de estaciones de servicio.

La formación se hace entre dos y seis meses en el aula, luego se realiza un aprendizaje en la empresa y un posterior seguimiento de unos doce meses más, en la etapa en que chicos y chicas comienzan a trabajar.

Aunque el programa es importante, necesita crecer porque cerca de 80 000 jóvenes no estudian ni trabajan y Projoven solo puede atender a unos 2 500 por año.

Adaptado de www.presidencia.gub.uy

PREGUNTAS

20. Projoven es un programa pensado para:
- **a)** Estudiar los problemas de los jóvenes.
- **b)** Solucionar los problemas de trabajo en Uruguay.
- **c)** Preparar a los jóvenes para poder trabajar.

21. Este programa:
- **a)** Se va a poner en práctica en el futuro.
- **b)** Ha empezado recientemente.
- **c)** Existe desde hace más de diez años.

22. La directora nacional de empleo dijo que el problema es que:
- **a)** Los jóvenes no están preparados para los trabajos.
- **b)** No hay trabajos específicos para los jóvenes.
- **c)** Hay que dar muchas cosas a los jóvenes.

23. La señora Payssé afirmó que los jóvenes:
- **a)** Deben empezar a trabajar a los quince años.
- **b)** No deben trabajar a los quince años.
- **c)** Deben estudiar más tiempo.

24. Para participar en el programa, se da prioridad a:
- **a)** Aquellos que más necesitan el trabajo.
- **b)** Jóvenes con problemas psicológicos.
- **c)** Los que están más interesados.

25. Lo primero que Projoven busca es:
- **a)** A los jóvenes que están mejor preparados.
- **b)** Empresas que necesitan trabajadores jóvenes.
- **c)** Auxiliares administrativos y vendedores.

Anote el tiempo que ha tardado:

Recuerde que solo dispone de **60 minutos**

Especial DELE A2 Curso completo

PRUEBA 2

Comprensión auditiva

40 min

Tiempo disponible para toda la prueba.

Pistas 1-7

TAREA 1

A continuación, escuchará seis conversaciones. Oirá cada conversación dos veces. Después, marque la opción correcta, a), b) o c), para cada pregunta, 1-6. Ahora, va a oír un ejemplo.

Ejemplo

0. ¿Dónde está el señor Hernando?

Conversación 0

a)

b)   c)

La opción correcta es la b). El señor Hernando está en su despacho.

Conversación 1

1. ¿Dónde está el problema?

a)

b)

c) ✓

Conversación 2

2. ¿Dónde va a comer hoy el hombre?

a)

b) ✓

c)

Conversación 3

3. ¿Cómo ha ido al trabajo hoy el hombre?

a)   b)   c)

Conversación 4

4. ¿A qué hora entra normalmente el hombre a trabajar?

a)   b) ✓   c)

Conversación 5

5. ¿Quién es el nuevo director de *marketing*?

a)   b)   c)

Conversación 6

6. ¿Dónde trabaja la hija del hombre?

a)   b)   c) ✓   4/6

Especial DELE A2 Curso completo

**Pistas
8-14**

TAREA 2

A continuación, escuchará seis anuncios de radio. Oirá los anuncios dos veces. Después, marque la opción correcta, a), b) o c), para cada pregunta, 7-12. Ahora, va a oír un ejemplo.

Ejemplo

0. Este es un anuncio de:

a) Decoración de oficinas.

b) Muebles en general.

c) Muebles de oficina.

La opción correcta la es c). Habla de cambiar el despacho (oficia) y pregunta si busca muebles prácticos y elegantes.

PREGUNTAS

7. Esta empresa ayuda a:

a) Encontrar trabajo.

b) Montar un negocio.

c) Buscar trabajadores.

8. Este libro:

a) Es para quienes nunca han trabajado.

b) Te prepara para buscar trabajo. ✓

c) Tiene cien ofertas de trabajo.

9. Esta feria se celebra:

a) Solo este año.

b) Una vez al año.

c) Cada miércoles.

10. Europamás es una agencia que:

a) Da cursos de idiomas extranjeros.

b) Informa sobre trabajos en el extranjero. ✓   3/6

c) Organiza viajes de estudios al extranjero.

11. Estas actividades se celebran:

a) En la Oficina de la Mujer.

b) El día 8 de marzo.

c) Durante el mes de marzo.

12. Estas clases son para:

a) Personas que ya no trabajan.

b) Estudiantes de secundaria. ✓

c) Profesores de instituto sin trabajo.

jubilado - retired

Pista
15

TAREA 3

A continuación, escuchará una conversación entre dos amigos, Felipe y Aurora. Indique si los enunciados, 13-18, se refieren a Felipe a), Aurora b) o a ninguno de los dos c).

	ENUNCIADOS	a) Felipe	b) Aurora	c) Ninguno de los dos	
0.	Ha cambiado de trabajo.		✓		
13.	Antes tenía un trabajo nocturno.		✓		✓
14.	Sus compañeros anteriores eran antipáticos.			✓	✓
15.	Va a necesitar el inglés en su trabajo.	✓			✓
16.	Va a irse a estudiar al extranjero.	✓			✓
17.	Necesita gafas.		✓	✓	✗
18.	Propone salir el fin de semana.		✓		✓

La opción correcta es la b). Dice que era recepcionista en un hotel y ahora está de dependienta.

5/6

Pistas
16-23

TAREA 4

A continuación, escuchará siete mensajes. Oirá cada mensaje dos veces. Después, seleccione el enunciado, a)-j), que corresponde a cada mensaje, 19-25. Hay diez enunciados. Tiene que seleccionar siete. Ahora, va a oír un ejemplo.

MENSAJES		ENUNCIADO
0.	Mensaje 0	e)
19.	Mensaje 1	a)
20.	Mensaje 2	f)
21.	Mensaje 3	i)
22.	Mensaje 4	g)
23.	Mensaje 5	b)
24.	Mensaje 6	d)
25.	Mensaje 7	h)

La opción correcta es la e). Dice que el seminario no se va a celebrar el jueves, sino el lunes.

	ENUNCIADOS
a)	No puede ir. can't go
b)	Pide ayuda. asks for help
c)	Hoy no trabajan. not working
d)	Le dan una cita. gets an appointment
e)	Cambia de día. change the day
f)	Tiene que llamar más tarde. call later
g)	Le van a llamar otro día. call him another day
h)	Pide consejo. advice
i)	Ha conseguido trabajo. got a job
j)	Ahora se puede hablar con ellos.

They can talk with them

Anote el tiempo que ha tardado:

Recuerde que solo dispone de **40 minutos**

Sugerencias para los textos orales y escritos

APUNTES DE GRAMÁTICA

- Usamos el pretérito perfecto para hablar de experiencias sin especificar el momento exacto: *Nunca he trabajado en una empresa grande. Ya he leído el libro.*
- Usamos el pretérito perfecto simple para hablar de algo ocurrido en un día/momento concreto en el pasado: *El primer día me presenté a mis compañeros.*
- Usamos el presente para hablar de hábitos: *Todos los días trabajo de 8:00 h a 15:00 h.*
- Para hablar de la frecuencia usamos *normalmente, siempre, a veces,* etc.: *Normalmente desayuno en casa.*
- Para ordenar sucesos en el tiempo usamos *primero, luego, después: Primero fui a trabajar y después al gimnasio.*
- Para hablar de la anterioridad o la posterioridad usamos *antes de, después de: Antes de desayunar, me ducho.*

BUSCAR TRABAJO

- Busco un trabajo
  - con horario de mañana/tarde.
  - con buen sueldo.
  - cerca de casa.
  - interesante.

HABLAR DEL LUGAR DE TRABAJO

- ¿Dónde trabajas?
- Trabajo en...
  - una oficina, un banco, un bufete de abogados
  - en una empresa de publicidad/ cosmética
  - una tienda de moda/deporte/ electrodomésticos
  - un restaurante, una cafetería
  - una fábrica
  - en casa

HABLAR DE LA FORMACIÓN

- Soy técnico/ingeniero/graduado…
- He estudiado…
- Tengo un máster en…
- Hice un curso de…
- Tengo experiencia en…

DESCRIBIR UNA EMPRESA

- Es una empresa
  - grande/pequeña.
  - pública/privada.
  - nacional/internacional.
  - con… empleados.

PRUEBA 3

Expresión e interación escritas

45 min

Tiempo disponible para toda la prueba.

TAREA 1

Usted ha recibido un correo de un amigo.

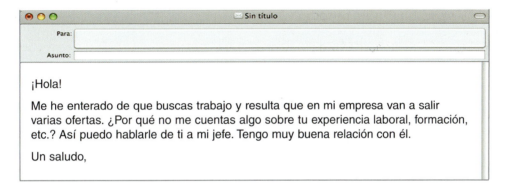

Sin título

Para:

Asunto:

¡Hola!

Me he enterado de que buscas trabajo y resulta que en mi empresa van a salir varias ofertas. ¿Por qué no me cuentas algo sobre tu experiencia laboral, formación, etc.? Así puedo hablarle de ti a mi jefe. Tengo muy buena relación con él.

Un saludo,

Escriba un correo presentándose. En él tiene que:

- Saludar.
- Explicar qué estudios, formación y experiencia tiene.
- Preguntar qué documentación debe mandar.
- Dar las gracias a su amigo y despedirse.

Número de palabras: entre 60 y 70.

Sin título

Para:

Asunto:

TAREA 2

Elija solo una de las opciones. En cada opción debe tratar todos los puntos.

Opción 1

Usted tiene que escribir un texto sobre un jefe o compañero que fue importante para usted. Hable de:

- Un jefe o compañero de un trabajo que tuvo.
- Cómo era esta persona.
- Qué trabajo estaban realizando.
- Por qué fue importante para usted.
- Si sigue viendo a esa persona.

Opción 2

Susana ha cambiado de trabajo. Estas son fotos de su trabajo anterior y de su trabajo actual.

Susana en su anterior trabajo

Su antiguo jefe

Su trabajo actual

Su actual oficina

Usted tiene que escribir un texto sobre Susana en el que debe contar:

- Cómo era su trabajo anterior y qué hacía en él.
- Por qué decidió cambiar de trabajo.
- Cómo es su trabajo actual y si lo prefiere al anterior.

Número de palabras: entre 70 y 80.

Anote el tiempo que ha tardado:

Recuerde que solo dispone de **45 minutos**

PRUEBA 4  **Expresión e interacción orales**

 Tiempo para preparar toda la prueba.

 Tiempo disponible para las 3 tareas.

TAREA 1

MONÓLOGO

Usted tiene que hablar durante 2 o 3 minutos sobre un trabajo que tuvo.

INSTRUCCIONES

Durante la presentación debe hablar de:
- Cómo encontró ese trabajo.
- Qué hacía exactamente y qué horario tenía.
- Cómo era el ambiente de trabajo.
- Cómo se sentía en ese trabajo.

Sugerencias

Cómo encontró el trabajo
- ☐ porque un amigo/mi padre…
- ☐ porque hice prácticas en aquella empresa y entonces…
- ☐ buscando en páginas web especializadas como…
- ☐ por una agencia de colocación…

Funciones en un trabajo
- ☐ Atención telefónica
- ☐ Venta de productos
- ☐ Preparación de informes, documentos
- ☐ Gestión de pedidos, reservas
- ☐ Diseño de catálogo, plan de *marketing*
- ☐ Elaboración de tablas, gráficos, informes

Ambiente de trabajo
- ☐ El ambiente laboral es muy positivo/negativo…
- ☐ Las personas son muy respetuosas, amables…
- ☐ Es un trabajo en equipo/individual, motivador…
- ☐ La oficina/empresa tiene luz natural, es grande…

TAREA 2

DESCRIPCIÓN DE UNA FOTO

Usted tiene que describir la siguiente fotografía durante 2 o 3 minutos.

En la agencia de colocación

Ejemplo de preguntas

- ¿Cómo son las personas físicamente? ¿Cómo cree que son de carácter?
- ¿Qué ropa llevan?
- ¿Cómo es el lugar en el que están? ¿Qué objetos hay?
- ¿Qué están haciendo estas personas?
- ¿De qué cree que están hablando?
- ¿Cómo cree que se sienten? ¿Qué están pensando?
- ¿Qué han hecho antes? ¿Qué van a hacer después?

TAREA 3

DIÁLOGO EN UNA SITUACIÓN IMAGINARIA

Usted va a una agencia de colocación porque necesita trabajo. El examinador es el funcionario/a. Hable con él durante 3 o 4 minutos siguiendo estas instrucciones.

CANDIDATO
Durante la conversación tiene que: ■ Contar qué ha estudiado. ■ Hablar de sus experiencias laborales anteriores. ■ Explicar qué tipo de trabajo quiere hacer. ■ Preguntar si hay cursos de formación para mejorar su currículum.

Ejemplo de conversación

1. **Inicio:** se saludan y explica el motivo de la visita
   EXAMINADOR:
   Hola, buenos días/buenas tardes.
   CANDIDATO:
   Buenos días/Buenas tardes. Estoy buscando trabajo…

2. **Fase de desarrollo:** hablan de los estudios y/o diferentes datos relacionados con la experiencia laboral
   EXAMINADOR:
   ¿Qué ha estudiado usted?
   CANDIDATO:
   …
   EXAMINADOR:
   ¿Ha trabajado usted antes? ¿Qué experiencia tiene?
   CANDIDATO:
   Pues…
   EXAMINADOR:
   ¿Qué tipo de trabajo le interesa? Tenemos diferentes ofertas de…, por ejemplo…
   CANDIDATO:
   Pues me interesa…
   EXAMINADOR:
   ¿Tiene alguna pregunta?
   CANDIDATO:
   Sí. ¿Ofrecen algún curso para…?

3. **Despedida y cierre:** terminan la conversación y se despiden
   EXAMINADOR:
   Perfecto. La semana que viene le llamamos para…
   CANDIDATO:
   Mostrar acuerdo y despedirse

examen 6

EL OCIO, LOS VIAJES Y LAS COMUNICACIONES

Curso completo

▶ **Léxico**
- Ocio: tiempo libre y aficiones
- Viajes, medios de transporte y clima
- Medios de información y comunicación

▶ **Gramática**

▶ **Funciones**

Modelo de examen 6

vocabulario

TIEMPO LIBRE Y AFICIONES

Afición (la) ....
Concierto (el) ....
Entrada (la) ....
Festival (el) ....
Gimnasio (el) ....
Invitación (la) ....
Monitor/-a (el, la) ....
Obra de teatro (la) ....
Ópera (la) ....
Parque de atracciones (el) ....
Programa (el) ....
Zoológico/zoo (el) ....

DEPORTES Y JUEGOS

Ajedrez (el) ....
Cartas (las) ....
Senderismo (el) ....
Natación (la) ....
Parchís (el) ....
Patinaje (el) ....
Submarinismo (el) ....

VERBOS

Hacer senderismo ....
Invitar ....
Montar en bici ....
Pasear ....
Quedar ....
Reservar ....
- una entrada/una mesa ....
Tener planes ....

INFORMACIÓN Y COMUNICACIÓN

Anuncio (el) ....
Arroba (la) ....
Chat (el) ....
Dirección de Internet (la) ....
Entrevista (la) ....
Foro (el) ....
Guion (el) ....
Mensaje (el) ....
Ordenador portátil/PC (el) ....
Presentador/-a (el, la) ....
Programa (el) ....
- de televisión/de radio ....
Publicidad (la) ....
Punto (el) ....
Virus (el) ....

VERBOS

Archivar ....
Enviar/Mandar ....
- un correo ....
- un mensaje ....
Navegar ....
- por Internet ....
- por la red ....
Programar ....

VIAJES

Agencia de viajes (la) ....
Billete (el) ....
- de ida y vuelta ....
Calle peatonal (la) ....
Centro histórico (el) ....
Guía (el, la) ....
- turístico ....
- de viajes ....
Hotel (el) ....
- alojamiento y desayuno (AD) ....
- media pensión (MP) ....
- pensión completa (PC) ....
Instalaciones (las) ....
Maleta (la) ....
Mapa de carreteras (el) ....
Mochila (la) ....
Plano (el) ....
Reserva (la) ....
Salida (la) ....
Seguro de viaje (el) ....
Vista panorámica (la) ....
Vuelo (el) ....
Zona comercial (la) ....

VERBOS

Hacer/Deshacer las maletas ....
Ir ....
- de excursión/de vacaciones ....
Reservar ....
- un billete/un asiento ....
Tener seguro de viaje ....

EL CLIMA

Hacer ....
- buen/mal tiempo ....
- calor ....
- frío ....
- sol ....
- viento ....
Llover ....
Nevar ....

1 Completa con el verbo adecuado (hay varias opciones).

a. .... a las cartas
b. .... senderismo
c. .... tiempo libre
d. .... una afición
e. .... una excursión
f. .... una cita
g. .... de paseo
h. .... una copa
i. .... planes
j. .... a pasear

k. .... con amigos
l. .... un deporte
m. .... de compras
n. .... en bicicleta
ñ. .... a amigos
o. .... algo
p. .... al parque
q. .... al tenis
r. .... al cine
s. .... a un concierto

Ir
Quedar
Tener
Tomar
Practicar
Hacer
Salir
Invitar
Montar
Jugar
Visitar

2 Observa las fotos y escribe qué están haciendo. Utiliza expresiones de la actividad anterior.

a. ....

b. ....

c. ....

d. ....

e. ....

f. ....

g. ....

h. ....

i. ....

3 Lee la ficha de estas personas e indica cuáles de las actividades anteriores crees que les gusta hacer en su tiempo libre. Comenta con tu compañero, como en el ejemplo.

Creo que a Eduardo le gusta ir a conciertos de música clásica.

Pues yo pienso que también le pueden gustar los de *rock*… ¡La música moderna también es cultura!

Eduardo
Profesor universitario.
Divorciado.
Le encanta la cultura
y el arte.

Alicia
Economista.
Le gusta mucho practicar
deporte y las actividades al aire
libre. Le encanta la naturaleza.

Arturo
Estudiante.
Es muy sociable y activo.
Tiene muchos amigos.
Le encanta salir de noche.

Carmen
Abogada. Trabaja mucho durante
la semana.
Es muy tranquila. Vive sola y prefiere
pasar los fines de semana en casa.

María y Roberto
Arquitecta y médico.
Tienen dos niños de 6 y 8 años y no
tienen mucho tiempo libre durante
la semana para estar con ellos.

> De estas personas,
> ¿con quién te identificas más?
> Coméntalo.

4 **Lee este artículo sobre las actividades de los españoles en el tiempo libre. Después, localiza en el texto…**

Por lo general, los españoles prefieren actividades tranquilas y disfrutar con las pequeñas cosas. Además de pasear y ver la televisión, pasan su tiempo libre leyendo, escuchando música, navegando por Internet, haciendo deporte y oyendo la radio.

Los españoles no cambian sus hábitos de ocio en vacaciones y más o menos hacen las mismas cosas que en sus ratos libres a lo largo del año, aunque entre las tres opciones que eligen para el verano están «dedicar más tiempo a la familia», «descansar» y «disfrutar del sol y el aire libre».

Además, más de la mitad en vacaciones prefiere aprovechar el tiempo y mantenerse activo, aunque el 42,9 % declara «hacer ejercicio físico, deporte y moverse mucho». Todas estas actividades son las que los españoles prefieren realizar en solitario. En vacaciones, las actividades que los españoles realizan mayoritariamente en compañía son «ir a bares y discotecas» e «ir a alguna asociación o club» con los amigos, «ir al cine o al teatro» con la pareja, y salir de excursión o ver la televisión con la familia.

Por último, las vacaciones ideales según los españoles son viajar y estar con la familia y los amigos de confianza.

ABC, texto adaptado

a. Una palabra que significa
utilizar bien.

b. Lo contrario de *pasivo*.

c. Una palabra equivalente a
marido, mujer, novio/a.

d. Un verbo que significa
pasarlo bien.

e. Una palabra que significa
perfectas.

f. Un sinónimo de *costumbres*.

g. Lo contrario de *en compañía*.

h. Una palabra similar a
generalmente.

i. Una palabra que significa
posibilidades.

j. Un sinónimo de *momentos*.

> ¿Cómo son los
> hábitos de tiempo
> libre de la gente en tu
> país? ¿Se parecen a
> los de los españoles?
> Coméntalo en clase.

1 Con estas letras forma palabras y escríbelas en el lugar correspondiente. Puedes repetir las letras todas las veces necesarias. Después, compara con tu compañero. ¿Quién ha encontrado más palabras?

t s x m u a r b e p v c i d o l n

MEDIOS DE TRANSPORTE	LUGARES DONDE LOS TOMAMOS	ALOJAMIENTO	COSAS QUE LLEVAMOS
	estación		

2 Escribe debajo de cada imagen la palabra adecuada.

1. estación   2. parada   3. puerto   4. aeropuerto

a. .... b. .... c. .... d. ....

e. .... f. .... g. ....

3 Clasifica los medios de transporte anteriores.
¿Puedes añadir más?

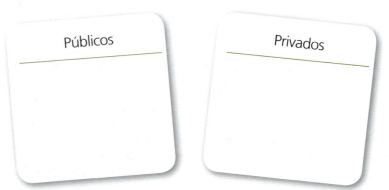

Públicos

Privados

4 **Decide con tu compañero cuál de estos medios de transporte es...**

barco • coche de alquiler • avión • taxi • bicicleta • metro • autobús
coche privado • tren • tranvía • caminar/ir a pie • moto

a. El más económico ....
b. El más caro   ....
c. El más seguro   ....
d. El más peligroso ....
e. El más ecológico ....

f. El más cómodo   ....
g. El más incómodo   ....
h. El mejor para la salud ....
i. El más rápido   ....
j. El más lento   ....

5 **De los transportes que conoces, ¿cuál prefieres en las siguientes situaciones? Justifica tu elección. Tus compañeros, ¿piensan como tú?**

a. Para un viaje de trabajo a otro país prefiero ...... *ir en avión porque es más rápido* ....
b. Para un viaje romántico, de luna de miel prefiero ....
c. Para una excursión por el campo prefiero ....
d. Para ir al centro comercial a hacer la compra semanal prefiero ....
e. Para un viaje a otra ciudad de mi país prefiero ....
f. Para ir a mi trabajo prefiero ....
g. Para ir a una discoteca prefiero ....
h. Para moverme por la ciudad prefiero ....

6 **Practica el vocabulario de las actividades anteriores en clase.**

Es un medio de transporte público para moverse por la ciudad.

¿El taxi?

7 **Cuando organizas un viaje, cuáles de estas cosas haces y en qué orden. Compara tus resultados en clase.**

___ Consultar un plano o un mapa.
___ Pedir consejo a amigos o familia.
___ Elegir el destino.
___ Buscar información en Internet.
___ Reservar el hotel.
___ Contratar un seguro de viaje.
___ Reservar el billete de avión, tren...

___ Hacer las maletas.
___ Comprar una guía.
___ Comprar el billete de avión, barco...
___ Hacer el pasaporte y/o solicitar el visado, si es necesario.

Yo primero pido consejo a mis amigos y luego busco información en Internet...

8 **Localiza los errores de léxico que hay en estas frases y corrígelos. Justifica tus respuestas.**

a. Hemos quedado en la parada del tren.
b. Aprendí a conducir en bicicleta cuando era muy pequeña.
c. El conductor del avión dijo que el retraso era por el mal tiempo.
d. Necesitamos comprar un mapa de la ciudad.
e. Si llegas antes que yo, compra las entradas del metro.
f. Cuando hago senderismo, siempre llevo una maleta con un bocadillo, agua, crema solar...

9 Elige uno de estos dos destinos y prepara la maleta. ¿Qué llevas? Justifica tu respuesta.

pasta de dientes • biquini • pantalones • colonia • vaqueros
falda • gafas de sol • camisa • jersey • zapatos • bolso
toalla de playa • gorra • bragas • toalla de baño • blusa • sandalias
medias • botas • calcetines • champú • pañuelo • bufanda
gel • guantes • crema • calzoncillos • desodorante • sombrero
cazadora • bañador • cepillo de dientes • pijama • sujetador • mochila

Yo he elegido el mar en verano y, cuando voy a la playa, siempre llevo sombrero porque no me gusta el sol en la cabeza. También llevo…

10 ¿Podrías explicar las siguientes palabras y conceptos?

¿Qué es *un guía turístico*? ¿Y *una guía turística*?

¿Qué es *una excursión*?

¿Qué significa *pensión completa, media pensión y alojamiento y desayuno*?

¿Qué es *un billete de ida y vuelta*?

¿Qué es *hacer una reserva*?

11 Marca tus preferencias y justifica tu elección. Después, comparte tus resultados en clase.

	😊 Me gusta	🙁 No me gusta	😐 Me da igual
a. Viajar en verano	☐	☐	☐
b. Viajar en invierno	☐	☐	☐
c. Viajar solo	☐	☐	☐
d. Viajar con la familia	☐	☐	☐
e. Viajar con los amigos	☐	☐	☐
f. Los viajes organizados	☐	☐	☐
g. Los viajes de sol y playa	☐	☐	☐
h. Los viajes culturales	☐	☐	☐
i. Los hoteles de cinco estrellas	☐	☐	☐
j. Los cámpines	☐	☐	☐
k. Viajar por mi país	☐	☐	☐
l. Viajar al extranjero	☐	☐	☐
m. Comprar recuerdos	☐	☐	☐
n. Llevar mucho equipaje	☐	☐	☐

12 Escribe, debajo de cada imagen, la palabra adecuada.

sol • tormenta • lluvia • niebla • viento • nieve

a. ....   b. ....   c. ....   d. ....   e. ....   f. ....

13 Lee el siguiente diálogo y marca la palabra que no corresponde.

● ¡Hola, Jaime! ¿Qué tal las vacaciones?

○ Pues bien, aunque empezaron bastante mal…

● ¡Vaya! ¿Y eso?

○ Primero, teníamos demasiado equipaje. Ya sabes, cuando viajas en 1. *verano/invierno* a la montaña, hay que llevar abrigo, jersey de lana, botas para cuatro personas… y los esquís. Así que perdimos mucho tiempo poniendo todo en el coche. Después, al entrar en la autopista, había una 2. *nube/niebla* terrible. No se veía nada, teníamos que ir muy despacio.

● ¡Qué peligro!

○ ¡Sí! Además, empezó a llover, la calefacción del coche no funcionaba bien y no podíamos controlar la temperatura. Si cerrábamos las ventanillas, hacía mucho 3. *frío/calor*. Y si las abríamos, hacía mucho 4. *frío/calor* y entraba la 5. *lluvia/niebla*. Menos mal que llegamos al hotel justo a tiempo, porque empezó una 6. *nieve/tormenta* terrible. ¡No te puedes imaginar el ruido! No podíamos dormir. Afortunadamente, al día siguiente el tiempo mejoró y lo pasamos muy bien esquiando y disfrutando del bonito paisaje.

● ¿Había suficiente 7. *nieve/lluvia*?

○ ¡Sí, todo estaba blanco! Y como hacía 8. *sol/nubes*, el cielo estaba azul y la vista era preciosa. Ya te enseñaré las fotos.

14 Describe qué tiempo hace en tu país en primavera, verano, otoño e invierno.

> En mi país, el clima cambia mucho, por ejemplo, en verano…

15 Completa estas frases según tu experiencia. Después, compártelo en clase.

a. En verano, cuando era pequeño, me encantaba ....

b. Cuando llovía, en mi adolescencia prefería ....

c. Si hace mucho calor, no me gusta nada ....

d. Los días de tormenta prefiero ....

e. En otoño, los domingos por la mañana normalmente ....

f. En verano, con mi familia me gusta ....

g. Cuando hace frío, con mis amigos me gusta ....

h. En primavera, con mi pareja me gusta ....

i. Cuando hace calor y no tengo dinero, ...

j. En mi tiempo libre, cuando nieva, no me gusta nada ....

k. Si estoy muy cansado y llueve, prefiero ....

l. Cuando hace frío, después de trabajar ....

m. Si hay niebla y tengo que conducir, ...

> En verano, cuando era pequeño, me encantaba ir a la piscina.

1 **Completa con las palabras que corresponden a las siguientes definiciones. ¿Qué palabra podemos leer en vertical?**

1. Información sobre una cosa o producto para empujar a la gente a consumir y a comprar.
2. Medio de información donde podemos leer noticias de actualidad, de política, de deportes, etc.
3. Podemos llamarlos simplemente SMS.
4. Nos molesta mucho cuando interrumpe nuestro programa favorito.
5. Aparato para hablar con nuestros amigos a distancia. Los hay fijos y móviles.
6. Medio de comunicación en el que escuchamos noticias, música, etc.
7. En la actualidad, normalmente son «electrónicos».
8. Los hay de radio y de televisión. Pueden ser de política, de cultura, infantiles…
9. Antes era un medio de comunicación escrita habitual entre la familia y los amigos. Ahora no es muy común escribirlas o recibirlas.
10. Este medio de información escrita se diferencia del periódico porque contiene fotos en color. Hablan sobre moda, cocina, deportes, etc.
11. Muchas veces la compramos cuando viajamos como recuerdo o para enviarlas a un familiar o amigo con un pequeño mensaje.
12. Medio de comunicación y entretenimiento en el que podemos ver noticias, películas, documentales…

1	P		B				D		
	2	P				D		O	
			3	M				J	
		4	A			C			
5	T			O					
		6	R			O			
			7	C		R			
8	P		G		M				
			9	C		A			
		10	R	V					
			11	P		L			
12	T			V					

2 **Encuentra el nombre de un medio a través del cual podemos informarnos, comunicarnos, divertirnos…**

R E T N I N T E

3 **Relaciona las columnas. Después, lee la dirección electrónica.**

a. arroba
b. punto
c. guion
d. guion bajo
e. mayúscula
f. minúscula

1. A, B, C…
2. a, b, c…
3. @
4. _
5. -
6. .

Curso_Completo_DELE-A2
@edelsa.com

4 **Utiliza palabras de las tres cajas para formar frases o expresiones.**

recibir • responder • oír
navegar • escribir • enviar
dejar • llamar • ver • hablar
leer • mandar • escuchar
buscar • preguntar

por
a
Ø

un correo electrónico • un mensaje • teléfono
una postal • una nota • una llamada • un anuncio
un programa • un foro • Internet
la radio • el periódico • una entrevista
chat • una dirección • la televisión

Recibir un correo electrónico

a. ....
b. ....
c. ....
d. ....
e. ....

f. ....
g. ....
h. ....
i. ....
j. ....

Compara con tus compañeros. ¿Quién ha logrado formar más expresiones?

Identifica cada medio de comunicación con su imagen correspondiente. ¿En qué ocasiones los usas?

teléfono fijo • carta • teléfono móvil • correo electrónico • Facebook
WhatsApp • chat • Skype • tarjeta postal • mensaje de texto

a. .... b. .... c. .... d. .... e. ....

f. .... g. .... h. .... i. .... j. ....

Contesta a estas preguntas. Después, habla con tus compañeros. ¿Piensan como tú?

a. ¿Cuál es el más cómodo para ti? ....
b. ¿Cuál es más barato? ....
c. ¿Cuál es el más práctico? ....
d. ¿Cuál es el más directo? ....
e. ¿Con cuál expresas tus ideas más claramente? ....
f. ¿Cuál es el más rápido? ....
g. ¿Cuál es el más romántico? ....

Completa estas frases con el nombre del medio de comunicación que usas en estas situaciones. Luego, compara tus resultados.

a. Para comunicarme con mi jefe o mis compañeros de trabajo, prefiero *el correo electrónico*, porque *puedo expresar mejor mis ideas* .
b. Cuando estoy enfadado con mi pareja, ...
c. Cuando quiero quedar con un amigo, ...
d. Si tengo que decirle a mis padres o mi pareja que voy a volver tarde, ...
e. Para felicitar a mi pareja el día de San Valentín, ...
f. Para invitar a mis amigos a mi cumpleaños, ...
g. Si quiero felicitar a mis amigos o mi familia en Navidad u otra fiesta, ...
h. Cuando estoy de viaje y quiero contar a mis amigos o mi familia cómo lo estoy pasando, ...
i. Si quiero dar una información sobre mi vida a todos mis amigos, ...

Responde a las preguntas.

¿Qué medio de comunicación usas para informarte?

¿Ves la televisión? ¿Cuántas horas?

¿Cuáles son tus programas de televisión favoritos?

¿Lees periódicos? ¿En qué ocasiones?

¿Para qué usas Internet? ¿Pasas mucho tiempo conectado?

¿Cuándo escuchas la radio?

1 Completa estas frases seleccionando la opción correcta.

1. Tenemos que renovar el pasaporte antes __ viajar.
   - a. que
   - b. de
   - c. a

2. Cuando __, prefiero ir solo.
   - a. viajar
   - b. viajo
   - c. viajando

3. Tengo vacaciones __.
   - a. desde el lunes
   - b. del lunes
   - c. desde los lunes

4. ¡Qué suerte! Pues yo no tengo vacaciones __ un año.
   - a. desde
   - b. hace
   - c. desde hace

5. Este móvil es muy bueno. Lo compré __ y no he tenido ningún problema con él.
   - a. dos años pasados
   - b. hace mucho tiempo
   - c. pasado un año

6. No veo a mi familia __ a esta ciudad.
   - a. desde venir
   - b. desde que vine
   - c. desde que venir

7. ¿Por qué no vamos a cenar fuera? Hace mucho tiempo __ no salimos.
   - a. de
   - b. Ø
   - c. que

8. Creo que el museo está abierto __ 10 de la mañana.
   - a. desde
   - b. de las
   - c. desde las

9. –Me voy a dormir./–Pues yo voy a quedarme hasta __ la película.
   - a. acabo
   - b. termina
   - c. el final de

10. Si quieres ir a la exposición de Sorolla, __ mejor comprar las entradas por Internet.
    - a. es
    - b. ser
    - c. siendo

11. No me gustan los lugares ruidosos. __ nunca voy a conciertos.
    - a. Porque
    - b. Para esto
    - c. Por eso

12. –El teatro está muy lejos./–__ mejor salir ya para no llegar tarde.
    - a. Entonces
    - b. Después
    - c. Porque

2 Completa estas frases seleccionando la opción correcta.

1. ¿__ estudias español?
   - a. Porque
   - b. Porqué
   - c. Por qué

2. Estudio español __ quiero viajar a España.
   - a. por
   - b. porque
   - c. por que

3. Ese restaurante siempre está lleno. Es mejor llamar antes para __ mesa.
   - a. reservas
   - b. reservando
   - c. reservar

4. Esta aplicación del móvil sirve __ hacer videollamadas. Es muy práctica.
   - a. por
   - b. para
   - c. a

5. Necesito unas vacaciones __ este año ha sido terrible en el trabajo.
   - a. por
   - b. porque
   - c. para que

6. Sí, nosotros también estamos deseando tener vacaciones para __ y olvidarnos del trabajo.
   - a. descansamos
   - b. descansando
   - c. descansar

7. He elegido este hotel __ el precio. Es realmente barato y, además, está muy bien.
   - a. porque
   - b. para
   - c. por

8. Juan me ha llamado __ preguntar si vamos a ir al concierto con él.
   - a. a
   - b. por
   - c. para

9. Este sobre es __ Carlos. Son las invitaciones a la exposición.
   - a. para
   - b. a
   - c. por

10. Prefiero hacer deporte __ las mañanas. ¿Y tú?
    - a. para
    - b. por
    - c. en

11. __ mí lo mejor es pasar las vacaciones con la familia.
    - a. A
    - b. Por
    - c. Para

12. Voy a viajar a Málaga. ¿Conoces un buen hotel __ allí?
    - a. por
    - b. para
    - c. en

3 Completa estas frases seleccionando la opción correcta.

1. Las entradas de cine no son ___ caras como las de teatro.
  a. tanto   b. tan   c. tanta

2. ¡Nosotros no hemos visto ___ películas como tú!
  a. tanta   b. tan   c. tantas

3. ¡Claro! Es que vosotros no vais al cine ___ como yo.
  a. tantos   b. tan   c. tanto

4. Bueno, pero yo he leído más libros ___ tú.
  a. de   b. como   c. que

5. Prefiero ver esta película. Es ___ interesante que la otra.
  a. muy   b. mucho   c. más

6. Creo que tu móvil es ___ que el mío.
  a. más mejor   b. muy bueno   c. mejor

7. –¿Juan es más joven que tú?/–No, es ___.
  a. menos grande   b. mayor   c. menor

8. Me encanta Brad Pitt. ¡Es ___ guapo!
  a. mucho   b. tanto   c. muy

9. A mí también me encanta. Además, es ___ buen actor.
  a. mucho muy   b. muy mucho   c. muy

10. El hotel de este año era caro, pero la habitación era ___ que la del año pasado.
  a. mejora   b. más grande   c. muy bonita

11. –Este televisor es muy barato./–Sí, pero es ___ que el otro.
  a. mucho peor   b. muy malo   c. más peor

12. Este hotel es ___ el otro y, además, es más barato.
  a. igual   b. similar   c. como

4 Completa estas frases seleccionando la opción correcta.

1. Tienes que enseñarme las fotos después ___ de tu viaje.
  a. que vuelves   b. a volver   c. de volver

2. ___ tres meses que empezó el libro y todavía no lo ha terminado.
  a. Desde hace   b. Desde   c. Hace

3. Me han dicho que el restaurante sirve la cena ___ 23:00.
  a. hasta las   b. a   c. hasta

4. –Este verano voy a los Pirineos./–¿De verdad? Yo ___ hace dos años y me encantó.
  a. estuve   b. estoy   c. he estado

5. ___ mucho tiempo que no voy al cine. ¿Vamos esta noche?
  a. Desde   b. Desde hace   c. Hace

6. –¿Qué horario tiene la biblioteca?/–Creo que___.
  a. de 10:00 a 19:00   b. de las 10:00 a las 19:00   c. desde 10:00 hasta 19:00

7. Me gusta buscar información sobre los lugares de interés antes ___.
  a. que viajo   b. que viajar   c. de viajar

8. Creo que ___ los lunes el museo está cerrado.
  a. en   b. por   c. Ø

9. –¿Quedamos esta noche?/–Prefiero quedar ___ mediodía.
  a. en el   b. al   c. el

10. –¿Cuándo piensas tener vacaciones este año?/–Creo que ___ julio.
  a. en   b. Ø   c. a

11. –¿La exposición de Picasso está ___ febrero?/–Creo que sí.
  a. hasta el   b. a   c. hasta

12. ¿___ esta noche hay algo interesante en televisión?
  a. Por   b. En   c. Ø

1 SERIE 1

Elige la opción correcta y completa el cuadro de funciones con las fórmulas correspondientes.

1. Te invito __ tomar algo.
   a. de   b. a   c. Ø
2. Entonces, ¿vienes __ esta noche al concierto?
   a. con yo   b. con mí   c. conmigo
3. –¿Vienes mañana a comer a casa?/–¡__!
   a. Me encanta b. Encantado c. Me encanto
4. –¿Vamos a Toledo?/–Bueno, __, pero volvemos pronto, ¿eh?
   a. no   b. lo siento c. vale
5. –¿Salimos a cenar?/–Lo siento, __, es que mañana tengo examen.
   a. vale   b. ¿por qué no? c. no puedo
6. –No sé qué hacer el domingo./–Puedes __ ir al zoo.
   a. que   b. Ø   c. de
7. Tenéis que __ la última película de Aménabar, ¡es buenísima!
   a. ve   b. ves   c. ver
8. –No tengo planes para el sábado./–¿Por qué __ vas al festival de música africana?
   a. no   b. te   c. Ø
9. Si vas a Ibiza, es conveniente __ reservar hotel mucho antes.
   a. de   b. Ø   c. que
10. ¿Vas a ir al restaurante que te recomendé? __ hacer reserva.
    a. Está necesario b. Es necesario c. Necesita
11. ¿Vas a la sierra? Pues __ ropa de abrigo. Hace frío.
    a. llevar   b. lleva   c. llevas
12. Sí, __, hay mucha nieve.
    a. ten cuidado b. tienes cuidado c. tienes que cuidar

Tu listado

a. **Ofrecer e invitar**
   ¿Quieres un café?
   1. ....
b. **Solicitar confirmación de una propuesta**
   Entonces, ¿te quedas?
   2. ....
c. **Aceptar una propuesta, ofrecimiento o invitación sin/con reservas**
   Sí, de acuerdo.
   3. ....
   Sí, pero…
   4. ....
d. **Rechazar una propuesta, ofrecimiento o invitación**
   No, gracias.
   5. ....
e. **Aconsejar**
   Tienes que trabajar menos.
   6. ....
   7. ....
   8. ....
   9. ....
   10. ....
   11. ....
f. **Advertir**
   12. ....

2 SERIE 2

Elige la opción correcta y completa el cuadro de funciones con las fórmulas correspondientes.

1. –¿Te gusta __?/–Sí, pero no bailo bien.
   a. bailas   b. baile   c. bailar
2. –¿__ ha gustado la película?/–Sí, es muy bonita.
   a. Vos   b. Os   c. Vosotros
3. Cuando viajas, ¿qué tipo de destinos __?
   a. te interesan b. te interesa c. interesas
4. Yo prefiero los destinos culturales, pero a mi novio __ la playa.
   a. gusta   b. le gusta   c. se gusta
5. Ponen un documental sobre el Amazonas. ¡Qué __!
   a. interesante b. interés   c. me interesa
6. ¡Me ha encantado __ el libro! Me ha parecido precioso.
   a. mucho   b. muy   c. Ø
7. __ también nos ha gustado mucho.
   a. A nosotros b. Nosotros   c. Nos
8. –¡Muy bonita la exposición!/–Pues a mí __ nada.
   a. me ha gustado b. no ha gustado c. no me ha gustado
9. ¡__ el reguetón! ¡Me pone muy nerviosa!
   a. Me odio   b. Me odia   c. Odio
10. –No me gustan las películas de terror./–A mí __.
    a. también   b. tampoco   c. no
11. Los programas de política no __ interesantes.
    a. son   b. están   c. tienen
12. –¿Qué libro le compramos a Laura?/–Pues es que __ me gusta.
    a. nada   b. ninguno   c. ninguno no

Tu listado

g. **Preguntar por gustos e intereses**
   ¿Qué te gusta…?
   1. ....
   2. ....
   3. ....

h. **Expresar gustos e intereses**
   Me gusta.
   4. ....
   5. ....
   6. ....
   7. ....

i. **Expresar falta de gusto y aversión**
   No me gusta.
   8. ....
   9. ....
   10. ....
   11. ....
   12. ....

SERIE 3
Elige la opción correcta y completa el cuadro de funciones con las fórmulas correspondientes.

1. ¿__ son los cantantes favoritos del abuelo? Quiero comprarle un CD para su cumpleaños.
   a. Quién   b. Qué   c. Cuáles
2. ¿Qué prefieres, __ las películas de acción o las románticas?
   a. mucho   b. Ø   c. más
3. ¿Prefieres ir al cine __ al teatro?
   a. de   b. o   c. como
4. Cuando viajas, ¿qué tipo de ciudades __ más, las históricas o las modernas?
   a. gusta   b. te interesa   c. te prefieres
5. –¡Me encanta leer poesía!–¿Sí? ¿__ son tus autores favoritos?
   a. Cuál   b. Qué   c. Quiénes
6. Me __ la cocina italiana.
   a. gusta más   b. prefiero   c. encanta mucho
7. Nos interesa más ir a Granada __ a Sevilla. Sevilla ya la conocemos.
   a. como   b. de   c. que
8. ¿Qué quieres __ hacer esta noche?
   a. a   b. Ø   c. de
9. El próximo fin de semana me __ ir al cine.
   a. gustaría   b. gusta   c. quiero
10. –¿Vais __ viajar este verano?–Pues todavía no estamos seguros.
    a. a   b. que   c. Ø
11. __ pasaré las vacaciones en el Caribe.
    a. Próximo año   b. El año futuro   c. El año que viene
12. Estoy muy cansado. Voy a __ en casa y ver la tele.
    a. quedar   b. quedarme   c. me quedar

Tu listado

j. Preguntar por preferencias
¿Té o café?
1. ....
2. ....
3. ....
4. ....
5. ....

k. Expresar preferencia
Prefiero…
6. ....
7. ....

l. Preguntar por deseos
¿Quieres…?
8. ....

m. Expresar deseos
Quiero…
9. ....

n. Preguntar por planes e intenciones
¿Trabajas mañana?
10. ....

ñ. Expresar planes e intenciones
11. ....
12. ....

Corrección de errores
Identifica y corrige los errores que contienen estas frases. Puede haber entre uno y tres en cada una.

a. ¿Y a ti? ¿Prefieres los viajes de aventura o los de sol y playa?
b. ¿Qué te gusta mucho: ver las películas en el cine o en tu casa?
c. ¿Qué es tu actor más favorito?
d. Prefiero a viajar con tren. El avión me da miedo.
e. ¿Qué tipo de cine se interesa más a Roberto? Es que quiero lo invitar.
f. ¿Cuál prefieres, viajar por invierno o por verano?
g. Yo me gusta las películas románticas.
h. No me encanta mucho los viajes organizados.
i. Me gusta nada la música tecno.
j. A mí interesan más los documentales de las películas.

Uso de preposiciones
Tacha la opción incorrecta en estas frases.

a. Vamos a pasar todo el verano *a/en* la playa.
b. *A/Ø* mi novio le encanta el deporte.
c. Es mejor salir *a/por* la mañana temprano. Luego hace mucho calor.
d. Los domingos me gusta jugar *a/Ø* las cartas con mi familia.
e. Necesitas un visado *por/para* viajar a EE. UU.
f. ¿Este libro es *de/a* Pedro?
g. *Por/Para* mí, el mejor cine es el europeo.
h. Me encantan los viajes *de/Ø* culturales.
i. ¿Qué tipo *de/a* actividad te gusta hacer en tu tiempo libre?
j. ¿Qué van a poner esta noche *en/a* la televisión?

Comprensión de lectura

60 min

Tiempo disponible para toda la prueba.

TAREA 1

A continuación, va a leer un correo que Beatriz ha enviado a Rafael. Después, conteste las preguntas, 1-5, marcando la opción correcta, a), b) o c).

○○○   ✉ Sin título   ⊖

Para: Rafa

Asunto: Vacaciones

Querido Rafa:

Por fin estamos aquí. Tenía muchísimas ganas. Como ves en la foto que te adjunto, te escribo desde Tenerife. Esto es increíble. Estamos pasando dos semanas maravillosas. No sé si sabes que mi hermano vive aquí. Está casado con una chica que conoció aquí cuando vino a hacer unas prácticas. Ahora los dos trabajan en la Universidad de La Laguna. Mi hermano es profesor de Ecología y mi cuñada de Contaminación Atmosférica… en fin que, como el año pasado vinieron a Málaga a pasar las Navidades con nosotros, este año hemos decidido hacerles nosotros una visita y celebrar las fiestas con ellos y así conocer la isla. Lo estamos pasando muy bien juntos.

De momento, hemos visitado La Laguna, La Orotava (una de las localidades más bonitas de la isla, con unas construcciones muy bien conservadas; su centro está declarado Conjunto Histórico Artístico) y muchas playas maravillosas, pero todavía no hemos subido al Teide. Espero poder ir pronto porque me han dicho que es precioso.

Lo que más me sorprende de Tenerife es que la naturaleza es muy variada: el norte es precioso, muy verde, con gran cantidad de árboles y vegetación. En cambio, el sur es muy seco y desértico, y bastante turístico para mí. Lo mejor de todo es el clima, es estupendo. Dicen que es la isla de la eterna primavera. No hace mucho calor en verano ni mucho frío en invierno. Imagínate, incluso en el mes en que estamos, no necesitamos el abrigo, excepto por la noche. Mi marido también está encantado porque a él le gusta mucho el submarinismo y aquí hay lugares perfectos para practicarlo.

Un beso y felices fiestas,

Beatriz

PREGUNTAS

1. Beatriz escribe su carta:
 a) En primavera.
 b) En invierno.
 c) En verano.

2. Beatriz escribe a Rafa para:
 a) Contarle su viaje a Tenerife.
 b) Invitarlo a venir a Tenerife.
 c) Pedirle un favor.

3. Beatriz ha ido a Tenerife:
 a) Porque quiere trabajar allí.
 b) Para hacer turismo y visitar la isla.
 c) Para conocer a la mujer de su hermano.

4. Beatriz quiere:
 a) Ir a la playa.
 b) Visitar La Laguna.
 c) Subir al Teide.

5. Beatriz prefiere el norte porque:
 a) Es menos turístico que el sur.
 b) La naturaleza es más variada.
 c) Tiene un clima más seco.

Especial DELE A2 Curso completo

TAREA 2

A continuación, va a leer ocho anuncios. Después, responda las preguntas, 6-13, marcando la opción correcta, a), b) o c).

Ejemplo   **Texto 0**

AVISO IMPORTANTE
El Ministerio de Sanidad, Consumo y Bienestar Social ha anunciado que las ventas del programa de turismo social del Instituto de Mayores y Servicios Sociales (Imserso) empezarán los primeros días de octubre. Los viajes serán a partir del día 15. Así, los jubilados podrán reservar sus viajes desde el 1 de junio y, a partir de entonces, se les enviará una carta donde se indica la fecha exacta del viaje.

0. El anuncio dice que:
- **a)** Los viajes van a ser a principios de octubre.
- **b)** Este programa es para personas que ya no trabajan.
- **c)** Hay que escribir una carta para poder viajar.

La opción correcta es la b). Dice que es un programa de turismo para jubilados.

Texto 1

Viajes Sanz

**Disfruta de tus vacaciones de Semana Santa en la costa.
Hoteles de 3 y 4 estrellas, media pensión: desde 36*
Aprovecha nuestra sensacional oferta para familias:
Niños de 2 a 10 años: 1.er niño, gratis; 2.º niño, 50% de descuento.
* Precio por persona y noche en habitación doble. Plazas limitadas.**

6. Este anuncio dice que:
- **a)** Todos los niños de dos a diez años no pagan.
- **b)** El precio incluye habitación, desayuno y una comida.
- **c)** La habitación para dos personas cuesta 36 € por noche.

Texto 2

TENEMOS LA FIBRA MÁS RÁPIDA

NUEVAS TARIFAS FIBRA + MÓVIL (LLAMADAS **ILIMITADAS**)
ADSL/FIBRA SIMÉTRICA **100 Mb/s**
10 GB DE DATOS A PRECIO DE 3 GB
~~43,89 €/mes~~
39,89 €/mes IVA y cuota incluidos
DURANTE 3 MESES
Tenemos más opciones según tus necesidades.
Confecciona tu propio plan en lemon@lemon.com.

TE LLAMAMOS GRATIS

7. El anuncio dice que:
- **a)** 3 GB de datos cuestan 43,89 al mes.
- **b)** Los tres primeros meses es más barato.
- **c)** Te dan un móvil de regalo.

Comprensión de lectura

Texto 3

Bienvenido a **www.rinconesporexplorar.com**

En nuestra página te ofrecemos guías de viajes de todos los países del mundo, mapas de las carreteras y planos de las principales ciudades.

Haz clic en el país que deseas visitar y descubre:
- Una primera sección con las principales ciudades del país ordenadas alfabéticamente.
- Una segunda sección con un completo mapa de carreteras.
- Una sección donde los viajeros pueden intercambiar opiniones.

8. Este anuncio dice que:
- **a)** La información de cada país se divide en tres partes.
- **b)** Esta guía está escrita por muchos viajeros.
- **c)** Hay una guía de cada ciudad principal.

Texto 4

Como ya anunciamos la semana pasada, Canal Trece estrena

Luz y sombra

una nueva serie en la que el misterio y el amor están presentes.
La vida de dos antiguas compañeras de colegio se vuelve a cruzar.
Primer capítulo: próximo jueves a las 22:00.
Más información sobre la serie y sus protagonistas en www.canaltrece.com, donde también se van a poder ver los capítulos atrasados.

9. El anuncio dice que el primer capítulo de la serie:
- **a)** No se puede ver hasta el próximo jueves.
- **b)** Ya se vio la semana pasada.
- **c)** Ya se puede ver en la página web.

Texto 5

Centro deportivo municipal

celebra su IV TRIATLÓN
Si te gusta correr, nadar y montar en bicicleta, participa.
Hora y lugar: sábado 2, a las 10:00 de la mañana.
Inscripciones: el mismo día en la recepción, una hora antes de la prueba.
Los socios deben traer su carné.
Más información en www.cdm.es.

10. Para participar en esta competición:
- **a)** Debo ir al centro el sábado a las 9:00.
- **b)** Tengo que inscribirme *on-line*.
- **c)** Es necesario ser socio del centro.

Especial DELE A2 Curso completo

Texto 6

MIORDENADOR Primera cadena especializada en ordenadores y material de informática de segunda mano.

– Productos revisados por nuestros técnicos.
– Garantía de 2 años.
– Servicio técnico gratuito (excepto piezas) durante dos meses.
– Si el producto no te satisface, tienes 14 días para devolverlo.

Y si en tu ciudad no hay una tienda de MIORDENADOR, puedes hacer tus compras por teléfono: 902 879876 o a través de nuestra web: www.miordenador.com.

11. Este anuncio dice que en esta tienda:
   a) Se compran ordenadores y teléfonos.
   b) Se venden ordenadores usados.
   c) Se venden ordenadores nuevos.

Texto 7

CONSULADO DE ESPAÑA

REQUISITOS VISADO DE TURISMO
Acudir al Consulado con el impreso de solicitud relleno en español o en el idioma oficial del país (gratuito en esta web o directamente en el Consulado), además de los siguientes documentos:
• Pasaporte o documento de identidad.
• Reserva confirmada de un billete de ida y vuelta.
• Prueba del alojamiento (reserva de hotel confirmada o prueba de la invitación de una persona residente en España).
• Seguro médico.
• Confirmación de pago de 35 euros (tasas consulares).

12. El impreso de solicitud:
   a) Se puede bajar de Internet.
   b) Solo se puede escribir en español.
   c) Cuesta treinta y cinco euros.

Texto 8

Ayuntamiento de Elda
Un año más la Concejalía de Juventud organiza un viaje
para hacer el Camino de Santiago.
Las inscripciones se pueden realizar en la concejalía
de 9:00 a 14:00 (de lunes a viernes) o en el teléfono 96 698 92 36.
Plazas limitadas (45).
El viaje (del 10 al 17 de agosto) tiene un precio total de 150 euros
(incluye autobús, guía y reunión preparatoria el 27 de julio en el centro cívico).

13. Este anuncio dice que:
   a) Este viaje se organiza por primera vez.
   b) Solo pueden viajar 45 personas.
   c) El viaje empieza el 27 de julio.

Especial DELE A2 Curso completo

Comprensión de lectura

TAREA 3

A continuación, va a leer tres textos de tres personas que cuentan cómo pasan los fines de semana. Después, relacione las preguntas, 14-19, con los textos, a), b) o c).

PREGUNTAS	a) Cristina	b) Carlos	c) Pedro
14. ¿Quién dedica parte del fin de semana a cocinar?			
15. ¿Quién solo tiene un día libre?			
16. ¿Quién ha cambiado mucho?			
17. ¿Quién no sale de casa?			
18. ¿Quién pasa el tiempo con su familia?			
19. ¿Quién dedica tiempo a estudiar?			

a) Cristina

Muchas veces mi marido y yo recordamos cómo eran nuestros fines de semana antes de tener niños. Los viernes y sábados por la noche solíamos salir a bailar o a tomar algo con amigos. Otras veces invitábamos a cenar a nuestros amigos o ellos nos invitaban a sus casas. Pasábamos la noche charlando, nos acostábamos muy tarde y nos levantábamos tarde también. La verdad es que nuestra vida era muy diferente y nosotros también. Ahora, hacemos actividades con los niños: vamos al zoológico o al parque… y los domingos a casa de la abuela a comer y a pasar la tarde con ella. También vienen mis hermanos con sus hijos y pasamos la tarde juntos mientras los niños juegan en el jardín.

b) Carlos

Durante la semana tengo un horario de trabajo bastante duro. Salgo a las siete de la mañana de casa y muchas veces no vuelvo antes de las seis, y a veces tengo que viajar. Los sábados hago una gran compra por Internet. Me traen todo lo que necesito y preparo comida para toda la semana. Así, puedo llevar mi propia comida al trabajo, porque no me gusta comer siempre fuera. También es el día que dedico a limpiar la casa, poner la lavadora… El domingo es el día que realmente descanso. Me quedo todo el día en pijama, en el sofá viendo películas y series. La verdad es que no tengo energía para nada más.

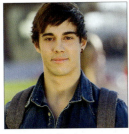

c) Pedro

Mis fines de semana no son muy divertidos. Mis padres tenían una tienda de decoración, pero se jubilaron el año pasado. Ahora llevamos la tienda mi hermana y yo. Como está en un centro comercial, no cerramos los fines de semana: mi hermana tiene libre el sábado y yo, el domingo. Además, estoy haciendo Marketing en la UNED, la Universidad a Distancia, y ahora estoy con exámenes, así que paso la mañana del domingo en casa o en la biblioteca. Por las tardes quedo con amigos para ver series de televisión o escuchar música. Si no puedo salir, me quedo en casa y subo fotos a mis redes sociales. Lo que no tengo es tiempo para hacer deporte.

Especial DELE A2 Curso completo

TAREA 4

A continuación, va a leer un texto sobre un tema actual. Después, conteste las preguntas, 20-25, marcando la opción correcta, a), b) o c).

INTERNET Y LOS NIÑOS

Les decimos que no deben hablar con personas extrañas o abrir la puerta a un desconocido. Controlamos dónde juegan, qué ven en la televisión y qué videojuegos tienen, pero muchas veces olvidamos los peligros cuando se acercan al ordenador.

Internet tiene muchas ventajas: proporciona recursos como enciclopedias, noticiarios, acceso a bibliotecas y otros materiales educativos de gran utilidad para la formación de nuestros hijos.

Internet no es como la televisión o el videojuego, que ofrecen al niño información que él absorbe de una manera pasiva, sino que les da la oportunidad de participar activamente y comunicarse con otros niños del mundo o elegir la información o diversiones que desean.

Pero estos mismos atractivos pueden no ser buenos en algunas ocasiones. La fascinación que produce el ir de un lado para otro con un simple movimiento de dedo puede generarles una curiosidad casi compulsiva. Otro factor de riesgo es que puedan acceder a contenidos y materiales gráficos no aptos para los menores: sexo, violencia, drogas.

¿Cómo podemos los padres reducir los riesgos? La mejor manera de asegurarnos de que nuestros hijos van a tener experiencias positivas al navegar por Internet es interesarnos por lo que hacen y una forma de hacer esto es pasar tiempo con ellos mientras navegan por la red.

Si estamos preocupados por las actividades de nuestros hijos en Internet, podemos hablar con ellos. Podemos decirles que queremos ver lo que hacen y los servicios que usan. Muchas veces los padres que no controlamos mucho sobre las nuevas tecnologías podemos buscar el consejo y la orientación de otros usuarios de ordenadores y aprender a usar estos sistemas.

Por otra parte, nuestros hijos pueden pedir privacidad, y es natural. En ese caso, podemos dejar preparados los sitios aptos para visitar en el menú Favoritos y luego controlar el historial de páginas visitadas. No olvidemos que existen programas especialmente diseñados para ayudar a los padres a bloquear y controlar el contenido de los sitios en Internet para los niños. Estos programas, por ejemplo, pueden bloquear el acceso a sitios para adultos o cortar el uso de Internet por la noche o a la hora de hacer los deberes.

En todo caso, debemos hablar con nuestros hijos y establecer juntos las reglas que hay que seguir en el uso de Internet.

Adaptado de www.microasist.com.mx

PREGUNTAS

20. En este texto:
   a) Dan consejos a los padres sobre Internet.
   b) Hablan de sitios de Internet interesantes para niños.
   c) Se dice que Internet es una influencia negativa.

21. Este texto puede encontrarse en:
   a) Un manual sobre cómo usar Internet.
   b) Una revista para padres y madres.
   c) El libro de instrucciones del ordenador.

22. El texto dice que:
   a) Usar Internet es como ver la televisión o usar un videojuego.
   b) El niño recibe pasivamente la información de Internet.
   c) Internet es más interactivo que la televisión o un videojuego.

23. Según el texto, uno de los peligros de Internet es que:
   a) Permite entrar en páginas para adultos.
   b) Sus contenidos nunca son para niños.
   c) Los niños ya no sienten curiosidad.

24. El texto dice que los padres:
   a) No deben dejar a sus hijos usar Internet solos.
   b) No pasan suficiente tiempo con sus hijos.
   c) Deben hablar con sus hijos de su uso de Internet.

25. Según el texto, hay programas para:
   a) Informar a los padres sobre cómo usar Internet.
   b) Ayudar a los padres a controlar qué ven sus hijos.
   c) Buscar las páginas aptas para niños.

Anote el tiempo que ha tardado:

Recuerde que solo dispone de **60 minutos**

Especial DELE A2 Curso completo

PRUEBA 2

Comprensión auditiva

Tiempo disponible para toda la prueba.

Pistas 1-7

TAREA 1

A continuación, escuchará seis conversaciones. Oirá cada conversación dos veces. Después, marque la opción correcta, a), b) o c), para cada pregunta, 1-6. Ahora, va a oír un ejemplo.

Ejemplo   **Conversación 0**

0. ¿Qué no tiene la señora todavía?

a)

b)

c)

La opción correcta es la c). Cuando le preguntan si se encarga ella (de los billetes), contesta afirmativamente, porque trabaja cerca de la estación de Renfe.

Conversación 1

1. ¿Adónde van a ir el domingo?

a)

b)

c)

Conversación 2

2. ¿Qué va a hacer el hombre el fin de semana?

a)

b)

c)

Conversación 3

3. ¿Cómo es mejor comunicar con el hotel?

a)

b)

c)

Conversación 4

4. ¿Qué no necesitan para el viaje?

a)

b)

c)

Conversación 5

5. ¿Qué es lo primero que van a visitar?

a)

b)

c)

Conversación 6

6. ¿Cómo van a ir al aeropuerto?

a)

b)

c)

Especial DELE A2 Curso completo

Pistas 8-14

TAREA 2

A continuación, escuchará seis anuncios de radio. Oirá los anuncios dos veces. Después, marque la opción correcta, a), b) o c), para cada pregunta, 7-12. Ahora, va a oír un ejemplo.

Ejemplo

0. Según la oferta de Telecom, se paga:
   a) 54,90 € por el primer año.
   b) 30 € el mes de enero.
   c) Menos durante el primer año.

La opción correcta es la c). Dice que el primer año solo pagas 30 € al mes.

PREGUNTAS

7. Los profesores de este gimnasio:
   a) Ayudan a decidir qué deporte hacer.
   b) No son iguales que otros.
   c) Son muy jóvenes y expertos.

8. El anuncio dice que la entrada es más barata:
   a) Para las familias.
   b) Si compras diez juntas.
   c) Comprando por Internet.

9. Este seguro:
   a) Es solo para niños menores.
   b) No lo puedo usar en mi país.
   c) Solo sirve para problemas médicos.

10. En este club se puede:
   a) Encontrar una pareja.
   b) Hacer actividades culturales.
   c) Dar paseos por la naturaleza.

11. En este programa:
   a) Se comenta un libro de Juan Madrid.
   b) Se hace una entrevista a Juan Madrid.
   c) Se hace publicidad de viajes a Brasil.

12. *Safaris para todos* es:
   a) Una agencia de viajes.
   b) Un libro de fotografías.
   c) Una película sobre África.

Pista 15

TAREA 3

A continuación, escuchará una conversación entre dos amigos, Guillermo y Marta. Indique si los enunciados, 13-18, se refieren a Guillermo a), Marta b) o a ninguno de los dos c).

	ENUNCIADOS	a) Guillermo	b) Marta	c) Ninguno de los dos
0.	Ha venido en transporte público.	✓		
13.	Ya ha estado en México.			
14.	No le gusta mucho la playa.			
15.	No le interesa la artesanía.			
16.	No va a viajar en verano.			
17.	No practica deporte.			
18.	No tiene hambre.			

La opción correcta es la a). Dice que él ha venido en metro.

Pistas 16-23

TAREA 4

A continuación, escuchará siete mensajes. Oirá cada mensaje dos veces. Después, seleccione el enunciado, a)-j), que corresponde a cada mensaje, 19-25. Hay diez enunciados. Tiene que seleccionar siete. Ahora, va a oír un ejemplo.

	MENSAJES	ENUNCIADO
0.	Mensaje 0	h)
19.	Mensaje 1	
20.	Mensaje 2	
21.	Mensaje 3	
22.	Mensaje 4	
23.	Mensaje 5	
24.	Mensaje 6	
25.	Mensaje 7	

	ENUNCIADOS
a)	Va a llegar más tarde.
b)	No va a ir.
c)	Hay que hacerlo esta semana.
d)	Tienen que ir urgentemente.
e)	Está enfermo.
f)	Van a cambiar el horario.
g)	Pide información.
h)	Ahora es más barato.
i)	Tiene que llevar algo de comer.
j)	Tiene un problema con el ordenador.

La opción correcta es la h). Dice que si lo contratas antes de Navidad, es más barato.

Anote el tiempo que ha tardado:

Recuerde que solo dispone de **40 minutos**

Especial DELE A2 Curso completo

Sugerencias para los textos orales y escritos

APUNTES DE GRAMÁTICA

- Para valorar una actividad pasada usamos:
  - Pretérito perfecto si la actividad se ha realizado en un tiempo que no ha terminado aún o está muy cerca del presente: *Esta tarde he visto una película que me ha encantado.*
  - Pretérito perfecto simple si la actividad se realizó en un tiempo pasado acabado: *La exposición que vimos ayer fue muy interesante.*
- Para describir un lugar, un museo, etc., usamos el pretérito imperfecto: *La ciudad era muy grande. La película era muy interesante.*
- Para hablar de planes e intenciones usamos *ir a* + infinitivo: *El domingo voy a ir a bailar.*
- Para hablar de la causa usamos *porque*: *Me gustó mucho porque fue un viaje diferente.*

EXPRESAR CONOCIMIENTO/ DESCONOCIMIENTO

- ☐ *Sé bastante/un poco de…*
- ☐ *Sé que…*
- ☐ *Conozco algo sobre…*
- ☐ *No sé mucho de/sobre…*

DAR OPINIÓN

- ☐ *Creo que es un lugar/viaje diferente.*
- ☐ *A mí me pareció un lugar/viaje terrible.*
- ☐ *El viaje/lugar me pareció increíble, ¿y a ti?*
- ☐ *Para mí, fue un viaje/lugar inolvidable.*

VALORAR

- ☐ *¡Qué bien canta/actúa!*
- ☐ *No es nada interesante/divertido…*
- ☐ *(No) Está bien/mal.*
- ☐ *¡Estupendo!*
- ☐ *¡Perfecto!*

PROPONER Y SUGERIR

- ☐ *¿Vamos a la montaña este sábado?*
- ☐ *¿Vienes con nosotros al cine?*
- ☐ *¿Quedamos para ir a bailar?*
- ☐ *¿Por qué no vamos este año a África?*
- ☐ *¿Qué tal si vamos en tren?*

Especial DELE A2 Curso completo

PRUEBA 3

Expresión e interacción escritas

45 min

Tiempo disponible para toda la prueba.

TAREA 1

Usted ha recibido un correo de una amiga que le pregunta por su verano.

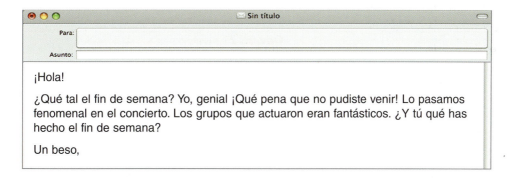

○○○   ✉ Sin título   ⊖

Para:

Asunto:

¡Hola!

¿Qué tal el fin de semana? Yo, genial ¡Qué pena que no pudiste venir! Lo pasamos fenomenal en el concierto. Los grupos que actuaron eran fantásticos. ¿Y tú qué has hecho el fin de semana?

Un beso,

Escriba un correo a su amiga. En él tiene que:

- Saludar.
- Explicar por qué no pudo ir con ellos al concierto.   *simple*
- Contar lo que hizo el fin de semana.   *compuesto*
- Proponer una actividad para hacer juntos próximamente.   *presente*
- Despedirse.

Número de palabras: entre 60 y 70.

○○○   ✉ Sin título   ⊖

Para:

Asunto:

Especial DELE A2 Curso completo

Expresión e interación escritas

TAREA 2

Elija solo una de las opciones. En cada opción debe tratar todos los puntos.

Opción 1

Usted tiene que escribir un texto sobre un viaje especial. Hable de:

- Adónde fue, cuándo y con quién. *indefenido*
- Por qué decidió ir allí. *indefenido*
- Cómo era el lugar, qué tiempo hacía. *imperfecto*
- Qué actividades hizo allí, qué compró. *indefenido*
- Su opinión sobre el lugar y el viaje.

Opción 2

Antonio y Adela han cambiado su forma de pasar el tiempo libre. Aquí tiene algunas fotos de ellos antes y ahora.

El tiempo de ocio de Antonio y Adela antes

Sus vacaciones de verano

Sus fines de semana ahora

Sus vacaciones de verano ahora

Usted tiene que escribir un texto sobre Antonio y Adela en el que debe contar:

- Cómo eran sus fines de semana antes. *imperfecto*
- Qué hacían en sus vacaciones de verano antes. *imperfecto*
- Cómo cambió su vida el nacimiento de sus hijos.
- Si eran más felices antes o ahora.

presente

imperfecto *indefenido*

Número de palabras: entre 70 y 80.

Anote el tiempo que ha tardado:

Recuerde que solo dispone de **45 minutos**

184

PRUEBA 4

Expresión e interacción orales

 **Tiempo para preparar toda la prueba.**

 Tiempo disponible para las 3 tareas.

TAREA 1

MONÓLOGO

Usted tiene que hablar durante 2 o 3 minutos sobre una película u obra de teatro que vio.

INSTRUCCIONES

Durante la presentación debe hablar de:
- Dónde y cuándo la vio.
- Por qué decidió verla.
- De qué género era y sobre qué trataba.
- De qué director era y qué actores trabajaban en ella.
- Qué le pareció.

Sugerencias

Motivos para verla
- ☐ Me la recomendó un amigo
- ☐ Leí/oí una crítica muy buena en una revista/radio/televisión
- ☐ Me encanta ese(a) director(a)/ actor, actriz
- ☐ Ese es mi género favorito

Opinión y valoración
- ☐ Me encantó
- ☐ Me gustó mucho
- ☐ No me gustó (mucho, nada)
- ☐ Me pareció aburrida, interesante, larga, lenta, original…

Género y tema
- ☐ Era una película de amor, guerra, miedo, risa, policías, dibujos animados
- ☐ Era una comedia, un musical, un drama
- ☐ Era una obra romántica, cómica, dramática, policiaca
- ☐ Trataba de…
- ☐ Contaba la historia de…

TAREA 2

DESCRIPCIÓN DE UNA FOTO

Usted tiene que describir la siguiente fotografía durante 2 o 3 minutos.

En la agencia de viajes

Ejemplo de preguntas

- ¿Cómo son las personas físicamente? ¿Cómo cree que son de carácter?
- ¿Qué ropa llevan?
- ¿Cómo es el lugar en el que están? ¿Qué objetos hay?
- ¿Qué están haciendo estas personas?
- ¿De qué cree que están hablando?
- ¿Cómo cree que se sienten? ¿Qué están pensando?
- ¿Qué han hecho antes? ¿Qué van a hacer después?

Expresión e interacción orales

6

TAREA 3

DIÁLOGO EN UNA SITUACIÓN IMAGINARIA

Usted quiere hacer un viaje y va a una agencia turística. El examinador es el empleado. Hable con él durante 3 o 4 minutos siguiendo estas instrucciones.

CANDIDATO
Durante la conversación tiene que: ■ Explicar qué tipo de viaje quiere hacer. ■ Decir las fechas que le interesan. ■ Decir qué medio de transporte y tipo de hotel prefiere. ■ Preguntar por los precios de las diferentes opciones.

Modelo de conversación:

1. **Inicio:** se saludan e indica el motivo de su presencia
   EXAMINADOR:
   Hola, buenos días/buenas tardes. ¿En qué puedo ayudarlo/la?
   CANDIDATO:
   Buenos días/buenas tardes. Quería información…

2. **Fase de desarrollo:** hablan sobre el tipo de viaje, las fechas, qué lugares desea visitar
   EXAMINADOR:
   ¿Qué tipo de viaje le interesa? Cultural, de naturaleza, circuito…
   CANDIDATO:
   Pues me interesa….
   EXAMINADOR:
   ¿Sabe ya en qué fechas quiere viajar? ¿Y cuánto tiempo desea quedarse aquí?
   CANDIDATO:
   Pues…
   EXAMINADOR:
   ¿Qué tipo de alojamiento prefiere: hotel, hostal, albergue…?
   CANDIDATO:
   Prefiero…
   EXAMINADOR:
   ¿Va a viajar en avión, en tren…?
   CANDIDATO:
   Prefiero…
   EXAMINADOR:
   ¿Necesita más información? ¿Tiene alguna pregunta?
   CANDIDATO:
   Sí, necesito saber el precio de…

3. **Despedida y cierre:** termina la conversación y se despiden
   EXAMINADOR:
   Perfecto. Ya tiene todo confirmado.
   CANDIDATO:
   Mostrar acuerdo y despedirse

Especial DELE A2 Curso completo

Comprensión de lectura

CARACTERÍSTICAS DE LA PRUEBA

DESCRIPCIÓN
- Consta de **4 tareas** de lectura y de un total de **25 ítems** de respuesta preseleccionada.
- Su duración total es de **60 minutos**.
- Las lecturas se basan en **textos auténticos**, adaptados al nivel A2 en léxico y gramática.
- La extensión total de los textos es de 1 325 a 1 725 palabras.

MODO DE REALIZACIÓN
- Los textos están en un **cuadernillo** junto con la prueba de Comprensión auditiva.
- Las respuestas deben marcarse en **una hoja de respuesta** separada.

TE PUEDE AYUDAR PARA TODA LA PRUEBA 1

Según el significado...
✓ Un enunciado es correcto cuando:
  - Expresa con otras palabras la información principal que hay en el texto, por eso es importante entender la idea principal que quiere transmitir el texto.
  - Resume la idea del texto.

✗ Es incorrecto cuando:
  - Es algo lógico, pero no tiene relación con el texto.
  - Reproduce las mismas palabras que hay en el texto, pero se refiere a otra cosa.

Según el léxico...
✓ Un enunciado es correcto cuando:
  - Utiliza un sinónimo (*la gente = las personas*; *entender = comprender*).
  - Dice lo mismo, pero con otras palabras.

Según la gramática...
✓ Un enunciado es correcto cuando:
  - Utiliza formas equivalentes: verbos: *tener que = deber*; adverbios: *frecuentemente = con frecuencia*; *siempre = todos los días*, etc.

No olvides
✓ Empezar por los textos o enunciados más fáciles y dejar los más complicados para el final.
✓ Tachar los textos que ya has localizado.
✓ Una respuesta parcialmente correcta es incorrecta.
✓ Como los errores no restan puntos, marca una respuesta incluso si no estás seguro.

TAREA 1

- Consiste en leer **un texto** breve del ámbito personal (250-300 palabras) y contestar a **5 preguntas** de selección múltiple con **3 opciones** de respuesta.
- Los textos pueden ser cartas personales, correos electrónicos, etc.
- Su **objetivo** es evaluar la capacidad de **extraer la idea principal** e **identificar** la **información específica** que contienen los textos.
- Dos de los ítems se centran en la **comprensión general** del texto y el resto, en **información** más **específica**.

TE PUEDE AYUDAR

- Haz **primero** una **lectura rápida** que te puede ayudar a **contestar las preguntas generales**.
- Haz una **segunda lectura más detenida** y **subraya** las **palabras clave**.
- Conviene **repasarlo** todo al final.

TAREA 1
Ejemplo y práctica de cómo resolver la tarea

1. Lee con atención las preguntas que hay después del texto y trata de entender bien qué se pregunta.

2. Haz una primera lectura del correo.

3. Intenta responder a la pregunta 1. Después, lee la explicación.

4. Intenta contestar a las otras preguntas y explicar por qué has elegido una determinada opción. Comprueba tus respuestas.

Para: carlos78@hotmail.com

Asunto: Hola

Hola, Carlos:

¿Qué tal estás? Yo estoy muy contenta porque… ¡he conseguido un trabajo en Argentina! Estoy muy feliz, aunque un poco nerviosa por irme a vivir a un lugar completamente nuevo y tan lejos. Mis padres están un poco tristes por eso, pero saben que es una gran oportunidad para mí.

La empresa es bastante grande con gente joven, pero lo mejor de todo es que voy a trabajar en lo que me gusta. Ya sabes que la animación por ordenador es mi pasión. El sueldo no va a ser muy alto, pero creo que allí tengo muchas posibilidades de futuro. Cuando viví en Londres, fue difícil al principio, pero luego fue una experiencia estupenda.

He pensado ir antes de empezar el trabajo y así poder buscar casa más tranquilamente. Oye, ¿puedo quedarme en tu apartamento? Solo van a ser unos días, te lo prometo. Mi idea es buscar algo pequeño cerca del trabajo, aunque quizá esto no es fácil, porque la oficina parece ser que está en un barrio elegante de Buenos Aires y seguro que los precios de las casas allí son demasiado altos para mí.

Estos días estoy muy ocupada: todos mis amigos quieren verme para despedirse y además tengo mil cosas que preparar antes del viaje. Ayer fui a recoger el pasaporte, hoy he sacado el billete y mañana tengo que ir de compras: necesito…

1. Diana escribe a Carlos para:
   a) Informarle de que va a cambiar de trabajo.
   b) Pedirle un favor.
   c) Saber si es fácil encontrar casa en Buenos Aires.

2. Según el texto, Diana:
   a) Ha estado ya en Argentina.
   b) Es la primera vez que va a vivir en el extranjero.
   c) No ha estado nunca en Argentina.

3. Los padres no están contentos porque:
   a) Se va a vivir lejos.
   b) Va a ganar poco dinero.
   c) No es un buen trabajo.

4. Diana piensa que las casas cerca de la oficina:
   a) Van a ser caras.
   b) Son pequeñas.
   c) Van a ser baratas.

5. En el correo, Diana dice que:
   a) Ya ha preparado todo para el viaje.
   b) Todavía no ha preparado nada para el viaje.
   c) Necesita hacer algunas cosas antes de viajar.

Ejemplo de solución y claves

1. **a) Falso:** Diana ya ha cambiado de trabajo. Ha conseguido trabajo en Argentina; **b) Verdadero:** El motivo principal del correo es preguntarle a Carlos si puede quedarse en su apartamento mientras encuentra una casa, es decir, le está pidiendo un favor; **c) Falso:** Diana cree que los precios en el lugar donde está la oficina son altos, pero no pregunta si es fácil o no encontrar casa.
2. **c) Verdadero:** Habla de un lugar completamente nuevo, es decir, nunca ha estado en Argentina; **b) Falso:** Habla de su experiencia en Londres, es decir, ya ha vivido antes en el extranjero; **a) Falso:** Por la misma razón que c).
3. **a) Verdadero:** Dice que se va a vivir lejos e inmediatamente después dice que sus padres están tristes (lo contrario de contentos); **b) Falso:** Dice que el sueldo no va a ser alto, pero eso no tiene relación con sus padres; **c) Falso:** Dice que va a trabajar en lo que le gusta, con lo cual, es buen trabajo para ella.
4. **a) Verdadero:** Diana dice que la oficina está en una zona elegante y piensa que los precios van a ser altos, es decir, caros; **b)** Dice que su idea es buscar algo pequeño cerca de la oficina, pero que eso no es fácil. No menciona cómo son las casas allí; **c) Falso:** por la misma razón que a).
5. **c) Verdadero:** Diana ya ha hecho algunas cosas (el pasaporte, el billete), pero todavía tiene que hacer otras (ir de compras); **a) Falso:** Dice que aún tiene que hacer algunas cosas; **b) Falso:** Por la misma razón que a).

TAREA 2

- Consiste en leer **8 textos** del ámbito público (50-80 palabras) y contestar a **8 preguntas** de selección múltiple con **3 opciones** de respuesta.
- Los textos pueden ser folletos, anuncios publicitarios, textos de revistas o periódicos, avisos, etc.
- Su **objetivo** es evaluar la capacidad para **extraer las ideas relevantes** e **identificar información específica** en textos escritos de tipo informativo o promocional.

TE PUEDE AYUDAR

- Lee **con atención** cada texto y **subraya** las **palabras clave**.
- La información que aparece en las respuestas no correctas está en el texto, pero solo una es correcta.

TAREA 2
Ejemplo y práctica de cómo resolver la tarea
(te damos solo algunos ejemplos)

1. Lee la pregunta que se hace sobre el anuncio 1.
2. Luego, lee el anuncio con atención.
3. Lee los comentarios y explicaciones a las tres opciones de respuesta. Observa las partes marcadas del anuncio.

4. Ahora, intenta hacer lo mismo con los otros anuncios: explica por qué la opción es verdadera o falsa y marca la parte del texto en la que te basas.

1. De esta tarjeta, el anuncio dice que:
   a) Con ella no pago las llamadas a ningún móvil.
   b) Solo sirve para llamar dentro del país.
   c) Si la compro por Internet, es más barata.

> **Tarjeta telefónica APS de Telered**
> • Mejor calidad con tarifas más bajas para llamar desde el teléfono fijo o desde el móvil.
> • **Llamadas gratuitas** a los **móviles de Telered**.
> De venta en quioscos y estancos.
> Ahora, **si compra** su APS en **www.telered.es**, paga un **10 % menos**.
> Tenemos continuas ofertas para **llamadas** nacionales e **internacionales**.

Ejemplo de solución y claves

a) Falso: Dice que las *llamadas* a los *móviles de Telered* son *gratuitas*, pero no se habla de los móviles de otras compañías; **b) Falso:** Se habla de llamadas internacionales; **c) Verdadero:** Dice que *si compras* a través de la *página web* (Internet) pagas un *10 % menos*, o sea, es más barato.

2. Según el anuncio, regalan un DVD:
   a) Siempre.
   b) Solo durante una semana.
   c) En la temporada de invierno.

> **MEGADEPOR**
> Todo para el deporte
>
> Las mejores marcas, a los mejores precios.
> Ropa y calzado deportivo. Para hombre, mujer y niño.
> Grandes descuentos en los productos de la temporada otoño-invierno.
>
> **OFERTA ESPECIAL DE INVIERNO**
> Por compras superiores a 40 €, regalamos DVD con ejercicios de Pilates*
> (del lunes 1 de diciembre hasta el domingo 7 de diciembre)
> *oferta válida hasta fin de existencias.

Ejemplo de solución y claves

a) Falso: Dice que es una oferta especial de invierno; **b) Verdadero:** Dice que la oferta es solo desde el lunes 1 hasta el domingo 7, es decir, durante una semana; **c) Falso:** Dice que la oferta es válida solo del 1 al 7.

Especial DELE A2 Curso completo

3. El anuncio dice que:

   a) Adolfo Rodríguez escribió los libros.

   b) Me regalan un mapa si compro un libro.

   c) Si compro tres libros, es más barato.

Ejemplo de solución y claves

a) Falso: Adolfo Rodríguez ha escrito la introducción, no el libro; **b) Falso:** Dice que en el libro va incluido un mapa, no lo regalan con el libro; **c) Verdadero:** Si compro tres volúmenes (libros de una colección) pago 15 €.

> ### Editorial Quásar presenta
> *Viajeros y aventureros*
>
> *su nueva colección dedicada a la literatura de viajes.*
>
> *Cada libro tiene una introducción de Adolfo Rodríguez, catedrático de Historia de la Universidad Libre, más de 50 fotos a todo color y un mapa detallado de la ruta del viajero.*
>
> *Oferta de lanzamiento: llévese los tres primeros volúmenes por 15 €.*

4. Este anuncio dice que:

   a) Los profesores no pagan.

   b) El transporte va incluido en el precio.

   c) Se hacen todas las comidas en el hotel.

Ejemplo de solución y claves

a) Falso: Tiene que ir un profesor por cada 30 alumnos, no que los profesores van gratis; **b) Verdadero:** En el precio se incluyen todos los traslados; **c) Falso:** Durante las actividades hay *picnic*.

> ### COLETOUR
> Especialistas en organizar viajes y excursiones para colegios.
> Paquete: *Grupos Escolares* (4 días, 3 noches)
> Incluye:
> • 4 días/3 noches en hotel en la playa de Punta Umbría.
> • Pensión completa (*picnic* durante las actividades).
> • Todos los traslados.
> • Rutas y visitas guiadas: Sevilla, Riotinto, Aracena y Doñana.
> • Un profesor por cada clase de 30 alumnos.

TAREA 3

- Consiste en leer **3 textos** del ámbito público (100-120 palabras) y relacionar **6 enunciados** con el texto que corresponde a cada uno.
- Los textos pueden ser folletos, anuncios publicitarios, blogs, foros, recetas, etc.
- Su **objetivo** es evaluar la capacidad de **extraer información específica** en textos informativos o descriptivos de uso habitual.

TE PUEDE AYUDAR

- Lee primero las preguntas y trata de entenderlas bien.
- Luego, lee los textos intentando encontrar la parte donde se contesta a las preguntas. **Subraya** la frase o fragmento donde crees que se responden.
- El tema mencionado en la pregunta puede aparecer en **más de un texto**, pero solo uno es el correcto.
- A veces la pregunta no se responde directamente en el texto, pero **se deduce** por el contexto.
- Si tienes alguna duda, vuelve a leer con atención.

TAREA 3
Ejemplo y práctica de cómo resolver la tarea

1. Primero lee la introducción para entender el contexto.

A continuación, va a leer tres textos de tres personas que viven en diferentes ciudades de España, pero vienen de otros lugares. Después, relacione las preguntas 14-19, con los textos a), b) o c).

2. Ahora lee todas las preguntas antes de leer los textos e intenta comprenderlas bien para saber qué información buscar.

3. Lee los textos con atención y trata de asociarlos a las preguntas correspondientes.

	PREGUNTAS	a) Gladis	b) Carlos	c) Rocío
1.	¿Quién no es española?			
2.	¿Quién tuvo problemas en el colegio?			
3.	¿Quién tiene dos nacionalidades?			
4.	¿Quién no tuvo problemas de adaptación?			
5.	¿Quién vino muy pequeña?			
6.	¿Quién quiere cambiar de casa?			

a) Gladis

Vine a España con mi familia cuando tenía doce años y acababa de terminar el sexto grado. Aquel año no tuve vacaciones porque llegamos en diciembre, que es cuando termina el curso escolar en Argentina, y tuve que entrar directamente en el colegio. Mis padres tenían miedo, pensaban que iba a tener problemas para acostumbrarme a mi nueva vida, pero todo lo contrario, pronto hice muchos amigos. La idea de mis padres era estar un máximo de cinco o seis años en España y volver a Argentina, pero aquí seguimos. Yo he empezado este año los trámites para solicitar la nacionalidad.

b) Carlos

Soy venezolano. Mis abuelos son de Zaragoza y emigraron allá en los años sesenta. Mi papá y mis tíos nacieron allí, pero siempre tuvimos relación con la familia que se quedó aquí. Alguna vez nos visitaban en Venezuela, pero normalmente éramos nosotros los que veníamos. Cuando terminé los estudios, decidí buscar trabajo en España. El pasaporte español me facilitaba las cosas. Todos decían que en Madrid había más posibilidades y aquí vine. Me gusta esta ciudad, pero todavía hay cosas que son difíciles para mí. No es igual estar en un país de vacaciones que vivir y trabajar en ese país. Y otra cosa, la vida aquí es muy cara. Vivo en un piso de 40 m² y pago mucho de alquiler. Estoy buscando algo en las afueras.

c) Rocío

Mi familia y yo somos de Huelva, pero mis padres decidieron emigrar a Madrid cuando nació mi hermano pequeño, o sea, que llevo aquí toda mi vida. Mis padres decidieron no llevarnos a Educación Infantil, así es que mis tres hermanos y yo entramos directamente al colegio con seis años. No fue fácil, porque era prácticamente la primera vez que estaba con niños que no eran mis hermanos, pero, además, era muy tímida y los niños se reían porque pronunciaba de modo diferente o usaba palabras que no eran comunes en Madrid. Luego, empecé a pronunciar en *madrileño* y el problema era cuando volvía a Huelva durante las vacaciones de verano o de Navidad, porque mis primos se reían de mí por mi *nuevo* acento. Fue duro. No sabía de dónde era.

Ejemplo de solución y claves

1. y **3.** Los tres textos mencionan la procedencia de los protagonistas, pero solo Carlos y Gladis mencionan nacionalidades diferentes a la española. Gladis va a solicitar la nacionalidad, con lo cual no es española. Carlos dice que *tener el pasaporte* lo ayudó a venir a España, con lo cual, tiene dos nacionalidades, es venezolano y español.

2. Tanto Gladis como Rocío hablan del colegio, pero Gladis dice que, aunque sus padres pensaban que podía tener problemas *(tenían miedo)*, no fue así y pronto hizo amigos. En cambio, Rocío dice que *no fue fácil porque era prácticamente la primera vez que estaba con niños que no eran mis hermanos* y además dice que *fue muy duro* porque los niños se reían de ella por su acento, es decir, tuvo problemas en el colegio.

4. En todos los textos se menciona *la adaptación*. Carlos dice que le gusta Madrid, pero hay cosas que *son difíciles* para él. Rocío dice que *fue muy duro*. Gladis dice que sus padres pensaban que iba a tener problemas para adaptarse, pero dice que, *todo lo contrario*, es decir no tuvo problemas de adaptación.

5. Gladis dice que vino a los doce años; Carlos dice que vino cuando terminó los estudios para buscar trabajo. Rocío dice que lleva *toda la vida* en Madrid, así que vino muy pequeña.

6. ¿Cuál es el único texto que habla de la casa? Carlos dice *vivo en un piso de 40 m².*

TAREA 4

- Consiste en leer **un texto** del ámbito personal o público (375-425 palabras) y contestar a **6 preguntas** de selección múltiple con **3 opciones** de respuesta.
- Los textos pueden ser biografías de personajes relevantes, entradas de blogs, cuentos, noticias de actualidad, guías de viaje, etc.
- Su **objetivo** es evaluar la capacidad para **identificar las ideas esenciales y cambios de tema** de textos narrativos breves.

TE PUEDE AYUDAR

- Lee **primero las preguntas** para saber qué información debes buscar. Subraya las palabras clave.
- Haz una **primera lectura rápida** que te puede servir para contestar las preguntas de carácter general.
- Haz una **segunda lectura más cuidadosa** buscando la información específica.
- La información que aparece en las respuestas no correctas se menciona en el texto, pero solo es una correcta.

TAREA 4
Ejemplo y práctica de cómo resolver la tarea
(te damos solo algunos ejemplos)

1. Lee las preguntas que aparecen después del texto.

2. Haz una primera lectura y responde a la pregunta 1.

3. Lee otra vez hasta llegar a la palabra *Óscar*. Pon atención a la información del párrafo donde aparece esa palabra. Responde a la pregunta 2.

4. Continúa leyendo hasta llegar a la palabra *buscador*. Pon atención en ese párrafo y responde a la pregunta 3.

TWITTER Y EL MUNDIAL DE FÚTBOL

El de 2010 fue el primer Mundial de Fútbol que se pudo seguir con Twitter. Es verdad que en 2006 ya existía, pero nadie lo usaba, excepto para jugar a Dungeons&Dragons.

Comprensión de lectura

Cuando llegó la fiebre mundialista, Twitter se llenó de noticias y comentarios, penas y alegrías. Ya se vio durante los Óscar del mismo año: era posible ampliar en cada momento la información que veíamos en la TV, con cientos de comentarios en Twitter de cada película, actor o actriz.

Los tiempos de los espectadores solitarios delante de una televisión han terminado para siempre. Ahora podemos compartir nuestras aficiones en tiempo real. Podemos ser nuestros propios comentaristas y vivir el fútbol, el tenis o cualquier otro deporte como nunca antes.

A continuación te damos unos consejos para disfrutar de las competiciones deportivas a través de Twitter:

• No olvides que no todas las personas que leen tus comentarios son tan aficionadas al fútbol, al tenis o al baloncesto como tú. La primera decisión que debes tomar es cuánto vas a escribir sobre el tema. Si normalmente escribes veinte tuits al día y pasas a escribir quinientos tuits diarios relacionados con el deporte, probablemente muchas personas van a dejar de leer tus comentarios.

• Deja claro con qué equipo o jugador estás y da tu opinión. A todos nos interesa saber lo que piensa un argentino de su selección, o lo que Nadal hace bien desde el punto de vista de un español. Esto no significa no ver los errores que comete tu selección o tu jugador favorito. Además hay que explicar las opiniones. No seas imparcial, todos queremos leer a gente con pasión. Pero sé respetuoso con lo que escribes. Nadie quiere leer insultos o groserías.

• No olvides mencionar las fuentes de la información que das en Twitter. Cuando escribes algo basado en algo que escribió otra persona o medio de comunicación, di su nombre.

• El buscador de Twitter es muy bueno para encontrar información importante sobre cualquier tema, sobre todo los más actuales. Aunque no es muy bueno como archivo histórico, pero si algo está ocurriendo ahora mismo, este es el lugar para buscar.

Adaptado de varias fuentes

1. El texto trata sobre:
   a) Cómo usar Twitter durante una competición deportiva.
   b) La historia de Twitter en los medios.
   c) La influencia de Twitter en el deporte.

2. Durante los Óscar:
   a) Los actores y actrices usaron Twitter.
   b) Nadie vio la ceremonia. Prefirieron usar Twitter.
   c) Twitter sirvió para tener más información.

3. El buscador de Twitter:
   a) Es más útil para conocer qué pasa ahora y no lo que sucedió en el pasado.
   b) No es muy bueno para cosas relacionadas con el fútbol u otro deporte.
   c) Era mucho mejor antes que ahora. Más eficaz.

Ejemplo de solución y claves

1. a) Verdadero: La noticia explica principalmente cómo usar Twiter durante una competición deportiva; **b) Falso:** Se menciona Twitter en varias ocasiones y medios, pero no se desarrolla su historia; **c) Falso:** Se menciona que ahora el espectador puede escribir sus comentarios y compartirlos y se mencionan una serie de consejos para disfrutar de las competiciones deportivas a través de Twitter, pero no se habla de su influencia en el deporte.

2. c) Verdadero: Dice que durante los premios Oscar, mientras se veía la ceremonia en televisión, se podía ampliar la información de lo que se veía en la televisión con los comentarios sobre actores, actrices y películas; **a) Falso:** No se dice nada sobre si los actores y actrices usaban Twitter; **b) Falso:** Dice que, a diferencia del mundial anterior, muchos usaron Twitter para hacer comentarios, pero no se menciona si la gente lo vio o no.

3. a) Verdadero: El texto dice que el buscador es bueno para temas actuales, pero no como archivo histórico; **b) Falso:** Todo el texto habla de la utilidad de usar Twitter para comentar deportes; **c) Falso:** Dice el texto que antes nadie lo usaba tanto como ahora, eso no significa que antes era mejor, más eficaz.

Comprensión auditiva

CARACTERÍSTICAS DE LA PRUEBA

DESCRIPCIÓN
- Consta de **4 tareas** y de un total de **25 ítems** de respuesta preseleccionada.
- Su duración es de **40 minutos** aproximadamente.
- Los textos auditivos están grabados en un estudio y simulan ser reales. Se basan en **textos auténticos**, adaptados al nivel A2 en léxico y gramática.
- La extensión total de los textos es de 975 a 1 465 palabras.

MODO DE REALIZACIÓN
- Cada texto **se reproduce 2 veces** seguidas.
- Antes y después de las audiciones hay **pausas**, así hay tiempo suficiente de leer y entender las preguntas y, después, para marcar las respuestas.
- Los enunciados con las preguntas están en un **cuadernillo** junto con la prueba de Comprensión de lectura.
- Hay que marcar las respuestas en una **hoja de respuesta** separada.

TE PUEDE AYUDAR PARA TODA LA PRUEBA 2

Durante la prueba
✓ Lee las preguntas o enunciados antes de escuchar los diálogos y subraya las palabras **clave y las ideas importantes** que debes tener en cuenta cuando escuches el audio.
✓ Antes de la audición hay una pausa de 10 segundos para leer las preguntas.
✓ Durante la audición puedes **tomar nota** de datos o ideas relevantes al lado de cada pregunta en el mismo cuadernillo).
✓ En la **primera audición** puedes **ir marcando** las respuestas que estén claras.
✓ Deja para **la segunda audición** las respuestas que sean más dudosas.

✓ Al final de cada audición hay **30 segundos** de pausa, por eso es importante contestar mientras escuchas.

Otras cuestiones
✓ Es importante mantener **la concentración** durante toda la prueba.
✓ Las preguntas generalmente siguen **el orden** del texto.
✓ **Todas las estrategias** sobre la relación entre los textos y los enunciados (de significado, léxicas, gramaticales…) para realizar **la Prueba 1 te sirven para toda la Prueba 2.**

No olvides
✓ Como las respuestas incorrectas no quitan puntos, es mejor contestar a todas las preguntas, incluso si no estás seguro.

TAREA 1
- Consiste en escuchar **6 breves conversaciones** de los ámbitos personal, público y educativo (50-80 palabras) y contestar **6 preguntas** de selección múltiple con **3 opciones** (imágenes) de respuesta.
- Los temas de las conversaciones son de carácter informal: aspectos de la vida cotidiana, tiempo libre, gustos y aficiones, tiendas, restaurantes, etc.
- Su **objetivo** es evaluar la capacidad para **comprender las ideas principales** de conversaciones informales breves.

TE PUEDE AYUDAR

- Lee primero las preguntas y entiéndelas. Mira las imágenes. Intenta recordar cómo se dice en español lo que representan.
- Luego, escucha con atención. En la conversación se van a mencionar todas las respuestas, pero **solo una es correcta**.

TAREA 1
Ejemplo y práctica de cómo resolver la tarea
(te damos solo algunos ejemplos)

1. Escucha y lee bien las instrucciones.

A continuación, escuchará seis conversaciones. Oirá cada conversación dos veces. Después, marque la opción correcta, a), b) o c), para cada pregunta, 1-6. Ahora, va a oír un ejemplo:

2. Observa las imágenes. ¿Qué acciones o situaciones representa cada una? Probablemente todas se mencionen durante la conversación.

3. Lee después la pregunta que se hace para saber qué información del audio te interesa.

Conversación 1

Pistas
1-4

1. ¿Qué van a hacer a las 9 am?

a)   b)   c)

Ejemplo de solución y claves

a) Verdadero: El hombre pregunta si van a ir a votar por la mañana o por la tarde. Ella propone ir por la mañana, pero luego cambia de idea y propone ir por la tarde (*vamos al campo y volvemos por la tarde directamente a votar*). ¿Qué dice el hombre? *Mejor ir a las 9 de la mañana y así estamos tranquilos*. Ella responde: *Vale*. Las opciones **b)** y **c)** no son correctas, porque aunque van a ir al campo, **c)** y van a comer en un restaurante, **b)** no lo van a hacer a las 9:00 h.

Conversación 2

2. ¿Dónde va a llevar el hombre a sus amigos?

a)

b)

c)

Ejemplo de solución y claves

¿Qué representa cada imagen? ¿Sabes cómo se llaman esos lugares? ¿Sabes cómo se llama el monumento de la foto b? ¿Qué se ve al fondo de la foto? ¿Y el monumento de la foto c)? ¿Sabes en qué ciudad está? Incluso si no conoces esos monumentos o cómo se llaman, se habla también de *montaña* y *ciudad*, lo cual te puede ayudar a identificar las imágenes. La mujer da varias ideas al hombre para hacer con sus amigos alemanes, pero él rechaza todas menos una. ¿Cuál?

c) Verdadero: Después de rechazar la propuesta de El Escorial, **b)** porque ya los llevó cuando estuvieron la vez pasada, la mujer dice: *Pues llévalos a Segovia. Les va a encantar la ciudad y el acueducto*. Y él contesta: *¡Buena idea!* La opción **a)** tampoco es correcta, dice que pueden visitar el museo ellos *solos* el lunes.

Conversación 3

3. ¿Cuál es el problema principal de la mujer con los vecinos?

a)

b)

c)

Ejemplo de solución y claves

c) Verdadero: ¿Qué representa cada foto? Los tres problemas se mencionan en la conversación, pero la mujer dice que todo le da igual *excepto no poder dormir* y este problema lo causan las fiestas por la noche. No pueden ser **b)** ni **a)** porque estas cuestiones se mencionan, pero no como principal problema.

Conversación 4

4. ¿Cuándo va a tomar el hombre las vacaciones?

a)

b)

c)

Ejemplo de solución y claves

Mira las tres fotos. Cada una representa un periodo de vacaciones en España. ¿Sabes cómo se llama cada uno? El hombre dice que este año es imposible tener vacaciones en verano, con lo cual, no puede ir a la playa, **a)** que es una actividad típica de las vacaciones de verano. El hombre da otras dos opciones: Semana Santa en Sevilla, **b)** o ir a algún sitio de montaña en Navidad, **c)**. La mujer dice: *Me gusta lo de Sevilla*. La opción correcta es la **b)**.

TAREA 2

- Consiste en escuchar **6 anuncios de radio** del ámbito público (40-60 palabras) y contestar **6 preguntas** de selección múltiple con **3 opciones** de respuesta.
- Los textos son breves anuncios publicitarios, información sobre eventos culturales, periodo de ofertas, convocatorias de premios o concursos, etc.
- Su **objetivo** es evaluar la capacidad para **captar la idea general** de titulares o breves anuncios de radio, con información cotidiana, emitidos a velocidad lenta.

TE PUEDE AYUDAR

- Lee primero las preguntas para saber qué te están preguntando.
- En las opciones de respuestas falsas (distractores) hay palabras e ideas que escucharás en la noticia, pero solo una es correcta.

TAREA 2
Ejemplo y práctica de cómo resolver la tarea
(te damos solo algunos ejemplos)

1. Lee estas preguntas. ¿Sobre qué crees que va a tratar el anuncio o noticia correspondiente? Anota palabras relacionadas, sinónimos y contrarios de las palabras que aparecen en las opciones de respuesta, como en el ejemplo.

1. Los profesores de este gimnasio:
- **a)** *Ayudan* a *decidir* qué *deporte* hacer.
- **b)** *No son iguales* que otros.
- **c)** Tienen una *preparación* especial.

> Un anuncio de un gimnasio.
> Ayudan: aconsejan….
> Decidir: elegir…
> Deporte: actividad, ejercicio…
> No son iguales: son diferentes…
> Preparación: formación…

2. Escucha ahora los anuncios de radio y selecciona la opción correcta. Justifica tu respuesta, como en el ejemplo.

 Pistas 5-8

1. Los profesores de este gimnasio:
- **a)** Ayudan a decidir qué deporte hacer.
- **b)** No son iguales que otros.
- **c)** Tienen una preparación especial.

2. Esta agencia ofrece:
- **a)** Apartamentos en toda España.
- **b)** Viviendas junto al mar.
- **c)** Oficinas.

3. Este es un curso para:
- **a)** Aprender idiomas extranjeros.
- **b)** Trabajar como profesor en la universidad.
- **c)** Prepararse para trabajar en turismo.

4. El tiempo:
- **a)** Va a ser mejor el fin de semana.
- **b)** Ha sido bueno durante la semana pasada.
- **c)** Va a ser malo el fin de semana.

Ejemplo de solución y claves

> **1. a)** Dice que los profesores *te aconsejan* qué *actividad deportiva* es *mejor* para ti; **2. b)** El anuncio habla de agencia especializada en casas, apartamentos y chalés en la costa; **3. c)** Se dice que el curso tiene tres módulos (…) que te preparan para el examen oficial. Y antes se ha hablado del «título de Guía Turístico»; **4. a)** Dice que después de una semana de fuertes lluvias y frío (…), el fin de semana va a tener un ambiente primaveral y soleado.

TAREA 3
- Consiste en escuchar **una conversación** del ámbito personal (225-275 palabras) y relacionar **6 enunciados** con la persona a la que corresponden (hombre, mujer o ninguno de los dos).
- Los temas de la conversación son de carácter informal sobre aspectos relevantes de la vida cotidiana, noticias, sugerencias, citas, etc.
- Su **objetivo** es evaluar la capacidad para **reconocer las ideas principales y la información específica** de conversaciones informales.

TE PUEDE AYUDAR

- Lee primero los enunciados y entiéndelos.
- Luego, escucha con atención.
- En la conversación las dos personas pueden hablar de todos los temas de los enunciados, pero **solo una de ellas dice exactamente lo que se menciona en el enunciado correspondiente**.
- Hay enunciados que no se corresponden con lo que dice **ninguno de los dos personajes**.
- Los enunciados **siguen el orden** en que se menciona el tema en la conversación.

TAREA 3
Ejemplo y práctica de cómo resolver la tarea

Pista
9

1. Lee los enunciados y piensa en información relacionada (nombres de idiomas, la edad de la mayoría de edad en España, vocabulario relacionado con la informática…)
2. Escucha una vez la audición.
3. Intenta relacionar los enunciados con las personas. Recuerda que hay algunos enunciados que no se relacionan con ninguno de los dos.

	ENUNCIADOS	a) Andrés	b) Rosario	c) Ninguno de los dos
0.	Está estudiando una lengua extranjera.			✓
1.	Va a viajar el próximo fin de semana.			
2.	No es mayor de edad.			
3.	No le gusta el chocolate.			
4.	Va a cambiar de casa.			
5.	Sabe mucho de informática.			
6.	Tiene un nuevo ordenador.			

4. Escucha la segunda vez y comprueba. ¡Ten en cuenta que en el examen solo hay unos segundos entre la primera y la segunda vez que escuchas la audición!

Ejemplo de solución y claves

0. Andrés dice que está estudiando euskera y Rosario, catalán, y ninguno de esos dos idiomas es un *idioma extranjero en España*; **1.** Rosario dice que el próximo fin de semana es puente y que pueden descansar. Andrés comenta que sus padres piensan ir a Alicante y que van a ir a la playa, así que piensan viajar; **2.** Rosario dice que va a cumplir dieciocho años el próximo sábado, con lo cual todavía no es mayor de edad. Andrés dice que los cumplió hace dos meses; **3.** La tarta de chocolate es la favorita de Rosario y a Andrés también le encanta, porque dice ¡si es lo mejor del mundo!; **4.** Andrés piensa que Rosario ha cambiado de casa, pero ella dice que todavía no; **5.** Rosario pide ayuda con el ordenador a Andrés y le dice que él *sabe tanto*…, con lo cual, indica que sabe mucho de informática; **6.** Rosario dice que quiere comprar un ordenador como el que se compró Andrés el año pasado, con lo cual, su ordenador es nuevo.

TAREA 4

- Consiste en escuchar **6 mensajes de megafonía o contestador automático** de los ámbitos personal y público (30-50 palabras cada uno) y relacionarlos con **7** de **10 enunciados**.
- Los textos son avisos, instrucciones, anuncios de megafonía en centros comerciales o estaciones de transporte, información horaria, etc., así como mensajes breves de contestador automático sobre temas cotidianos.
- Su **objetivo** es evaluar la capacidad para **extraer** la **información esencial en los mensajes**.

TE PUEDE AYUDAR

- Al principio de la audición te dan un ejemplo de cómo funciona la tarea (aparece en el cuadernillo como el enunciado 0 y viene con la respuesta ya marcada).
- El tema o contenido de los anuncios es previsible y de uso cotidiano.
- Las respuestas que son falsas mencionan temas que aparecen en alguno de los anuncios o mensajes, pero no corresponden a lo que se dice en ellos.
- Recuerda que en esta tarea escuchas anuncios de megafonía, avisos en estaciones, mensajes de contestador automático… Es decir, solo vas a oír la voz de una persona.

TAREA 4
Ejemplo y práctica de cómo resolver la tarea
(te damos solo algunos ejemplos)

1. Lee estos enunciados y anota diferentes situaciones que puedes asociar con ellos, como en el ejemplo.

Situación enunciado a)

ENUNCIADOS	
a)	Van a visitarla.
b)	Ya no trabajan allí.
c)	La segunda es más barata.
d)	Van a ir otro día.
e)	Por la noche hay que llamar a otro teléfono.
f)	Hay que esperar al siguiente.

Un guía turístico informa a los turistas de una visita a la ciudad, una catedral, una iglesia, una exposición… (tiene que ser algo femenino). Un mensaje de contestador a un amigo/familiar para quedar e ir a visitar a alguien (tiene que ser una mujer: una amiga/abuela…).

2. Ahora, piensa en cada una de las situaciones anteriores. ¿En cuál se utilizaría *tú* y en cuál *usted*?

Ejemplo: *el guía habla a los turistas…: persona* ustedes. *Una persona habla con un amigo o familiar para quedar para ir a visitar a alguien…: persona* tú.

**Pistas
10-13**

3. Escucha ahora los mensajes e intenta asociarlos con algún enunciado.

Ejemplo de solución y claves

1. c) Si compro dos camisas, la segunda tiene un 50% de descuento, es decir, es más barata;
2. e) Para emergencias por la noche o en fin de semana hay que llamar al 91 347 8912; **3. a)**
La persona dice que quieren ir a verla; **4. f)** Se dice que el próximo tren no admite viajeros.

Characteristics y consejos

PRUEBA 3  **Expresión e interacción escritas**

CARACTERÍSTICAS DE LA PRUEBA

DESCRIPCIÓN
- Consta de **2 tareas**, una de interacción y una de expresión.
- Consiste en escribir o completar textos sobre temas cotidianos (entre 130 y 150 palabras en total).
- Su duración total es de **45 minutos**.

MODO DE REALIZACIÓN
- Esta prueba se presenta en un **cuadernillo** donde aparecen las tareas.
- Las respuestas deben escribirse en una hoja de respuesta separada.

TE PUEDE AYUDAR PARA TODA LA PRUEBA 3

- Mostrar un uso adecuado al nivel A2 de los **mecanismos de coherencia y cohesión** de los textos, como conectores discursivos, organizadores del relato…, y también pronombres, adverbios, demostrativos, sinónimos, etc.
- El **uso correcto de la gramática y la ortografía** adecuadas al nivel A2.
- Tener un conocimiento del **léxico** correspondiente al nivel A2.
- Puedes utilizar tu imaginación, no tienes que escribir sobre tus opiniones o experiencias reales.
- Si tienes dudas sobre una palabra o estructura, intenta expresarlo de otra manera.
- Ajústate al espacio que hay en el cuadernillo y no escribas fuera de los márgenes.

NO OLVIDES

✓ Leer con atención las instrucciones de cada tarea y seguir todos los puntos del enunciado. Es muy importante escribir sobre todos los puntos que se mencionan en las instrucciones. No hacerlo baja la calificación.
✓ Poner atención al tiempo verbal que usan en cada pauta. Probablemente tienes que responder en ese mismo tiempo verbal.
✓ Controlar bien el tiempo: solo tienes 45 minutos en total. Si practicas en casa, hazlo siempre según el tiempo que tienes en el examen.
✓ Contar el número de palabras y ajustarte a las que se piden en las instrucciones.
✓ Organizar bien tus ideas.
✓ Hacer un borrador en el papel en blanco que te darán y, luego, pasarlo a limpio.
✓ Escribir con claridad. ¡Cuidado con las letras que pueden confundirse! Si tu *o* parece una *a*, o tu *a* es como una *e*, la persona que corrige el examen puede pensar que es un error o una falta.
✓ Si te equivocas, debes ~~tachar~~ y volver a escribir, no debes usar típex.
✓ Dejar suficiente tiempo al final para leer otra vez lo que has escrito y comprobar bien la gramática y la ortografía.

TAREA 1

- Consiste en **redactar una nota, postal, correo electrónico, etc.**, del ámbito personal (60-70 palabras) según una información de un texto de entrada.
- Los textos pueden ser notas, cartas, comentarios en foros, etc., en soporte electrónico o tradicional, con apoyo gráfico o escrito con una serie de pautas que deberán seguirse.
- Su **objetivo** es evaluar la capacidad del candidato para **intercambiar información personal** sobre aspectos de la vida cotidiana.

TAREA 1
Ejemplo y práctica de cómo resolver la tarea

1. Lee con atención estas instrucciones.

- Usted ha recibido un correo electrónico de un amigo.
- Escriba un correo a su amigo. En el correo debe:
    - Saludar
    - Explicar por qué se ha cambiado de barrio.
    - Hablar de cómo era su barrio anterior y cómo es este.
    - Explicar por qué le gusta el barrio actual y cómo se siente ahora.
    - Invitar a su amigo a venir a visitarle y despedirse

2. Ahora, lee atentamente el texto de entrada para saber de qué habla.

¡Hola!
¿Qué tal en tu nuevo barrio? Ya sé que no estabas muy contento en el anterior. Explícame cómo es y mándame fotos.
¿Cuándo vas a invitarme a conocer tu nueva casa?
Un abrazo,
Nico

3. Ahora, piensa sobre las siguientes cuestiones:
- Cómo saludo a un amigo en un correo electrónico: *¡Hola!, Querido …*
- Tiempos verbales que utilizamos cuando contamos algo en el pasado.
- Marcadores temporales del pasado y con qué tiempo se usa cada uno.
- Sentimientos que nos puede producir un cambio de vivienda, barrio…
- Tiempos verbales que usamos para describir en pasado y en presente.
- Vocabulario relacionado con la descripción de un barrio.
- Estructuras para comparar.
- Qué estructuras puedo usar para invitar. ¿Qué tiempo/tiempos verbales uso?
- Cómo me despido en un correo a un amigo: *Un beso, un abrazo, hasta pronto…*

4. Por último, utiliza las ideas anteriores para redactar un correo siguiendo las instrucciones de la actividad
- Primero escribe un borrador y cuenta las palabras. ¿Se ajustan al número que te piden)?
- Lee lo que has escrito revisando la gramática y la ortografía. Haz las correcciones necesarias.
- Pasa a limpio lo que has escrito.
- Vuelve a leerlo. Si todavía tienes que corregir algo, hazlo, pero ¡no uses típex!

TAREA 2

- Redactar un **texto breve** (70-80 palabras) del ámbito personal o público.
- Los textos pueden incluir descripciones, narraciones, expresión de gustos…
- Hay que elegir entre dos opciones:
  Opción 1. Texto sobre un **tema cotidiano** de la vida personal.
  Opción 2. Texto **biográfico** o **narrativo** a partir de fotos o datos.
- Aunque la opción 1 se basa en pautas escritas y la opción 2 en imágenes principalmente, el tipo de texto que vas a escribir es igual.

TAREA 2
Ejemplo y práctica de cómo resolver la tarea

1. Lee con atención las instrucciones.

Elija solo una de las opciones. En cada opción debe tratar todos los puntos.

Opción 1

Usted tiene que escribir un texto sobre una ciudad que le gustó mucho:
- Cuándo y cómo fue a esta ciudad.
- Por qué fue allí.
- Por qué es famosa esta ciudad.
- Qué vio y que hizo en ella.
- Por qué le gustó esta ciudad.

2. Ahora, piensa sobre las siguientes cuestiones:
- Para describir la ciudad, si el viaje es reciente, ¿qué tiempo voy a usar?
- Si el viaje fue hace tiempo, ¿qué tiempo puedo usar?
- ¿Qué motivos puede haber para realizar un viaje? *Turismo, estudios, familiares…*
- Adjetivos para describir una ciudad: *grande, pequeña, antigua, moderna, tranquila, dinámica…*
- ¿Qué puedo encontrar en una ciudad? *Monumentos, plazas, calles…*
- Verbos para actividades que puedo hacer en una ciudad: *visitar, comprar, pasear…*
- Verbos para expresar gustos y opiniones: *gustar, encantar, parecer bien, bonita, interesante…*
- ¿Qué conectores puedo usar en una redacción y para qué sirve cada uno? *Porque, cuando, luego, pero…*

1. Lee con atención las instrucciones y observa bien las imágenes.

Opción 2
Manuel viajó el año pasado a México. Aquí tiene algunas fotos de su viaje:

El hotel donde se alojó

Uno de los lugares que visitó

Lo que comió

Algunas cosas que compró

Usted tiene que escribir un texto sobre el viaje de Manuel en el que debe hablar:
- Por qué decidió ir a México.
- Qué vio allí y qué hizo, dónde se alojó, cómo era el hotel.
- Qué le pareció el viaje.

2. Ahora, piensa sobre las siguientes cuestiones:
- Si el viaje ha sido esta semana, este mes, este año, ¿qué tiempo voy a usar?
- Si el viaje fue el mes pasado, el año pasado, hace dos/tres/cuatro años… ¿qué tiempo voy a usar?
- ¿Qué motivos puede haber para realizar un viaje?
- Adjetivos para describir un lugar/una comida.
- ¿Qué puedo ver/visitar durante un viaje?
- Verbos para actividades que puedo hacer durante un viaje.
- Verbos para expresar gustos y opiniones.

3. Tanto para la opción 1 como para la opción 2:
- Redacta un borrador.
- Comprueba que tocas todos los puntos de las pautas.
- Utiliza conectores (*luego, también, pero…*).
- Lee el borrador, prestando atención a la gramática y a la ortografía de las palabras.
- Corrige lo que sea necesario.
- Escribe la versión definitiva
- Haz una última lectura.
- ¡Si tienes alguna corrección que hacer, tacha la palabra equivocada, ¡no uses típex!

 **Expresión e interacción orales**

CARACTERÍSTICAS DE LA PRUEBA

DESCRIPCIÓN
- Consta de **3 tareas**, dos de expresión y una de interacción.
- Su duración total es de **12 minutos**, más otros **12 minutos** de preparación.

MODO DE REALIZACIÓN
- Preparación: el candidato dispone de 12 minutos previos al examen para preparar las tareas, para tomar notas y hacer un esquema, que puede consultar, pero no leer, durante la prueba.

TE PUEDE AYUDAR PARA TODA LA PRUEBA 4

Consejos para la preparación
✓ Lee despacio las instrucciones de cada tarea y **sigue todos los puntos del enunciado**.
✓ Recuerda que en esta prueba **se evalúa la coherencia, la fluidez, la corrección** y **el léxico**.
✓ Toma notas, haz esquemas claros en un papel que te proporcionarán.
✓ **Controla el tiempo** de cada tarea.
✓ No escribas en las láminas del examen.
✓ No se pueden usar diccionarios ni móviles.

Consejos para la entrevista
✓ Muestra una **actitud tranquila** y **relajada**. Es importante mostrar seguridad y controlar los gestos.
✓ **Sigue las instrucciones** del entrevistador.
✓ Decide si prefieres que te traten de *tú* o de *usted*.
✓ Mira a la persona con la que hablas.
✓ **No leas las notas** o apuntes. Solo puedes mirarlas para recordar las ideas.
✓ No repitas los enunciados de las propuestas. **Da tu opinión** y **valoración** sobre ellas.
✓ No tienes que expresar tus opiniones reales si no quieres.
✓ **Si te equivocas** o te confundes, **puedes corregirte**. Esto no se considera algo negativo, sino al contrario.

TAREA 1

- Consiste en **realizar un monólogo breve** del ámbito personal (2-3 minutos) a partir de un tema a elegir entre dos opciones.
- El candidato tendrá una lámina con todos los puntos o aspectos sobre los que debe hablar durante su exposición.
- Su **objetivo** es evaluar la **capacidad de realizar una presentación oral breve** preparada sobre aspectos y experiencias de la vida cotidiana.

NO OLVIDES

- ✓ Seleccionar (entre dos temas a elegir) aquel sobre el que puedes hablar con más facilidad y hacer una lluvia de ideas para organizar bien la información. Las ideas que te dan en la lámina te pueden ayudar, pero no es obligatorio hablar de todas ellas.
- ✓ Lo importante es hablar de forma bien estructurada y sin interrupciones largas.
- ✓ Durante el tiempo de preparación puedes hacer un breve guion o esquema que luego puedes consultar para no perderte. No prepares un texto, ya que no puedes leer nada.

TAREA 1
Ejemplo y práctica de cómo resolver la tarea

1. Lee con atención las instrucciones para saber de qué tienes que hablar.

> *Usted tiene que hablar durante 2 o 3 minutos sobre el primer móvil que tuvo.*

INSTRUCCIONES
- Cuándo tuvo su primer móvil.
- Se lo compró usted o se lo regalaron.
- De qué marca era, cómo era.
- Cómo cambió su vida tener un móvil.

2. Haz una **lluvia de ideas** de los aspectos sobre los que tienes que hablar. Recuerda que puedes escribirla para practicar, pero en el examen no podrás leer un texto. Por tanto, mejor preparar un guion y habituarte a hacer tu exposición oral siguiendo el guion.
- Piensa en tu primer teléfono móvil y escribe varios adjetivos e ideas para describirlo (era pequeño/grande, era fácil/difícil usarlo, pesaba poco/mucho, tenía poca memoria…).
- Describe qué funciones tenía, qué podías hacer con él (solo servía para llamar, podía o no hacer fotos…)
- Piensa dónde lo compraste, quién te lo compró o si fue un regalo y de quién.
- Comenta las diferencias entre tener tu móvil actual y tu primer móvil.

3. Ordena las ideas anteriores. Usa **conectores** (*también, por eso, pero…*)

4. Piensa en una **introducción**. Puedes empezar igual que la instrucción, por ejemplo: *Recuerdo que mi primer móvil era…*

5. Piensa en una breve **conclusión**. Puedes terminar así: *Para terminar, tengo que decir que la tecnología está cambiando mucho y que en el futuro los móviles organizarán nuestra vida/servirán para…*

TAREA 2

- El candidato dispone de **una fotografía** sobre un tema de la vida cotidiana.
- Consiste en **describir esa fotografía** (2-3 minutos).
- El **objetivo** es comprobar la **capacidad** del candidato para **describir elementos y situaciones de la vida cotidiana.**

NO OLVIDES

✓ Observar bien la fotografía, y piensa en todo lo que puedes decir sobre la imagen.
✓ Utilizar bien el tiempo que tienes para preparar la tarea.
✓ Hacer una lluvia de ideas y escribir el vocabulario que puedes necesitar para la descripción. Si no recuerdas alguna palabra, piensa en sinónimos, contrarios o formas alternativas de expresar lo que quieres decir. ¡Es importante no interrumpir la comunicación por una palabra!

TAREA 2

Ejemplo y práctica de cómo resolver la tarea

1. Mira esta foto y anota todo lo que se te ocurre sobre los temas que se proponen.

- Las personas
  - Descripción física *pelo rubio, corto, y marrones simpatico*
  - Ropa *camisa azul y amarillo y pantalon azul y gris*
  - Relación entre ellos *La chica y el hombre a la derecha son clientes y el hombre a la derecho es un camarero*
- El lugar
  - ¿Público o privado? *Este lugar es publico porque es un restaurante.*
  - Muebles *Hay una mesa con 3 sillas una botella de jugo y 2 vasos*
  - Otros objetos ....
  ....
- La situación
  - ¿Qué hacen? *La camarero esta serviendo a su clientes*
  - ¿De qué pueden estar hablando? *Ellos estan hablando sobre los ingredientes s... 19*
  - ¿Qué actitud tienen? *Ellos tienen una actitud muy alegre y abierto cariño*
- Cosas que puedes imaginar
  - Época del año, momento del día *En esta fotografía es primavera y ellos estan comiendo*
  - Por qué están allí *Ellos estan alli porque la amiga de la mujer dijo esta cena*
  - Qué van a hacer luego *Son luego ellos comer camarones en el parque*)

  restaurant es muy deliciosa.

2. Ahora, utiliza el vocabulario anterior para describir la fotografía. Para organizar tu presentación, puedes utilizar estas expresiones:

> En esta fotografía podemos ver… En el primer plano… Al fondo… A la derecha… A la izquierda… También… Parece que… Creo que…

Especial DELE A2 Curso completo

TAREA 3

- Consiste en mantener una **conversación con el entrevistador** (3-4 minutos) sobre una situación relacionada con la fotografía de la tarea 2.
- El **objetivo** es evaluar la **capacidad** del candidato para **participar en conversaciones** breves sobre temas cotidianos.

NO OLVIDES

✓ Esta tarea no se prepara, pero tiene relación con la foto de la tarea 2, así que, en el tiempo de preparación antes del examen, puedes pensar sobre qué podría tratar la conversación.

✓ Antes de empezar, el examinador te dará una lámina con instrucciones y tiempo para leerla. Es importante poner atención en la relación entre los hablantes para utilizar *tú* o *usted*.

✓ Se evalúa la interacción: no hables mucho tiempo, deja que tu interlocutor hable también. Debes poner atención a lo que te dice el entrevistador y contestarle.

✓ A veces el diálogo no es exactamente sobre lo que sucede en la foto, sino que se relaciona de una manera indirecta con el tema de la foto.

TAREA 3
Ejemplo y práctica de cómo resolver la tarea

1. Mira la foto de la tarea anterior y piensa de qué pueden estar hablando las personas que aparecen.

2. Ahora, imagina que estás en el restaurante y habla con el camarero.
Camarero: Buenos días. ¿Qué va a tomar?
Tú: (Saluda y pide qué quieres de primer y segundo plato)
Camarero: ¿Y para beber?
Tú: (Di lo que quieres beber)
Camarero: ¡Aquí tiene!
Tú: (Quieres pan)
Camarero: Sí, claro, ahora mismo.
Camarero: Aquí tiene.
Tú: (Da las gracias)
Camarero: ¿Qué tal?
Tú: (Da tu opinión sobre los platos que has comido)
Camarero: ¿Qué va a tomar de postre?
Tú: (Di lo que quieres tomar de postre)
Camarero: Aquí tiene. ¿Va a tomar café?
Tú: (Di cómo quieres el café)
Tú: (Pide la cuenta)

Lo que tienes que saber sobre España

Prepárate para obtener la nacionalidad

CUESTIONES GENERALES

Acontecimientos relevantes en la historia de España (1492 – 1992)

- **1492.** Cristóbal Colón llega a América durante el reinado de los Reyes Católicos (Isabel I de Castilla y Fernando de Aragón); Se produce la conquista de Granada y se publica la primera gramática de la lengua castellana.
- **Siglos XVI – XVII Siglo de Oro del Imperio Español.** Primera mitad del siglo XVI: reinado de Carlos I (considerado el primer rey de España). Segunda mitad del siglo XVI: reinado de Felipe II. Trasladó la capital a Madrid.
- **1705 – 1715 Guerra de Sucesión.** Carlos II (último rey de la casa de Austria) murió sin heredero. Estalla una guerra entre la casa de Austria y la casa de Borbón. Felipe de Anjou (casa de Borbón) fue coronado como Felipe V.
- **1808 – 1814 Guerra de Independencia.** Los españoles luchan contra la invasión francesa y la presencia en el trono de José Bonaparte, hermano de Napoleón. Termina la guerra y Fernando VII vuelve a ser rey de España.
- **1898 Guerra de Cuba.** La guerra de Cuba enfrenta a España y a los Estados Unidos. España fue derrotada y, como consecuencia, la isla de Cuba se proclamó república independiente. Puerto Rico, Filipinas y Guam pasaron a ser dependencias coloniales de EE. UU.
- **1936 – 1939 Guerra Civil.** La guerra civil española fue un conflicto social, político, bélico y económico, entre los partidarios de la II República (los republicanos) y los sublevados (los nacionales).
- **1939 – 1975 Franquismo.** Francisco Franco, tras su victoria en la Guerra Civil (1939), es el jefe del Estado español. Comienza una fase de aislamiento, por el rechazo internacional a la dictadura. La dictadura de Franco tenía como bases el nacionalismo español, el catolicismo y el anticomunismo. Tras el inicio de la Guerra fría, España empieza su apertura al exterior. En los años 60, España comienza su desarrollo.
- **1975 – 1982 Transición española.** Tras la muerte de Francisco Franco (20 de noviembre de 1975) y las elecciones democráticas de 1982 (ganadas por el PSOE) se produce el primer cambio de signo político en el gobierno después de la aprobación de la Constitución española. El periodo de transición lo lideró Adolfo Suárez y el partido Unión de Centro Democrático (UCD). Contó con el consenso de la mayoría de los partidos políticos del momento para llevar a cabo las necesarias reformas políticas para consolidar la democracia.
- **1978 Referéndum sobre la Constitución.** El 6 de diciembre de 1978 tuvo lugar el referéndum que ratificó la Constitución española de 1978, aprobada por las Cortes. La Constitución fue ratificada por cerca del 88 % de los votantes. Fue el primer referéndum de la democracia española.
- **1986 Entrada de España en la CEE.** En junio de 1985 se firmó el Tratado de Adhesión de España a la Comunidad Económica Europea (CEE), pero entró en vigor en enero de 1986. España comienza una nueva etapa de profunda transformación económica e institucional, por la integración europea. Es miembro de la zona euro (1999), del espacio Schengen (1995) y está representada en las instituciones europeas: Consejo de la Unión Europea, Comisión Europea, Parlamento Europeo, Banco Central Europeo, etc.
- **1992.** Este año se celebra el V Centenario de la llegada de Colón a América, los Juegos Olímpicos de Barcelona, la Exposición Universal de Sevilla. Madrid es declarada Ciudad Europea de la Cultura. Tiene lugar la I Cumbre Iberoamericana de Jefes de Estado y de Gobierno y se inaugura del tren de Alta Velocidad de España (AVE).

Gobierno, legislación y participación ciudadana

- La ley esencial de España es la Constitución (aprobada en referéndum el 6 de diciembre de 1978).
- España es una monarquía parlamentaria. Un estado social y democrático de derecho. Es un estado aconfesional y no reconoce ninguna religión como oficial. La capital es Madrid.
- El jefe del Estado es el rey y la Corona es su símbolo y es hereditaria. El heredero tiene el título de príncipe o princesa de Asturias. Oficialmente reside en el Palacio Real, pero vive en el Palacio de la Zarzuela.
- En 2014 se proclamó rey a Felipe VI. Durante el reinado de su padre, Juan Carlos I, se restauró la democracia y se ingresó en la Unión Europea.
- La soberanía nacional reside en el pueblo español.
- La bandera tiene tres franjas horizontales (roja, amarilla y roja). Cada comunidad autónoma tiene su propia bandera y debe utilizarla junto a la española en sus edificios públicos y en sus actos oficiales.
- El Boletín Oficial del Estado (BOE) y los boletines de las comunidades autónomas informan de las leyes, decretos, nombramientos, etc.

En la Constitución se establece la separación de los poderes ejecutivo, legislativo y judicial.

- Poder ejecutivo. El Gobierno dirige la política, la administración civil y militar y la defensa del Estado. Se compone del presidente y de los ministros. El presidente reside oficialmente en el Palacio de la Moncloa (Madrid).

- Poder legislativo. Las Cortes Generales representan al pueblo español. Allí tiene lugar la investidura del presidente del Gobierno. Están formadas por dos cámaras: el Congreso de los Diputados y el Senado. El Senado es la cámara de representación territorial de España. El Congreso puede tener entre 300 y 400 diputados; el Senado tiene un número variable de senadores. Sus funciones son aprobar los proyectos de ley del Estado, los presupuestos y controlar la acción del Gobierno.

  Existen varios tipos de leyes: ley orgánica (se requiere constitucionalmente para regular temas como derechos fundamentales o articulación de los diversos poderes del Estado, como los Estatutos de Autonomía); ley ordinaria; proyecto de ley (iniciativa legislativa presentada por el Gobierno); proposición de ley (iniciativa legislativa presentada por el Congreso, por el Senado o por los ciudadanos); decreto ley (dictada por el Gobierno en casos especiales).

- Poder judicial. Se compone de jueces y magistrados. Su función es administrar la justicia; El Consejo General del Poder Judicial (CGPJ) es un órgano autónomo (integrado por jueces y juristas). Garantiza la independencia de los jueces.

- El Tribunal Constitucional interpreta la Constitución. Es independiente de los poderes del Estado.

Organismos españoles

- Defensor del Pueblo. Defiende los derechos y las libertades de los ciudadanos. Depende de las Cortes Generales. Es elegido por el Congreso y por el Senado. Su mandato dura cinco años.

- Agencia Tributaria. Recauda los impuestos y aplica el sistema tributario en general. Depende de las Cortes Generales.

- Tribunal de Cuentas. Controla la gestión financiera del Estado y la contabilidad de los partidos políticos.

- Otros organismos: la Agencia Española de Meteorología, la Agencia Tributaria (AEMET), la Dirección General de Tráfico (DGT), el Instituto de Comercio Exterior de España (ICEX), el Instituto Cervantes, el Instituto de la Mujer y para la Igualdad de Oportunidades, el Instituto Nacional de Estadística (INE).

Participación ciudadana

- España tiene un sistema pluripartidista. Todos los españoles mayores de 18 años pueden votar (derecho al voto = sufragio universal).

- Las elecciones las convoca el rey y tiene lugar cada cuatro años.

- Elecciones: *europeas* (elección de parlamentarios europeos), *generales* (elección de diputados y senadores), *autonómicas* (elección de parlamentarios autonómicos), *municipales* (elección de concejales y otros tipos de representantes locales).

Las Fuerzas Armadas y las Fuerzas y Cuerpos de Seguridad

Dependen del Gobierno.

- Fuerzas Armadas (militares): garantizan la soberanía, la independencia de España y la integridad de su territorio, además de la Constitución. Su máxima autoridad es el rey. Su dirección corresponde al Ministerio de Defensa. La componen el Ejército del Aire, el Ejército de Tierra y la Armada. El Ejército participa en misiones de paz de la ONU.

- Fuerzas y Cuerpos de Seguridad (civiles): protegen el libre ejercicio de los derechos y libertades, y garantizan la seguridad ciudadana.

  - De ámbito nacional. Dependen del Ministerio del Interior.
    - La Policía Nacional: expide el DNI y el pasaporte, controla la entrada y salida de españoles y extranjeros, investiga y persigue delitos, etc.
    - La Guardia Civil: vigila el cumplimiento de las leyes; ayuda y protege a personas, vigila el tráfico las vías públicas, puertos, aeropuertos, fronteras y costas.

  - De ámbito autonómico: Ertzaintza (País Vasco), Mossos d'Esquadra (Cataluña), Policía Foral (Navarra), Cuerpo General de la Policía (Canarias).

  - De ámbito local: Policía local que protege a las autoridades locales, regula el tráfico en el casco urbano y ayuda en caso de accidente.

Representación de España en organismos internacionales

- El 1 de enero de 1986 España se unió a la Unión Europea. La bandera de la Unión europea es azul con doce estrellas amarillas.

- Otras organizaciones internacionales en las que está presente: la Organización de las Naciones Unidas (ONU); el Consejo de Europa (CE); la Organización del Tratado del Atlántico Norte (OTAN); la Organización para la Cooperación y el Desarrollo Económico (OCDE); la Organización para la Seguridad y la Cooperación en Europa (OSCE). Un lugar especial en las relaciones internacionales de España lo ocupa la Comunidad Iberoamericana de Naciones.

Organización territorial y administrativa

Según la Constitución de 1978, España se organiza en comunidades autónomas (CCAA), provincias y municipios. El Estado posee competencias exclusivas (nacionalidad, extranjería, inmigración, relaciones internacionales y administración de justicia).

- Hay 17 CCAA y 2 ciudades autónomas. Cada una tiene un estatuto de autonomía. Las instituciones de las CCAA son: asamblea legislativa (elegida por sufragio universal), consejo de gobierno y presidente.
- Existen 50 provincias. Sus organismos son las diputaciones (en Canarias y en Islas Baleares se denomina Cabildo o Consejo Insular, respectivamente).
- Hay 8122 municipios. Su órgano de gobierno es el ayuntamiento (alcalde y concejales). Son elegidos por los vecinos en las elecciones municipales.
- Población: España es el quinto país más poblado de la Unión Europea. Las cinco ciudades con mayor población son: Madrid, Barcelona, Valencia, Sevilla y Zaragoza.

Las lenguas de España

- El castellano es la lengua oficial. Otras lenguas también oficiales son: Galicia (gallego), Navarra y País Vasco (vasco o euskera), Cataluña (catalán y aranés), Islas Baleares (catalán), Comunidad Valenciana (catalán o valenciano). La enseñanza de estas lenguas es competencia de las comunidades autónomas.

Fiestas Nacionales

1 de enero (Año Nuevo), 6 de enero (Epifanía del Señor); 19 de marzo (San José: día del padre), 1 de mayo (Fiesta del Trabajo); 15 de agosto (Asunción de la Virgen); 12 de octubre (Fiesta Nacional); 6 de diciembre (Constitución Española); 8 de diciembre (Inmaculada Concepción); 25 de diciembre (Natividad del Señor).

Otras fiestas, tradiciones y folclore

- Navidades (del 24 de diciembre al 6 de enero); Carnavales (febrero; los más conocidos son los de Tenerife y Cádiz); Fallas de Valencia (19 de marzo, San José); Semana Santa (marzo o abril; la más famosa es la de Andalucía); Feria de Abril de Sevilla; Sant Jordi (23 de abril, en Cataluña y Baleares); Romería del Rocío (mayo, en Almonte, Huelva); Noche de San Juan (24 de junio); Sanfermines (julio, en Pamplona); La Tomatina (último miércoles de agosto, en Buñol, Comunidad Valenciana).
- Folclore popular: *la jota*, baile típico presente en casi todo el país; *el flamenco*, Patrimonio Cultural Inmaterial de la Humanidad (2010). Figuras destacadas: el cantaor Camarón de la Isla, el compositor y guitarrista Paco de Lucía y la bailaora Sara Baras; *la sardana* (Cataluña); *la muñeira* (Galicia).
- Instrumentos musicales típicos: la guitarra española, las castañuelas, la gaita, la dulzaina, el *txistu* y el tamboril.

Acontecimientos culturales

- Premios Princesa de Asturias. Concedidos cada año por la Fundación Princesa de Asturias para promover valores científicos, culturales y humanísticos que son patrimonio universal.
- Premios Cervantes (equivale al Premio Nobel de las letras hispánicas). Premian la obra literaria completa en español de un autor español o hispanoamericano.
- Premio Nacional de las Letras Españolas. Concedidos cada año por el Ministerio de Cultura y Deporte. Premian el conjunto de la obra literaria de un escritor español.
- Ferias del Libro. Se celebran el 23 de abril (Día del Libro). Difunden y promocionan los libros y la lectura.
- Premios Goya. Concedidos por la Academia de las Artes y las Ciencias Cinematográficas de España. Premian a los mejores profesionales de cada especialidad técnica y creativa del cine.
- Festivales de cine: San Sebastián, Sitges, Málaga y Valladolid.
- Festivales de teatro clásico. Los más famosos tiene lugar en el Corral de las Comedias de Almagro y en el Teatro Romano de Mérida.
- Feria Internacional de Arte Contemporáneo (ARCO). Se celebra anualmente en Madrid.

Acontecimientos deportivos

- Campeonatos de Liga y de Copa del Rey de fútbol y baloncesto; la Vuelta ciclista a España; participación en campeonatos europeos, mundiales o Juegos Olímpicos.
- Algunos deportistas destacados: Rafael Nadal (tenis); Pau y Marc Gasol (baloncesto); Fernando Alonso (automovilismo); Marc Márquez (motociclismo); Miguel Induráin (ciclismo); Edurne Pasabán (montañismo); Mireia Belmonte, Gemma Mengual y Ona Carbonell (natación); Carolina Marín (bádminton); Javier Fernández (patinaje) y las selecciones nacionales masculinas de fútbol y baloncesto.

examen 1 Las personas y la vivienda

Identificación personal y trámites administrativos
Documentos importantes
- Documento Nacional de identidad (DNI). Obligatorio para los mayores de 14 años. Tiene un número y una letra al final que sirve como Número de Identificación Fiscal (NIF).
- Certificado de empadronamiento. Indica el lugar de residencia. Para empadronarse hay que tener un domicilio (contrato de alquiler o documento de propiedad) y presentar un documento de identidad (Pasaporte, Tarjeta de Identificación de Extranjero…) en el Padrón Municipal.
- Pasaporte. Sirve para viajar a países que no pertenecen a la Unión Europea o que no forman parte del espacio Schengen.
- Libro de familia. Se entrega a un matrimonio al casarse o al tener hijos y también a padres solteros al tener hijos. Tiene información de la relación de parentesco entre padres e hijos, si los tienen. Se tramita en el Registro Civil.
- Certificado de Nacimiento. Indica cuándo y dónde nace alguien. Se obtiene en el Registro Civil.
- Número de la Seguridad Social. Se recibe cuando se empieza a trabajar. Se obtiene en la Tesorería General de la Seguridad Social.
- Tarjeta sanitaria. Necesaria para ser atendido en la sanidad pública. Hay que estar empadronado en el lugar de residencia, estar afiliado al sistema de la Seguridad Social y tener el número de la Seguridad Social.
- Carné o permiso de conducir. Se obtiene a los 18 años.
- Los extranjeros que quieren residir en España deben solicitar la tarjeta de residencia (el NIE).
Los trámites de los documentos se realizan en:
- Ministerio de Justicia. En el Registro Civil se tramitan las inscripciones de los recién nacidos o se registran los matrimonios y se realizan los trámites para la obtener la nacionalidad.
- Ministerio del Interior. En las comisarías de policía se realiza, de forma presencial, el DNI y el pasaporte.
- Consejerías de Sanidad de las comunidades autónomas o Seguridad Social. Se obtiene la tarjeta sanitaria y el número de la Seguridad Social.

Las personas y la vivienda
- Existe el matrimonio religioso o civil. El registro como pareja de hecho es una alternativa. Se permite el matrimonio de dos personas del mismo sexo. Está permitido el divorcio.
- Tipos de familia: monoparental (solo hay una persona, la madre o el padre, al frente de la misma); familia formada por una pareja sin hijos o con menos de dos; numerosa (cuando una pareja tiene tres o más hijos).
- Derechos de las personas: Permisos laborales (baja maternal de 16 semanas, permiso de lactancia, permiso de paternidad o reducción de la jornada de trabajo por estar al cargo de hijos menores); ayudas a las familias (desgravación por hijos de la Declaración de la Renta y otras ayudas nacionales y autonómicas).
- La vivienda. Alrededor del 78,2 % de los españoles posee una vivienda. El 14,3 % vive de alquiler. Hay viviendas de protección oficial (tienen precio limitado y suelen estar subvencionadas por la Administración local o autonómica).
- Animales domésticos. Las mascotas deben estar registrarlas en el ayuntamiento local, llevar un microchip electrónico y estar aseguradas.

examen 2 Compras, ir de compras, comer fuera

Compras y servicios públicos
- Unidades de medida: longitud: metro (m); masa: kilogramos (k); tiempo: segundo (s).
- Horarios comerciales: Muchos establecimientos abren de 10:00 a 14:00 y de 17:00 a 20:00 de lunes a sábado (en verano pueden ampliarse). Existe el horario ininterrumpido de 10:00 a 22:00 todos los días.

- Servicios y espacios públicos. Farmacias: venden medicinas con receta médica. Tienen un horario mínimo establecido y un servicio de guardia (las 24 horas del día); correos: realizan envíos postales; estancos: venden sellos y tabaco; quioscos: venden periódicos, revistas, etc.

Comidas y bebidas

- Cocineros: catalanes: Ferran Adrià, Carme Ruscalleda y los hermanos Roca; vascos: Juan Mari Arzak, Pedro Subijana y Martín Berasategui; asturiano: José Andrés; madrileños: David Muñoz y Paco Roncero.
- Comidas y bebidas: la paella (arroz, pollo, mariscos, judía blanca, azafrán…), la tortilla de patatas (huevos, patata, cebolla), los churros (harina, aceite…), el gazpacho (tomate, pepino, pimiento, ajo…) o la sangría (vino, frutas, refrescos…).
- Productos típicos: aceite de oliva, frutas y verduras, marisco y pescado, productos ibéricos de cerdo (jamón, lomo, chorizo), dulces de Navidad (turrón, mazapán, roscón de Reyes); bebidas (vino, cava y sidra).
- Regiones con denominación de origen (D.O.): La Rioja, Ribera del Duero y Jerez (vinos); Principado de Asturias (sidra); Cataluña (cavas); Andalucía y Castilla-La Mancha (aceite); Extremadura, Andalucía y Castilla y León (productos ibéricos).
- El aperitivo se toma en bares o restaurantes antes de comer. Se llama de forma diferente según tamaño, presentación u origen: tapa, banderilla o pincho, ración…
- En general, el horario de comidas es de 7:30 a 8:30 (desayuno), de 14:00 a 15:30 (comida) y de 21:00 a 22:00 (cena).
- En los establecimientos públicos (bares y restaurantes) se puede tomar una ración; un plato combinado (ensalada, carne/pescado/huevos con patatas fritas); un menú del día (tres platos entre una selección fija, con pan, bebida y postre); comer a la carta (cualquier plato de la carta).

examen 3   La salud, la higiene y la alimentación

El Sistema Nacional de Salud

- El Sistema Nacional de Salud depende del Ministerio de Sanidad, Consumo y Bienestar Social. Da asistencia sanitaria y asegura a los ciudadanos el derecho a la protección de la salud.
- Establecimientos sanitarios. Centro de salud de atención primaria: profesionales: médicos, pediatras, enfermeros y profesionales no sanitarios; Centro especializado: atención a pacientes con diferentes patologías o de un determinado grupo de edad o con características comunes; Hospital: internamiento clínico de pacientes o asistencia especializada (cirugía). Disponen de servicio de urgencias y asistencia médica domiciliaria.
- Para acceder al sistema sanitario, a las recetas médicas o a médicos especialistas, se necesita la tarjeta sanitaria. Cada ciudadano tiene asignado un médico (médico de familia) al que hay que pedir cita previa. Existe una tarjeta sanitaria europea (tiene una validez de dos años).

Servicios sociales y programas de ayuda y Seguridad

- El Ministerio de Sanidad, Consumo y Bienestar Social se ocupa de la integración social, la familia, la protección del menor y la atención a las personas dependientes o con discapacidad, de luchar contra la discriminación y la violencia de género.
- La Seguridad Social es el principal sistema de protección social del Estado. A través de ella, se pueden solicitar ayudas: pensión por viudedad, por orfandad o por incapacidad laboral permanente.
- Las comunidades autónomas (CCAA) y el Ministerio de Sanidad, Consumo y Bienestar Social ofrecen ayudas a la familia, infancia, juventud o mayores de 65 años (reducción en el precio de los medicamentos, del transporte público, de los espectáculos…) y condiciones especiales para los viajes del Imserso.
- Organizaciones no gubernamentales (ONG), como Cáritas, Cruz Roja o la Asociación Española Contra el Cáncer (AECC) ofrecen atención social, económica o sanitaria. La Organización Nacional de Ciegos Españoles (ONCE) atiende y defiende los derechos de las personas con distintos tipos de discapacidad. El Observatorio Estatal de la Discapacidad (OED) mejora la situación de las personas que presentan cualquier tipo de discapacidad.
- Los Cuerpos y Fuerzas de Seguridad del Estado, las CCAA y la Administración central son responsables de la protección civil y la atención de emergencias.

■ El teléfono 112 es gratuito y ofrece ayuda en cualquier tipo de emergencia (sanitaria, incendio, salvamento o seguridad ciudadana). Los centros de atención de llamadas del 112 dependen de las comunidades autónomas (CCAA), según la Dirección General de Protección Civil y Emergencias.

examen 4 — Los estudios y la cultura

Educación y enseñanza

■ La educación es un derecho, es obligatoria y gratuita (excepto libros y materiales educativos) desde los 6 hasta los 16 años. Es la educación básica.

■ La Ley Orgánica para la Mejora Educativa (LOMCE) recoge el derecho de los padres, madres y tutores legales a elegir el tipo de educación y el centro para sus hijos.

■ El sistema educativo concede becas para las distintas etapas, tipos de enseñanza y gastos de escolarización (apoyo educativo, compra de libros de texto, servicio de comedor o transporte escolares…).

■ El Ministerio de Educación y Formación Profesional (MEFP) ofrece un servicio para homologar o convalidar los títulos no universitarios obtenidos en el extranjero.

Sistema educativo español

■ Educación Infantil: No es obligatoria. Dos ciclos: de 0 a 3 años y de 3 a 6 años (este es gratuito). Tipo de centro: guarderías (menores de 3 años), y escuelas infantiles y colegios.

■ Educación Primaria: Es obligatoria y gratuita. De los 6 a los 12 años.

■ Educación Secundaria Obligatoria (ESO). De los 12 a los 16 años.

■ Educación Secundaria no Obligatoria.

■ Bachillerato. Dos cursos académicos (de los 16 a los 18 años). Permite el acceso a las enseñanzas de educación superior.

■ Formación Profesional
  – (FP) Básica. De los 15 a los 17. Para acceder hay que superar el primer ciclo de la Educación Secundaria Obligatoria.
  – Grado medio. Para acceder hay que tener el título de Graduado en Educación Secundaria Obligatoria.
  – Grado superior. Para acceder se requiere el título de Bachillerato.

■ Enseñanza universitaria. Para acceder se requiere el título de Bachillerato y superar una prueba de Evaluación para el acceso a la universidad (EVAU). Se dividen en tres ciclos:
  – Grado. Formación orientada al ejercicio de actividades de carácter profesional. Se obtiene el Grado. Dura unos 4 años.
  – Máster. Formación avanzada orientada a la especialización académica o profesional. Se obtiene el Máster Universitario. Puede durar 1 o 2 años.
  – Doctorado. Formación avanzada en técnicas de investigación. Se obtiene el título de Doctor tras superar un periodo de formación e investigación y presentar la tesis doctoral.

■ Enseñanza de idiomas en Escuelas Oficiales de Idiomas (EOI). Se organizan en tres niveles. Hay que tener 16 años.

Tipos de centros

■ Públicos: son laicos, tienen plazas limitadas. En su gestión participan los alumnos, padres y profesores del centro.

■ Concertados: la mayoría son religiosos, son privados, pero reciben ayudas de la Administración pública en la educación básica. Tienen libertad de gestión.

■ Privados: son privados financiados exclusivamente por los padres de los alumnos. Tienen completa libertad de gestión y cierta libertad de currículo.

Centros educativos

■ Colegios: para educación primaria y secundaria (en algunos casos, bachillerato).

■ Institutos de educación secundaria: para enseñanza secundaria obligatoria y bachillerato, cursos de formación profesional y otros programas de educación.

■ Centros de formación profesional.

- Centros de educación de adultos: para mayores de 18 años (se obtiene el título de graduado en Educación Secundaria Obligatoria), actualizar o ampliar su formación y para mayores de 25 años para acceder a la universidad tras superar una prueba especial.
- Universidades públicas y privadas.

Literatura, pensamiento, música y artes escénicas
Autores y obras literarias

- Miguel de Cervantes. Su obra más importante, *El Quijote*, es considerada la mejor novela de todos los tiempos y sus personajes principales, don Quijote y Sancho Panza, son famosos en todo el mundo.
- Tirso de Molina. En su obra, *El burlador de Sevilla,* aparece Don Juan, un hombre apasionado por las mujeres.
- *Cantar de Mio Cid*, obra sobre un caballero castellano, Rodrigo Díaz de Vivar, que conquistó el Levante de la península ibérica a finales del siglo XI.

Dos momentos de la literatura española, autores y obras destacadas

- Siglos de Oro (XVI y XVII): Lope de Vega (*Fuenteovejuna*) y Calderón de la Barca (*La vida es sueño*); novela picaresca (*El lazarillo de Tormes*); literatura religiosa (Santa Teresa de Jesús y San Juan de la Cruz); poesía (Garcilaso de la Vega, Góngora y Quevedo).
- Siglo XX: Generación del 98 (Miguel de Unamuno); Generación de 1914 (José Ortega y Gasset); Generación del 27 (Federico García Lorca, con la obra *La casa de Bernarda Alba*; Rafael Alberti, Miguel Hernández y Vicente Aleixandre); años de la posguerra (Camilo José Cela, con *La colmena*; Carmen Laforet, con *Nada*; Ana María Matute, con *Los hijos muertos,* y Miguel Delibes, con *El camino*). Otros: Rosalía de Castro, con *Follas Novas*; Bernardo Atxaga, con *Obabakoak,* y Mercè Rodoreda, con *La plaça del Diamant*.

Músicos y composiciones

- Manuel de Falla, con *El amor brujo;* Isaac Albéniz, Enrique Granados y Joaquín Rodrigo (*Concierto de Aranjuez*).
- Montserrat Caballé (soprano), Plácido Domingo, Alfredo Kraus, Josep Carreras (tenores) de fama internacional.
- Joan Manuel Serrat y Alejandro Sanz (cantautores), Miguel Bosé o Enrique y Julio Iglesias.

Pintores y obras

- Diego Velázquez: *Las meninas*; Francisco de Goya: *Fusilamientos del 3 de mayo*, las Majas; Joaquín Sorolla: *Paseo a orillas del mar*; Pablo Picasso: *Guernica*; Joan Miró: Mural del Palacio de Congresos de Madrid; Salvador Dalí: *El enigma sin fin*; Antonio López: *Madrid desde Capitán Haya*.
- Museos: Museo Nacional del Prado, Museo Reina Sofía y Museo Thyssen-Bornemisza, en Madrid; Museo Picasso, en Barcelona; Museo Guggenheim de Bilbao.

Directores de cine y actores

- Tienen un Óscar: los directores Luis Buñuel, José Luis Garci, Fernando Trueba, Pedro Almodóvar y Alejandro Amenábar; los actores Javier Bardem y Penélope Cruz.
- Antonio Banderas: primer actor español nominado a los Globos de Oro, a los Premios Tony y a los Premios Emmy. Recibió el Goya de Honor de la Academia de Cine de España (2015) y el premio al mejor actor en el Festival Internacional de Cine de Cannes (2019).

Teatros, auditorios y compañías nacionales artísticas

Gestionados por el Ministerio de Cultura y Deporte.
- Ballet Nacional de España (diversos estilos de baile).
- Orquesta y Coro nacionales (música sinfónico-coral que promociona la música clásica).
- Compañía Nacional de Teatro Clásico (recupera y difunde el patrimonio teatral anterior al siglo XX).

Arquitectura y artes plásticas

- La Unesco ha reconocido 47 bienes españoles como Patrimonio de la Humanidad. Es el tercer país con más bienes reconocidos, por detrás de Italia (54) y China (53).
  La Alhambra y el Generalife (Granada); la Catedral de Burgos; la Mezquita de Córdoba; el Monasterio y Sitio de El Escorial (Madrid); el Parque Güell, el Palacio Güell y la Casa Milà (Barcelona); la Cueva de Altamira y el arte

rupestre paleolítico (Asturias, Cantabria y País Vasco); el Acueducto de Segovia; el conjunto arqueológico de Mérida (Cáceres); la fachada de la Natividad y la cripta de la Sagrada Familia de Gaudí (Barcelona); el Camino de Santiago.

■ Patrimonio Nacional es el organismo público responsable del cuidado y mantenimiento de los bienes artísticos que actualmente pertenecen al Estado español.

Ciencia y tecnología

■ La Agencia Estatal Consejo Superior de Investigaciones Científicas (CSIC) es una institución pública dedicada a la investigación. Su objetivo es desarrollar y promover investigaciones para conseguir el progreso científico y tecnológico. Existen parques tecnológicos y observatorios astronómicos, como la Estación de Seguimiento de Satélites de Villafranca del Castillo, ahora Agencia Espacial Europea (ESA).

■ Científicos, investigadores y médicos: Ramón y Cajal, Severo Ochoa, Gregorio Marañón, Valentín Fuster y la familia Barraquer (medicina); Luis Rojas Marcos (psiquiatría); Margarita Salas (bioquímica y biología molecular).

examen 5 **El trabajo**

Algunos datos

■ Sectores económicos: primario (agricultura y ganadería); secundario (industria) y terciario (servicios).
■ Tipos de empresas: pequeña y mediana empresa (pyme); grandes empresas; empresas multinacionales.
■ La edad mínima para trabajar es de 16 años. La edad de jubilación actual es de 67 años.
■ El Estatuto de los Trabajadores regula las relaciones laborales. Algunas empresas tienen convenios colectivos firmados entre los empresarios y los representantes de los trabajadores.
■ Según su situación laboral hay: ocupados, autónomos, inactivos, parados y jubilados o pensionistas. Las personas que trabajan en la Administración pública se llaman *empleados públicos* o *funcionarios*.
■ Los trabajadores contribuyen con una parte de su sueldo a la Seguridad Social, que ofrece prestaciones médicas, subsidio de paro y una pensión cuando el trabajador se jubila.
■ La jornada laboral más común es de cuarenta horas semanales y ocho horas diarias, con una pausa de treinta minutos para el café. Suele ser de lunes a viernes. El horario puede ser continuo o partido.
■ Vida laboral: es el tiempo que una persona ha acumulado trabajando en empresas u organismos oficiales durante su vida activa.
■ El salario (o sueldo) mínimo es de 900 euros. Salario bruto (el que percibe una persona antes de restarle la parte que debe aportar a la Seguridad Social y los impuestos); Salario neto (el que recibe realmente el trabajador). Pagas extra (de Navidad —en diciembre— o en verano —junio—).
■ Vacaciones: los trabajadores tienen derecho a un mes natural o veintidós días laborables de vacaciones al año.
■ Sindicatos más conocidos: CCOO (Comisiones Obreras), UGT (Unión General de Trabajadores) y CSIF (Central Sindical Independiente y de Funcionarios).

Calendario

■ El calendario laboral. Establece anualmente los días de trabajo (días laborables), los días festivos y los periodos de vacaciones anuales (verano, Navidad o Semana Santa).
■ Los días laborables, los fines de semana y los días festivos dependen de cada CCAA, región y localidad.

Impuestos

■ Directos: sobre las posesiones y la obtención de una renta (el IRPF, IBI, Impuesto sobre la Renta de no Residentes o el Impuesto de Sociedades). Anualmente, particulares y empresas deben realizar la declaración de renta para pagar los impuestos al Estado.
■ Indirectos: sobre el consumo (IVA e impuestos especiales sobre el alcohol y bebidas alcohólicas, los hidrocarburos, el tabaco, etc).

examen 6 El ocio, los viajes y las comunicaciones

Geografía

España está en el sur de Europa. Tiene fronteras con Andorra, Francia, Portugal y Marruecos. Es el cuarto país más grande del continente y uno de los países más montañosos de Europa.

■ Ríos: desembocan en el océano Atlántico (Miño, Duero, Tajo, Guadiana y Guadalquivir); en el mar Mediterráneo (Ebro, el más largo de España, Júcar y Segura).

■ Meseta: es una extensa llanura en el centro de la península ibérica dividida por el Sistema Central.

■ Sistemas montañosos de norte a sur: Pirineos (donde está el tercer pico más alto, el Aneto); el Sistema Central (donde está la Sierra de Guadarrama); y los Sistemas Bético y Penibético (donde está el segundo pico más alto, el Mulhacén, en Sierra Nevada). La cumbre más alta es el Teide, un volcán situado en la isla de Tenerife.

■ Parques nacionales: Islas Atlánticas de Galicia; Picos de Europa (Asturias); Ordesa y Monte Perdido (Pirineos); Aigüestortes y Estany de Sant Maurici (Cataluña); Monfragüe (Extremadura); Sierra de Guadarrama (Madrid); Cabañeros y Tablas de Daimiel (Castilla-La Mancha); Doñana y Sierra Nevada (Andalucía); Archipiélago de Cabrera (Islas Baleares) y Caldera de Taburiente, Teide, Timanfaya y Garanjonay (Canarias).

Clima

■ Oceánico: en el norte junto al mar Cantábrico y al océano Atlántico. Las temperaturas son suaves todo el año. Llueve mucho.

■ Mediterráneo: en el este junto al mar Mediterráneo y al sur con el océano Atlántico. Las temperaturas son suaves en invierno y calurosas en verano. Llueve poco.

■ Continental: en el centro. Las temperaturas son extremas (inviernos fríos, veranos muy calurosos, pocas lluvias y, a veces, nieva).

■ Subtropical: es el de las Islas Canarias. Temperaturas suaves todo el año. Llueve poco.

Medios de comunicación e información
Televisión y radio
- Canales públicos. Corporación RTVE (Radio Televisión Española): La 1 (generalista), La 2 (cultural), Clan (infantil), 24 horas (noticias) y Teledeporte (deportes).
- Canales privados: Atresmedia (Antena 3, Neox, Nova, Atres Series, La Sexta, Mega); Mediaset España (Telecinco, FDF, Boing, Cuatro, Divinity, E. Energy, Be Mad); Net Television (Disney Channel, Paramount Channel); Veo Television (DMax).
- Cadenas autonómicas de televisión pública: Canal Sur (Andalucía), ETB Euskal Telebista (País Vasco), Telemadrid (Comunidad de Madrid), TV3 Corporació Catalana de Mitjans Audiovisuals (Cataluña), TVG Compañía de Radio Televisión de Galicia, entre otras.
- Radio Nacional (pública), COPE, Onda Cero, Punto Radio, Cadena SER (privadas).

Comunicación escrita
- Nacionales: *ABC*, *El Mundo*, *El País*, *La Razón*, *La Vanguardia*; regionales: *El Correo*, *La Voz de Galicia*, *El Periódico de Catalunya*; deportivos: *As*, *Marca*, *Mundo Deportivo*; económicos: *Cinco Días*, *Expansión*.

Transporte
- Límite de velocidad (kilómetros/hora): 120 km/h (autopista o autovía), 90 km/h (carretera convencional), 50 km/h (zona urbana); La tasa de alcoholemia es de 0,5 g/l en sangre.
- Los vehículos deben estar registrados, matriculados y asegurados. Deben pasar las revisiones necesarias (Inspección Técnica de Vehículos, ITV) y pagar los impuestos anuales (de circulación).

Transporte urbano público
- RENFE (Red Nacional de Ferrocarriles Españoles): ADIF (se encarga de las infraestructuras ferroviarias españolas) y Renfe Operadora (encargada de los ferrocarriles de titularidad pública). Trenes de alta velocidad: AVE, ALVIA y ALARIS. Hay trenes de cercanías, media y larga distancia.
- Ciudades con sistema de metro: Madrid, Barcelona, Valencia, Bilbao y Alicante.
- Aeropuertos más importantes: Madrid (Adolfo Suárez Madrid-Barajas), Barcelona (Josep Tarradellas Barcelona-El Prat), Palma de Mallorca (Son Sant Joan) y Málaga (Pablo Picasso).
- Puertos más importantes: Algeciras, Barcelona, Las Palmas, Bilbao, Valencia y Vigo.
- Los taxis (de distintos colores) tienen tarifas diferentes según la zona. Se pueden tomar en las paradas de taxis o en circulación si tienen una luz verde encendida o el cartel de «libre».

Tomado de *Manual para la preparación de la Prueba de Conocimientos Constitucionales y Socioculturales de España*
© Instituto Cervantes, 2020. NIPO: 503-15-041-9 [consultado: 10 de noviembre de 2019].
Disponible en https://examenes.cervantes.es/sites/default/files/Manual_preparacion_prueba_CCSE_2020.pdf

Especial DELE A2 Curso completo